Gaodeng Zhiye Xuexiao
Gonggongke Xilie Jiaocai

现代
应用文写作

■ 高等职业学校 公共课 系列教材

XIANDAI YINGYONGWEN XIEZUO

（工程类）

主　编◎冯雪燕　黄云峰
副主编◎张　凯　孙　浩　余光琳

重庆大学出版社

内容提要

本书是系列教材"现代应用文写作"中的一本。本书共分为七个模块：应用文基础知识、公文、公共事务性文书、建筑工程专业文书、经济文书、新闻、日常交际便函。既强化工程专业应用文点的契机，也注重应用文面的扩展；既强调现代应用文种类的运用，也不忘应用文历史沿革的追索；从而以工程专业文书为核心，将工程专业实施中涉及的相关应用文种进行了广泛介绍。

本书可以作为高职院校学生系统学习工程管理应用文的教材，也可作为工程管理工作人员参考用书。

图书在版编目(CIP)数据

现代应用文写作：工程类/冯雪燕，黄云峰主编．
—重庆：重庆大学出版社，2015.1(2020.1 重印)
高等职业学校公共课系列教材
ISBN 978-7-5624-8672-5

Ⅰ.①现…　Ⅱ.①冯…②黄…　Ⅲ.①汉语—应用文
—写作—高等职业教育—教材　Ⅳ.①H152.3
中国版本图书馆 CIP 数据核字(2014)第 263845 号

现代应用文写作
（工程类）

主　编　冯雪燕　黄云峰
副主编　张　凯　孙　洁　余光琳
责任编辑：顾丽萍　　版式设计：顾丽萍
责任校对：邹　忌　　责任印制：张　策

*

重庆大学出版社出版发行
出版人：饶帮华
社址：重庆市沙坪坝区大学城西路 21 号
邮编：401331
电话：(023)88617190　88617185(中小学)
传真：(023)88617186　88617166
网址：http://www.cqup.com.cn
邮箱：fxk@ cqup.com.cn（营销中心）
全国新华书店经销
重庆升光电力印务有限公司印刷

*

开本：787mm×1092mm　1/16　印张：14　字数：332 千
2015 年 1 月第 1 版　　2020 年 1 月第 4 次印刷
印数：5 001—6 000
ISBN 978-7-5624-8672-5　定价：33.00 元

前 言

Preface

应用文写作教程可谓层出不穷、浩如烟海,但往往涉及面过宽、过泛而专业性稍显不足或强调不够。针对当前高职院校工程类专业选用的应用文写作教材多为通用版本,缺乏工程管理或施工的专业案例、范文的状况,我们决定从学生专业特点和学生工作实际需要出发,编写这本工程专业的应用文写作教材。

《现代应用文写作》是一系列针对特定专业的应用文写作教材构成的,而《现代应用文写作(工程类)》是其中的一本。它是根据教育部提出的"开发和编写反映新知识、新技术、新工艺、新方法,具有职业教育特色的课程和教材"的精神而编写的,严格遵循"面向行业、立足现实、学以致用、注重实效"的原则,紧扣岗位特点,在编写体例、内容选择、案例设置、技能训练等方面进行了大胆的创新,使其不仅可以作为高职院校学生系统学习工程管理应用文的教材,也可作为工程管理工作人员参考用书。

归纳起来,本书主要有以下几个方面的特点:

(1)内容紧扣行业、企业工作实际,具有专业性特点。

在内容选择上,按照工程管理行业、企业中高层岗位能力要求和国家工程师职业资格考试模块,构建工程管理岗位应用文写作的7大模块:应用文基础知识、公文、事务文书、工程专业文书、经济文书、新闻、日常交际便函。各个模块以理论介绍为知识点,以工程专业的案例、范本为训练内容,内容符合实际,案例真实生动。

(2)从实践中总结、提炼理论,以理论指导写作实践,具有高等性特点。

本书既考虑到每一文种的基本理论知识,又避免出现长篇大论阐述理论的传统模式,故编者力求在理论知识选择上,注意突出重点,对普遍存在的问题予以分析和指点,引导学生掌握写作诀窍;在阅读实例、写作训练中,通过范例、病例分析,帮助学生理解知识、印证理论,促使学生以积极的心态和活跃的思维学习,培养他们的实践能力与探究能力。通过这两方面的结合,使理论源于实践、理论不脱离实践、理论服务于实践,突出了本书的高等性特点。

(3)写作案例和工作情景相结合,具有实践性和可操作性特点。

在内容编排上,本书创设了不少不断变化的、与工程管理现实活动高度相似的任务与情景。通过案例、情景的设置以及范本的展示,创建师生互动、生生互动、学校学习与社会实践学习相结合的学习模式,使学生在现实或模拟的工程管理任务情景中进行阅读、评析和模仿练习,在一个比较接近实际的背景下感知、分析和理解所面对的各种问题。做到知识性与趣味性、写作案例和工作情景相结合,易于实现学生自主、有效地学习和开展任务驱动教学。

本书由重庆城市管理职业学院人文学院与深圳市之平物业发展有限公司、宁波路宝科技实业集团有限公司联合开发而成,是典型的学校出师资编写、企业出应用实例的结合。冯雪燕任第一主编,策划整体框架、修改并统稿,黄云峰任第二主编,参与策划整体构思,张凯、孙洁、余光琳任副主编,杨汉瑜、张云华、包安霞、颜台钊参与编写。具体编写分工如下:

冯雪燕:模块1"应用文基础知识";模块2"公文"案例;模块3"规章制度""启事""感谢信"和"求职信"理论知识及"计划""总结"案例之一;模块4"房地产广告文案";模块5"营销策划书""市场调查报告""市场预测报告"和"资产评估报告"。

黄云峰:模块3"规章制度"案例;模块4"邀标函";模块6"新闻"。

张　凯:模块3"简报""总结"案例之二、三;模块7"日常交际便函"。

孙　洁:模块3"计划"案例之二;模块4"招标书""投标书"。

余光琳:模块3"启事"案例;模块5"合同"。

杨汉瑜:模块2"公文"理论知识。

张云华:模块3"计划"和"总结"理论知识。

颜台钊:模块3"感谢信"案例;模块5"经济纠纷起诉状"。

包安霞:模块3"求职信"案例。

在编写过程中,借鉴了大量文献资料,特别是援引、借鉴了大量已有例文和训练素材,入选例文未能一一征求作者意见,特此说明;同时,编写工作得到了重庆城市管理职业学院、重庆大学出版社领导和专家的大力支持,在此表示诚挚的谢意。

由于时间紧迫,编者水平有限,书中难免存在不足之处,恳请广大读者与专家不吝批评指正,以便再版修订时日臻完善。

编　者

2014 年 8 月

Contents ■■■ 目 录 ■

模块1 应用文基础知识

学习目标

知识目标：
- 了解应用文的概念、特点、历史演变。
- 掌握应用文的概念、种类和常用专业术语。

能力目标：
- 能说明应用文的概念和种类。

重点与难点

- 应用文的语言运用。

1.1　应用文的概念

问题思考：

甲："何谓应用文？"

乙："顾名思义，应用文就是在工作运用中产生的文字或文本。"

乙的回答正确吗？你怎么看？

　　所谓应用文，就是个人或团体与其他个人或团体之间为处理日常工作或生活中的实际事务，传递或交流信息而普遍使用的、具有约定俗成的格式或术语的文字样式。

　　人在由猿转化为人的漫长过程中，彼此之间的联络、沟通非常重要，而社会是人们交互作用的产物。语言文字是人们联络的重要手段。原始时代，人们的活动范围非常狭窄，生产和生活极为简陋，可交换的信息也极为单纯、有限，这就使得人际沟通方式也处在十分低下的水平：除了姿势之外，主要靠简单的言语口耳相传；后随着人类和社会的渐次进化，祭祀、娱乐、战争等群体性活动日益频繁，社会信息日益增多，文字这种记录语言的书写符号就逐渐产生了。用文字组成的文本来记录信息，是上古人类实现的一次重大革命。这不仅扩展了人们日常的交际范围,更使人类文化能够依赖文本的记载而突破时间和空间的局限,代代承传,不断发展。

应用文不是一种文章样式,而是一些文章的统称。应用文与我们的日常生活和工作有着密切关系:政府要实行依法治国、有效管理,就要有各种法规文件等诸多公务文书;企事业单位要正常运转,也要有许多计划、总结等事务文书;个人之间要进行商务往来、交流信息、沟通感情等,也都需要函件往来等。至于个人发展也离不开应用文,如写求职信、毕业论文和学术论文等。

应用文写作不同于文学写作。从功用性看,应用文写作具有直接的功用性,主要用来办理事务、解决工作和生活中的实际问题,而文学写作不以直接办理事务为目的,而以塑造艺术形象、反映社会生活、提供审美享受为宗旨;从真实性看,应用文写作完全排斥虚构和杜撰,要求所依据的材料真实、准确,内容实事求是,而文学写作要求的是艺术的真实,不要求写真人真事,可以大胆进行艺术虚构;从语言表达角度看,应用文的表述要求准确,简明精练,具有平实的特点,对修辞方式的使用有一定的限制,而文学写作则多用艺术修辞,以达到特定的艺术效果。这些不同注定了应用文写作更侧重逻辑思维,而文学写作更侧重形象思维。

流传至今的各种文本都是信息的传播工具。依据功用的不同,文本可粗略地划分为三大类:①审美文本;②理论文本;③实用文本。审美文本是文学艺术类创作,如诗歌、小说、散文、戏剧等;理论文本是指传播或介绍自然、人类或社会理论知识的学术性著作;实用文本是指人们在日常生活中互相联络、沟通、交换信息、发生相互作用而产生的文字样式,如书信、合同、条据、通知、政府公文等。实用文本就是通常所说的应用文。

1.2　应用文的特点

问题思考:

作为一种应时应需而生的文体,应用文有哪些不同于文学作品的特点呢?

将应用文称作实用文本,"实用"或"应用"是其主要功能,这就使得应用文在内容上、形式上有别于其他文体的主要特点。主要体现在:

1.2.1　实用性

应用文都是"缘事而发",即在生活或工作中,有具体事务要办理或处理,才需要写相关的应用文;也就是说,它是以人类生活中的实际需要为出发点和归宿。其实,应用文以外的其他文章也可以具有不同程度的实用性,但只是一种附带的属性。如文艺作品,虽可用于要求举荐(唐朱庆馀"画眉深浅入时无"),可用于辞谢征聘(唐张籍"恨不相逢未嫁时"),甚至可用于对大众的宣传教育,但仍是与实际功用保持一定距离的审美。唯有应用文,从一开始产生就表现出很强的实用性,实用性是其根本的、首要的、不需要其他环节就可以直接发生功用的属性。应用文为办事而写,办理公事写公务文书,办理私事写私务文书。失去了实用性,也就失去了应用文自身存在的价值。

1.2.2 对象性

应用文的任何一个文种,都有十分明确而具体的接受对象,或是个人,或是机关、政党、社会团体,或是某一特定范围的群众等。一篇具体的应用文,可以说仅与或首先与特定对象有关。由于读者的特定性,内容就具有针对性,甚至具有保密性。单位与单位、个人与个人的等级、内外界限也就表现得更为明晰。众所周知,个人的通信秘密受到法律保护,私人信件只能由收信人本人开启阅读;至于法律文书、行政公文等,对受文对象或阅读范围通常也都有明确的规定,并有相应的责任、义务相随。

对于应用文来说,"对象性"就意味着明确的范围,并且对特定的读者具有特定的约束力。如《中共中央办公厅 国务院关于解决公司政企不分问题的通知》,各级党政机关和厂矿企业有关人员都要看;至于国家规定的法令条例,任何人都不得违反,人人都要去看。所以,应用文写作立意之时,首先就要考虑读者问题。

对象性这一特性,是由实用性决定的。个人或团体在社会生活中遇到了实际事务需要处理或解决,就会产生应该由什么样的个人或团体来处理。没有受文对象,应用文的实用性就完全失去了依凭。

1.2.3 时效性

所有的应用文,都是为了处理、解决实际事务而写的,而一切事务的存在,又都以一定的时间为条件,超越一定的时间范围,该实际事务要么失去了存在的现实意义,要么处理或解决的办法失去了功效。例如,某单位要在某日下午两点召开会议,主事者应该至迟在当日中午之前将《通知》张贴出去或送达参会者,否则就很难召集开会的法定人数。再如,某一民事诉讼案经法院一审审理后,当事人如果不服法院一审判决,根据法律规定,可在判决书送达的 15 日内提起上诉;逾此期限,判决即发生法律效力。

事实上,大部分涉及公众事务的应用文,常以发文日期表示生效期,有的还具体规定了某一时期之内为该文的有效期。正是由于具有时效性的特点,应用文的写作和处置都应及时。

1.2.4 规范性

如果说实用性是应用文内容上最大特点的话,规范性就是应用文在形式上最大的特点。应用文每一文种都有比较固定的格式,有大体相同的表现手法,甚至有基本一致的专门用语,形成严整的规范。以公文为例,中共中央办公厅于 1996 年 5 月 3 日发布《中国共产党机关公文处理条例》、中华人民共和国国务院办公厅于 2000 年 8 月 24 日发布《国家行政机关公文处理办法》均专列一章对公文格式作了明确规定,具体解说了公文的发文机关、秘密等级、紧急程度、发文字号、签发人、标题、主送机关、正文、附件、印章、成文时间、附注、主题词、抄送机关、印发机关和时间等组成部分及具体放置位置,并规定了印制版记、用纸大小和装订方式等。鉴于内容的重合,中共中央办公厅和国务院办公厅于 2012 年 4 月 16 日联合印发《党政机关公文处理工作条例》，进一步对党政机关公文格式进行了调整和规范。

公文的格式是以国家意志或法律形式规定的，这是应用文格式"法定使然"的表现；然而大部分应用文形式上的规定性，则是在其漫长的发展过程中逐渐"约定俗成"的。因此，应用文的规定性拥有广泛的群众基础，使应用文的规范能够人人知晓，举国通行，获得极强的生命力。如果违背这种规定性，就会造成重大的损失。例如，信封如不按规定格式书写（上排为收件人详细地址、中排为收件人姓名、下排为寄件人详细地址），就会造成邮局分检、送发的困难，甚至有可能被邮局退回给寄件人。

1.2.5　简明性

简明性是指应用文的语言要求。现代应用文提倡开门见山，强调长话短说，依据事实加以分析，提出相应的意见、办法或措施，要求用最精练明快的文字准确说明事由、解说事理、陈述办法。

应用文语言简明性主要体现在哪些方面呢？

首先，要平实、得体。一般来说，不需要描写、抒情，只要朴实明白地把问题说清楚即可。其次，应用文的语言必须准确精练，没有歧义。应用文用文字来联系工作、反映情况、解决问题，如果用语不准确，就会影响信息的传递、交际的效果。据说，某地一位高中毕业生和一位商人签订借款合同，这位高中毕业生要求对方必须在一年内归还借款，可那位商人说，两个月以后就可还清，结果合同上就写上了"两个月后归还借款"，可是一年后也没归还，问题就在"两个月后"；对于合同来说，这是不准确的，可作多种理解。应用文的写作不可忽视它的语体要求。

1.3　应用文的发展演变

> 问题思考：
>
> 中国最早的文字是实用的还是欣赏的？如果是实用的，是不是最早的文字就是应用文呢？

1.3.1　应用文的历史演变

应用文的诞生有两个最基本的条件：一是社会组织有了初步的发展，出现了略为复杂的沟通和管理的需要；二是文字的创制和统一，使书面文本的写作和传播具备条件。《周易·系辞》曰："上古结绳而治，后世圣人易之以书契，百官以治，万民以察。""书契"作为中国最早的文字材料，就是用于社会管理的，也即是最早的应用文。

远古时代的文字，是少数特权者才能享有的，是史官和巫师的专利品。故远古时代的应用文主要用来记载政事和祈祷神灵。由于年代久远，竹木一类书写材料不易存留，"书契"已不可见；但在稍晚一些的文献中仍残存着远古应用文的痕迹，如《山海经》中关于黄帝杀蚩尤、鲧禹治水的简短古朴记载,应是当时的"大事记"。

我国现存最早的一部历史文献汇编是《尚书》,又称《书经》,它收录的夏商周各代的典、谟、训、诰、誓、命等,均为春秋以前历代史官收藏的政府重要文件和政治论文,如《盘庚》《洪范》《大诰》《牧誓》等。《荀子·劝学》云:"《书》者,政事之纪也。"《史记·太史公自序》亦云:"《书》记先王之事,故长于政。"从文体的角度去考察,《尚书》应是我国第一部以应用文为主体的文章集。

据考证,"应用文"一词最早见于南宋张侃的《拙轩集·跋陈后山再任校官谢启》一文中,"骈四俪六,特应用文耳"。意为六朝、唐初时所写的应用文字,包括公文、书信、契约等,都采用四字、六字句式,以相间成对的骈体文来表现。正式将应用文作为一种文体提出的是清朝的刘熙载。他在《艺概·文概》中说:"辞命体,推之即可为一切应用之文。应用文有上行,有平行,有下行。重其辞乃所以重其实也。"他从理论上对应用文所作的这一明确而又简要的理性总结,至今仍具有指导意义。

若以史为纲,以时间为线,我们可以把应用文的发展演变分为7个阶段。

1)原始社会是应用文的孕育期

原始时期,人们出于生产、生活的实际需要,创造了原始形态的"应用文",除典型的"结绳记事"之外,还包括其他有资料可查的实物记事和图画记事以及口头形态。

2)先秦三代是应用文的发端期

从奴隶社会开始到秦统一中国以前的战国时期,随着文字的产生,开始出现了最早的书面语应用文章,而且形成了众多体裁,成为秦汉及以后应用文体裁发展、演进的先河。比如,从作为古代应用文"信使"开始的殷墟甲骨刻辞到钟鼎、彝器铭文以及春秋战国时期的各种书(如策书、上书、玺书、盟书、书等)、檄、祝、颂、箴、诔、吊、赋和司法文书、经济契券等,都粗具应用文的实用性和严肃性的特点。

3)秦汉是应用文的发展期

秦统一中国后,进行了政治、经济、文化上的一系列改革,如"书同文、车同轨"等。应用文受此影响,日趋规范化。确定"命"为"制","令"为"诏",天子自称为"朕",首开公务应用文体裁规范化之先河。汉承秦制,并有了进一步发展,具体表现在体裁上。东汉蔡邕在《独断》中说:"其命令,一曰策书,二曰制书,三曰诏书,四曰戒书。"又云:"凡群臣上书天子者有四名:一曰章,二曰奏,三曰表,四曰驳议。"正如刘师培在《中国中古文学史》中指出的那样:"文章各体,至东汉而大备。"特别值得指出的是,在这个时期第一次明确了上行文和下行文的区别和各自的文体。同时,这一时期的各种体裁出现了不少名篇,如东方朔的《上书自荐》、贾谊的《陈政事疏》、晁错的《论贵粟疏》、赵充国的《上屯田便宜十二事奏》等都对后代产生了深远的影响。

4)魏晋南北朝是应用文的成熟时期

这一时期,各种公、私应用文的体裁特点明显形成,而且文体也略有增加,如三国之后,增加了一种平行文"移"。公务应用文的体裁在汉代趋于规范的基础上，在实际使用中发展得更加切实可行，出现了不少脍炙人口的名篇，如曹操的《述志令》、陈后主的《咨询诏》。这些诏令典雅凝重、温润深厚。又如孔融的《荐祢衡表》、诸葛亮的《出师表》。最为著名的首推《出师表》。如陆游诗《书愤》中称："出师一表真名世，千载谁堪伯仲间。"杜甫诗《蜀相》中亦云："三顾频烦天下计，两朝开济老臣心。出师未捷身先死，长使英雄泪满襟。"此表被尊为"历代表之精英"。另外，私人应用文在魏晋南北朝时期也出现了较多的体裁与名篇。体裁有书信、颂赞、谍碑、哀祭等，其中有名的如嵇康的《与山巨源绝交书》、邱迟的《与陈伯之书》、刘伶的《酒德颂》、贾谊的《吊屈原文》等。特别值得一提的是，这一时期的古代应用文写作理论已基本形成，尤其是南朝齐梁时期文学理论批评家刘勰的《文心雕龙》，对历代各种应用文体裁的功用、特点、写作规律进行了全面、深入、系统的分析研究，对今天的应用文研究具有重要价值。

5）隋唐宋是应用文发展的高峰时期

此阶段出现了一些新的文体，如唐代皇帝下行的应用文称作册、制、敕。册、制、敕用法各有不同，敕又分为发敕、敕旨、论事敕、敕牒等。这一时期应用文受唐宋诗词文的影响，各种体裁的名篇云集，如韩愈的《答李翊书》《祭十二郎文》和《柳子厚墓志铭》，王安石的《答司马谏议书》，柳宗元的《段太尉逸事状》，骆宾王的《讨武曌檄》，魏征的《谏太宗皇帝十思疏》，李白的《与韩荆州书》等，不胜枚举。各种应用文文体之完备，从《唐六典》《宋史》中可见一斑。

6）元明清是应用文的稳定时期

稳定是相对于唐宋应用文高峰时期而言的。明清时代应用文的体裁有所变化，但在明代没有出现类似于唐宋八大家那样杰出的作家，应用文也无崛起之势；在清代，文章虽有发展，但应用文也不如唐宋时期那样"丰盛"。这一时期突出的特点是，应用文文体的分类更加详细，如明代的上行文就有题、奏、启、表、笺、讲章、书状、文册、揭帖、制对、露布、译等，而经常使用的也只有题、奏、启、揭帖等几种。同时，下行文种类也很多。总的看来，文体的类别越分越细，至明清时期，已经十分烦琐，直到清末，才有所改观。

7）五四运动前夕至当代是应用文的重大变革时期

这种变革突出表现在：一方面，应用文在表达上发生了重大变化，白话文逐步替代文言文成为应用文的主要特征；另一方面，应用文的体裁也发生了重大变化。许多封建时代所使用的应用文名目被废止，如公文中历代使用的制、诏、敕、戒、第、册和表、章、奏、议、疏、上书、封事、弹事等均予废止，体裁变得相当简要。例如，1912年南京临时政府颁布的第一个公文程序条例，其文体极为简要，只有令、咨、呈、示、状等五种。此外，新的社会需要产生了新的应用文体裁，也使原有的某些体裁有所变革。新中国成立后，我国的公文制度不断完善，历经1951年、1981年、1987年、1993年、2000年、2012年的六次修订，各种公文体裁的用途或使用范围日益规范化。另外，书信也出现了众多的类别，如礼仪性的、批评建议性的、请求性的、证明性的等。随着经济生活的不断发展与变迁，出现了众多的经济文书，如商品说明书、广告、经济合同、鉴定书、市场调查、公关策划书、招标书、投标书等,还有法律文书,如起诉状、上诉状、答辩状等。这些类别都是为了适应人们的种种需要而产生的,并随着社会发展而不断演进。

1.3.2 应用文的现状与趋势

1)现状

(1)地位日益提高

随着应用文在人们学习和工作中应用范围逐步扩大,所起的作用也逐渐被人们认识并引起了一定的重视。现在,许多单位在招聘人员时,都将有无具备良好的应用文写作能力作为能否聘用的条件之一。以往被高校、研究单位视为"无学术价值"的应用文写作课程正在步入高校课堂,许多学校将应用文纳入教学计划,纷纷开设应用文写作课程。同时,有关应用文写作的专著也层出不穷,引进国外有关理论的译著和相关的研究、论述也逐渐多了起来。这些都显示了应用文在学习和工作中所占的地位日趋重要。

(2)基础研究相对薄弱

与应用文蓬勃发展不相适应的一面是有关理论的研究薄弱与滞后。表现在:对应用写作的体系、性质等缺乏系统的梳理和充分的研究。迄今为止,对应用文的界定还是比较模糊,众说纷纭;再者,现有的研究格局不理想,虽然社会对应用性写作的需要不断增大,但事实上,投身做专项研究的力量微乎其微——即使有涉及此领域的一些研究,研究方向也不甚明确,缺少研究的重点和规划,成果更是大部分停留在描述性的研究层次上,比如仅仅回答了"什么"。而且,研究还缺少一定的依托、比较,从而难以深入。同时,应用文写作还未被列为国家重要研究的范畴。这些是应用文写作研究难上层次的深层次原因。

(3)信息化、电子化的冲击和影响

21世纪是信息化的时代,网络将全国、全世界紧密地联系在一起。原始的人工手写、机器印刷将逐步被"无纸笔办公自动化"所代替。因此,从事应用文写作的人员,应全面掌握网络知识,学会在网络上搜集信息和输出信息,因为网络写作将代替传统的应用文写作模式。

作为一种信息自动处理的工具,计算机的工作方式和人脑的思维方式有相似之处,能部分地代替人脑进行信息的接收、存储、计算和加工处理,并输出结果。其工作的效率和质量是空前的,传统方式无法企及。应当说,计算机从诞生至今虽然仅有60多年的历史,但它却极大地改变了人们的工作和生活方式。随着计算机在应用领域的不断深入和拓展,其处理的信息越来越多,运用计算机作为主要的辅助工具进行应用文写作,已成为知识经济时代获取、加工、传输、存储和应用信息的重要手段。熟练地掌握计算机应用文写作技能,充分运用网络技术,已成为应用文撰写者融入世界知识经济潮流的重要方式之一。

2)趋势

(1)人性化

在当今的市场经济社会,以客户为中心,凡事多从顾客的角度着想,已成为企业战略发展的共识。同时,社会化大生产更要求加强企业之间的合作,需要人与人之间的互相配合,

沟通情感,改善人际关系网络。与之相应的应用文写作也已开始适应时代的变化,站在写作对象的角度考虑问题,注重读者与作者之间的互动关系,注重人性化的沟通。这些变化要求应用文,如商函、广告、商品说明书、商务演讲稿的写作中要更多地考虑对方的行为目的、心理状态、性格特征和双方所处的沟通环境。

(2)双语化

随着国际性贸易的增多,国内市场也日趋国际化。为了交际的需要,许多应用文写作不仅需要使用中文,也需要使用外文。例如,一些商函、请柬、企业简介、产品说明书等需要中英文对照;外商来我国投资注册的表格、可行性报告、进出口贸易单证、申请书等都需要运用多种语言表达。同时,鉴于中国台湾、香港、澳门等地区有使用文言文、繁体字的现象和流行竖写的情况,目前不少商务应用文在表述上也考虑到了这些现象。一些企业的网站主页都设有中英文、简繁体不同的介绍页面,以期获得更好的沟通效果。

(3)图表化

在应用专业文书的写作中,特别是对于专业性很强的市场调查报告、预测报告、可行性研究报告等文种,经常需要将一些数据统计资料制成图表,或绘制一些工作操作流程图,用来说明、描绘事物的动态或阐述事物的结果,例如,商品的价格、数量、所占比例、利润、投资额的升降变化等。因此,经常需要运用一些图表来进行表述。运用图表往往形象、直观,而且省时、省力,可使人一目了然,这在很大程度上提高了商务写作的表达能力,因此被广泛采用。

(4)文体格式国际通用化、标准化

我国加入世界贸易组织后,随着国际间交往的增多,应用文写作的格式也日趋国际通用化,传统的格式大多被国际通用标准所取代,在写作上更符合国际标准。例如,一些评估书,进出口单证,股份制企业的章程、招标书、股票上市报告书等。

(5)信息传递、文种形式、书写工具的电子化

随着信息高速公路的建设,越来越多的企业积极运用电子信息技术来传递信息、进行写作。这一切无疑给应用文写作带来了新的特点和影响,也使其发生了根本性的变化——除了运用计算机进行写作、出现了无纸化现象,还涌现了许多像电子邮件、图文传真、网络广告、电子公告等新兴的文种形式。

1.4 应用文的种类

问题思考:

既然应用文是针对特定生活、工作的文体,是不是生活或工作的种类就决定了应用文的种类呢? 照此而来,应用文的种类将是多么繁多杂乱呀……

古今应用文的种类可达数百种之多。曹丕《典论·论文》所列文章的四类八种中,奏议、

书论、铭诔等前三类六种就是应用文。刘勰《文心雕龙》讨论了30种文体,其中应用文体有赞、颂、祝、盟等一类有韵之文和诏、策、章、表等一类无韵之笔,达23种。明·徐师曾《文体明辨》分文体为127类,其间又有正变古俗之别。清·姚鼐《古文辞类纂》合古文文体为13大类,所收七百篇文章,绝大部分也是应用文。当今,人们对应用文的分类作了很大努力。上海于成鲲教授编著的《应用文大全》,把应用文主要文体分为行政、财经、诉讼、文教、日常应用文等五类80种;武汉洪威雷教授的《应用文写作学概论》,除国家1987年把军事、外交、法律等之外的机关应用文分为十类15种公文外,把常用应用文分为40种。台湾张仁青博士编著的《应用文》,除台湾当局规定的六种公文外,另立常用应用文为实用书牍、庆贺文、祭吊文、对联、契约、规章等十一类。

很显然,依据应用文不同的内在依据和适用的社会环境,应用文可划分为不同的类别。

1.4.1 按处理事情的性质划分

依据应用文的功能、适用对象和性质,应用文在总体上可分为私务应用文和公务应用文。

私务应用文是个人为了处理日常生活事务,为个人的事业发展、交往应酬而写作、使用的应用文,即通常所说的个人日用文书。其写作主体是个人或个人的集合,但一般自然人、个人不代表任何一个法定团体、任何一级法定组织。私务应用文的行文方向,可以是个人对个人,也可以是个人对团体、组织,甚至可以是个人对国家、政府,但其内容是纯粹的私人事务。私务应用文是数量最大的日常应用文。

公务应用文是进行社会管理的公务文书,是国家的各级政府、社会团体和企事业单位处理公众事务时,根据法定的职权范围,按照特定格式,经过一定程序而写作的应用文样式,即通常所说的公文。公务应用文,无论是个人执笔还是集体执笔,无论是否以个人署名,其主体都是法定的组织,是在表达这一法定组织的意图。公务应用文的运行方向,可以是下行、平行或上行。

1.4.2 按使用领域划分

1)行政类应用文

行政类应用文包括重要公文和常用行政公文。重要公文是指国务院发布的《国家行政机关公文处理办法》中所规定的:命令(令)、议案、决定、公告、通告、通报、通知、请示、报告、批复、意见、函、会议纪要;常用行政公义指:规划、计划、调查报告、总结、述职报告、简报、提案、建议、章程、条例、规定、制度办法、规则、细则等。

2)司法类应用文

司法类应用文是国家司法机关和法律授权的专门组织(律师、公证、仲裁三个组织)以及诉讼当事人依法制作的处理诉讼案件和与诉讼有紧密联系的非诉事件的具有法律效力或法律意义的文书总称。

司法类应用文主要包括:起诉书、答辩状、判决书、庭审笔录、法院公告等。

3）外交类应用文

外交类应用文是处理国与国之间事务而写作的一种文书。如：照会、国书、备忘录、条约、协定等。

4）经济类应用文

经济类应用文包括广告、合同、市场调查报告、说明书等。

5）科技类应用文

科技类应用文包括学术论文、学术报告、实验报告、设计说明书、可行性研究报告等。

6）教学类应用文

教学类应用文包括大纲、教材、讲义、教案等。

7）新闻类应用文

新闻类应用文包括消息、通讯、简讯、评论等。

8）日常生活应用文

日常生活应用文包括书信、电子邮件、短信、微信、电报、聘书、启事、请柬、条据等。

1.5 应用文的语言

> **问题思考：**
>
> 文学语言讲究含蓄隽永、意味悠远，应用文语言如文学语言一样呢，还是另辟蹊径？

1.5.1 应用文语言的要求

总的来说，应用文的语言要求表述准确、恰当，不能使记载与传递的信息变异、失真或导致接收者歧解。根据不同文体，应用文的语言须遵循以下要求：

1）严谨、庄重

应用文中的公文代表机关发言，具有法定的权威性，其用语应当严谨、庄重，以体现出公文的严肃性；因此，不仅不宜使用口语，而且也不宜运用文学语言。具体要求为：

（1）使用规范化的书面语言

规范化的书面语言词义严谨周密，可使读者准确理解公文，不产生歧义从而能正确执行。首先，不要使用口语。如在文件用语中，使用"商榷""面洽""诞辰""不日""业经""拟"等书面语言，而不使用"商量""面谈""生日""不几天""早已经过""打算"等口语，以示庄重。其次,不使用生造的晦涩难懂的词语和不规范的行话、方言或简称。如称"少女"为"细妹子",称"打击经济犯罪办公室"为"经打办",称"技术生育办公室"为"计生办"等。这不仅会使读者费解,影响到公文传递信息的功能,而且也影响公文制发机关的尊严与文件的权威性。

（2）使用专用词语

长期以来,人们在公文中沿用一些使用频率较高的专用词语。这些词语虽非法定,但已约定俗成,尤其是公文中的专用词语,虽然与旧文书中的套语有一定的联系,但经过历次公文改革的筛选提炼,去除糟粕,保留了至今仍具有积极作用的部分。掌握这些词语有助于文章表述得简练。

2）恰当、准确

正确地记载与传递信息是撰写应用文的基本要求,遵循这一要求,应用文的语言表述必须符合客观实际,符合逻辑,即概念准确而恰当,还要符合语法修辞的规范。

3）朴实、得体

应用文是处理、办理事务的工具,又是沟通信息的基本方式,因此,强调用语朴实和得体。朴实,即文风要朴实无华,语言实在,强调直接叙述,不追求华丽辞藻,不用含蓄、虚构的写作技巧;得体,即指应用文语言应适应不同文体的需要,说话讲究分寸、适度。

4）简明、生动

为了加快阅文办事的节奏,应用文用语必须简明精练,用尽可能少的文字,浓缩大量的信息,做到言简意赅。如果是面对听众的报告、演说词,语言就稍稍生动一些,以加强文章的感染力。

1.5.2　应用文常用缩略语

1）缩略语类型

在应用文写作中,运用缩略语可使语言达到简洁、生动、鲜明的效果。其类型有:

（1）数概式

标数概括有三种:①单一标数概括,如"四项基本原则";②双重标数概括,如"八荣八耻";③多重数概式,如"五讲四美三热爱"。

（2）节缩式

将一个大词组划分成几个小词组,如"电视大学"缩略为"电大"。

（3）分合式

如"离休、退休干部"缩略为"离退休干部","企业、事业"缩略为"企事业"。

（4）结合式

由两个以上著名城市、省份简称结合起来,或由它们的简称与其他文字结合起来,如"津京""湘鄂边界""闽南话"。

（5）择取中心词

如《中华人民共和国刑法》缩略为《刑法》，但是必须注意，使用这种缩略语先用全称，同时注明"以下简称"，例如：《国家行政机关公文处理办法》（以下简称《办法》）。

2）运用缩略语注意事项

（1）坚持约定俗成

任何缩略语的成立，关键在于约定俗成。缩略语并非应用文独有。它来源于日常用语，经过规范，进入书面语，一般说来，是约定俗成的。如何正确把握缩略语的约定俗成，简而言之，既忌冒失，又忌保守。

（2）把握使用范围

如"交大"，上海人一般认为是指"上海交通大学"；而就全国而言，还有"北京交大""西安交大""西南交大"等。

（3）避免产生歧义

有时缩略语与一些词语或词组相同，容易使人误解。如一份简报的题目是《本市一百商场日营业十二小时》，初看以为是该市有一百个商场延长了商业时间，看下去才知是该市第一百货商场。

（4）区分使用场合

缩略语在一般性场合可使用，而在庄重的场合一般不应使用。如一般性应用文中常用"中国"，而在布告、公告、声明及在国际场合中，就须使用"中华人民共和国"，再如年、月、日，在公文中就不得缩略。

（5）讲究标点符号

词语缩略后，还要注意标点，尤其是并列式的缩略语，稍不注意就有可能同其他词语混淆。如"解决农民的饮、用水问题"，这里的"饮、用水"中的顿号就用得好，舍其顿号会同另一词语"饮用水"发生混淆。

1.5.3 应用文模糊语言

1）应用文模糊语言

从总体上讲，应用文语言可分为精确语言和模糊语言两大类。

精确语言是应用文的基础和生命，但在某些特定的语言环境和特定的条件下却又必然用模糊语言。模糊语言指外延小而内涵大的语言。

人类语言中有许多模糊语言，这些语言的意义所概括的事物范围只有"中心区域"是清楚的，"边缘部分"则是模糊的，如"通过这次政治学习，全校广大师生受到了深刻教育"，其中"广大"即为模糊语言，具有不确定性，其表量是模糊的，但表意却是准确的。如果将其改为"全校三千五百三十七名师生受到了深刻教育"，反而令人难以相信。

2）模糊语言与精确语言的关系

在应用文写作中，模糊语言的使用是不可避免的，但这并不意味着可以无条件地随意滥用模糊语言。需要注意的是,模糊语言不是含糊语言:模糊语言具有定向的明确性,委婉、含蓄但不是模棱两可,灵活自然但不是无拘无束、漫无边际,简明规范却不是含混不清。

应用文语言的准确性和模糊性是对立统一的,它们在一定条件下可以互相转化。从一般规律上说,模糊是绝对的,准确是相对的。准确的表述既有赖于精确的词语,同时又离不开模糊词语。从实际的表达需要出发,模糊语言和精确语言往往有机配合,才会虚实结合,相得益彰。

3)模糊语言的分类

模糊语言在应用文中使用频率相当高,凡是以主观判断或揭示模糊、相对模糊和认识处于模糊状态的事物,或表达上的特殊需要都只能用模糊语言。其应用有以下几种情形:

(1)表示时间

无须或无法测计确切时间的事物,如十时许、早晨、傍晚、中午、午夜、夜间、近来、年初、当前、不久前等,表示时间的大致界划和区段。

(2)表示度量

无须或无法准确测计度、量的事物,用具有不确定性表示度、量、数的词来表述。如数千、百余、一批、许多、甚微、若干、多数、大多数、绝大多数、过早、过快、适中、从宽、从重等,表示对度、量、数的估计。

(3)表示范围

无须或无法确定具体界限的事物,用具有相对区界的词语表述,如部分、局部、个别、以外、以东、以后、以上、附近、沿海地区等,表述事物的跨度和范围。

(4)表示程度

无须或无法准确度量程度的事物,用具有层级性或比较性的词语表述,如十分、非常、特别、良好、优秀、优异、显著、卓越、损失、大损失、重大损失、巨大损失、无法估量等,表示程度等级或档次。

(5)表示性状

无须或无法确定具体性质,描述具体状态的事物,用富有弹性的词语或修辞方法表述,如正确性、严重问题、紧急情况、恶性循环、严峻的形势、急剧的变化、恶劣的手段、特别行动、非常事件等,表述事物的性质和状态。

(6)表示趋向

无须或无法具体反映发展变化情况的事物,用具有趋向性词语表述,如提高、加快、减少、降低等,表述事物发展、变化的客观趋势或人们的主观意向。

模糊语言的运用要恰当、得体,因为模糊语言表现力极强,内涵极其丰富,切忌随意滥用;否则,将有损于应用文的真实性和严肃性。

1.5.4 应用文专门用语

1)称谓语

称谓语表示称谓关系的词语。

在应用文中，涉及机关或个人时，一般应直呼机关的全称或规范化的简称，以及对方的职务或"××同志""××先生"。在表述指代关系的称谓时，一般用下列专门用语：

第一人称："本""我"，后面加上所代表的单位简称，如部、委、办、局、厂、所等。

第二人称："贵""你"，后面加上所代表的单位简称，如部、委、办、局、厂、所等。在应用文中，用"贵"字作第二人称，只是表示尊敬与礼貌，一般用于平行文或涉外公文。

第三人称："该"，在应用文中使用广泛，可用于指代人、单位或事物，如该厂、该部、该同志、该产品等。"该"字在文件中正确使用，可以使文字简明、语气庄重。

2）领叙词

领叙词是用以引出应用文撰写的根据、理由或具体内容的词，在应用文中出现频率较高。借助领叙词，可使应用文开宗明义、开门见山。常用的领叙词有：

根据　按照　为了　接……　前接或近接……　遵照　敬悉　惊悉　……收悉　……查　为……特……　现……如下

应用文的领叙词多用于文章开端，引出法律、法规以及政策，指示的根据或事实根据等，也有的用于文章中间，起前后过渡衔接的作用。

3）追叙词

追叙词是用以引出被追叙事实的词。应用文中有时需要简要追叙一下有关事件的办理过程，为使追叙的内容出现得自然，常常使用一些追叙的词语，如：

业经　前经　均经　即经　复经　迭经

使用时要注意上述词语在表述次数和时态方面的差异，以便有选择地使用。

4）承转词

承转词又称过渡用语，即承接上文转入下文时使用的关联、过渡词语，用于陈述理由、事实之后引出作者的意见、方案等。这种词语不仅有利于文辞简明，而且起到前后照应的作用。常见的承转词有：

为此　据此　故此　鉴此　综上所述　总而言之　总之

5）祈请词

祈请词又称期请词、请示词，用于向收文者表示请求与希望。常用的祈请词有：

希　敬希　请　望　敬请　烦请　恳请　希望

使用祈请词的目的在于营造机关之间相互敬重、和谐协作的气息，从而建立正常的工作联系。

6）商洽词

商洽词又称询问词，用于征询对方的意见和反应，具有探询语气。常用的商洽词有：

是否可行　妥否　当否　是否妥当　是否可以　是否同意　意见如何

这类词一般用于公文的上行文、平行文中，在使用时要注意确有实际的针对性，即确需征询对方意见时使用。

7)受事词

受事词是向对方表示感激、感谢时使用的词语,如:

蒙　承蒙

受事词属于客套话,一般用于平行文或涉外的公文。

8)命令词

命令词即表示命令或告诫语气的词语,用以增强公文的严肃性与权威性,引起受文者的高度注意。表示命令语气的词语有:

着　着令　特命　责成　令其　着即

表示告诫语气的词语有:

毋违　切实执行　不得有误　严格办理

9)目的词

目的词即直接交代行文目的的词语。人们撰写应用文尤其是公文都有明确而具体的目的,对此,需有针对性地使用简洁的词语加以表述,以便收文者正确理解并加速办理。

用于上行文、平行文的目的词,还需加上祈请词,常用的有:

请批复　请函复　请批示　请告知　请批转　请转发

用于下行文的目的词有:

查照办理　遵照办理　参照办理

用于知照性文件的目的词有:

周知　知照　备案　审阅

10)表态词

表态词又称回复用语,即针对对方的请示、问函,表示明确意见时使用的词语,常见的有:

应　应当　同意　不同意　准予备案　特此批准　请即试行　按照执行　可行　不可行　迅即办理

在使用表态词时应对公文中的下行文和平行文严加区别。

11)结尾词

结尾词即置于正文最后,表示正文结束的词语。用以结束上文的词语,常用的有:

此布　特此报告　通知　批复　函复　函告　特予公告　此致　谨此　此令　此复　特此……

再次明确行文的具体目的与要求,常用的有:

……为要　……为盼　……是荷　……为荷

表示敬意、谢意、希望,常用的有:

敬礼　致以谢意　谨致谢忱

使用应用文专门用语，有助于使文章表达得简练、严谨并富有节奏感，从而赋予文章庄重、严肃的色彩。

模块2 公文

学习目标

知识目标：

● 了解党政机关公文的含义、种类、行文基本规则等基本知识。

● 掌握公文写作的基本格式和写作方法。

● 掌握通知、通告、通报、报告、请示、函、纪要等常用公文的适用范围、类型、特点、结构。

● 理解通知与通告、通报，报告与请示的区别。

能力目标：

● 能说明通知、通告、通报、报告、请示、函、纪要的结构。

● 能在具体工作中正确选用通知、通告、通报、报告、请示、函、纪要。

● 能撰写规范的通知、通告、通报、报告、请示、函、纪要。

重点与难点

● 公文的种类及行文规范。

● 公文写作的基本格式。

● 通知、报告、请示、函、纪要的写法。

2.1 党政机关公文知识

问题思考：

新来的蔡秘书对主任说:《党政机关公文处理工作条例》规定的党政机关公文是党政机关单位在党政管理过程中使用的,建筑公司是企业,不适用,应该自己制定一套公文处理办法。

对此观点,你是否赞同? 为什么?

2.1.1 公文含义

广义的公文是公务文书的简称。它是指党政机关、社会团体、企事业单位等开展公务活动的过程中，为实现一定的目标而形成的体式完整、内容系统、程序规范的各种书面材料。

狭义的公文是党和国家在党政管理过程中所形成的具有法定效力和规范体式的公务文书，具体指中共中央办公厅、国务院办公厅 2012 年 4 月联合印发、2012 年 7 月 1 日起施行的《党政机关公文处理工作条例》（中办发〔2012〕14 号）规定的 15 种文书。《党政机关公文处理工作条例》指出：党政机关公文是"党政机关实施领导、履行职能、处理公务的具有特定效力和规范体式的文书，是传达贯彻党和国家方针政策，公布法规和规章，指导、布置和商洽工作，请示和答复问题，报告、通报和交流情况等的重要工具。"

这一定义划清了公文与非公文的原则界线，也阐明了公文的基本性质。有三层含义：

第一，公文在长期实践中形成了独特的写作格式和一套制发规范，并用党和国家法规予以规定，任何机关都不得另搞一套，各行其是，具有"规范体式"。

第二，公文是代表机关单位发言的，具有执法机关的法定权威。公文一经制发，具有一定的强制性和约束力，有关的受文机关和人员就必须严肃认真地对待，具有"法定效力"。

第三，公文是依法进行公务活动的重要工具。

2.1.2 公文的特点

1）鲜明的政治性

公文在内容上具有鲜明的政治性。我国是中国共产党领导下的社会主义国家，运行于我国各机关的公文，必须贯彻党和国家的路线、方针、政策，有利于社会主义制度，维护人民的利益。

2）有法定的作者和权威性

公文的法定作者是合法的制发机关单位及其负责人，而非执笔者个人。特定情况下，机关领导人也可以以个人名义制发公文，那是代表领导人所在的单位行使职权，仍是公事，不是私事。公文是代表机关单位发言的，具有执法机关的法定权威。公文一经制发，具有一定的强制性和约束力，有关的受文机关和人员就必须严肃认真地对待。

3）有现实的时效性

公文皆为解决现实问题而制发，一般要求限期传达执行，紧急公文更强调了它的现实执行性。公文总是在规定的空间范围内和时间效力范围内生效，一旦工作完成了，问题解决了，或新的有关公文制发出来了，原公文的效用也就结束了。

4）有特定的体式

公文是一种高度程式化的应用文体。公文在长期实践中形成了独特的写作格式和一套制发规范，并用党和国家法规予以规定，任何机关都不得另搞一套，各行其是。公文的规范化对提高行政机关工作效率、推动文书工作现代化有着重要的作用。

2.1.3　公文的作用

1）发布政令,传达决策

党的各项方针、政策,国家的各项政令、法规、决定,各级各类机关的决策意图,需要发布开来、推行下去,报告上来、传递出去,这就要借助公文,通过公文运行渠道来实现。从发布最高一级机关制定的大政方针,到传递最低一级机关的报告、请示,无不依靠公文这个工具。

2）指导、推动工作

由于公文是一种具有权威性的特殊文体,各级机关运用公文手段来推行决策意图。领导机关用它来组织和指导各系统、部门、地区的具体工作;下级机关用它来汇报情况或求得批准支持,以开展工作。公文是推动党政机关工作的一项不可缺少的重要工具。

3）工作依据,检查凭证

依据和凭证作用是公文的基本作用。上级依据上报的公文审批、答复、决定;下级依据下发的公文开展工作。离开了公文,工作便失去了依据,必然各行其是。上级的决策是否正确,下级情况反映是否属实,公文是最好的凭证。工作开展后,评价其绩效,也要以公文为检查凭据。

4）沟通信息,联系公务

各机关在公务活动中,用公文与上下左右的机关进行联系,相互告知情况、交换情报、交流思想、接洽工作、协调工作。随着公文在其间的往复运行,整个机关系统由此联成一体,使各项工作能高效率、有秩序地开展起来。

5）宣传教育,统一思想

公文不仅要传达决策意图、布置任务,还要解释原因、说明情况,让人们知道为什么要这样做,从思想上弄清问题,提高认识。充分发挥公文的宣传教育作用,可以使广大干部、群众明确目标,统一思想,以积极的态度对待工作,提高工作的自觉性。

2.1.4　公文文种规范

公文的文种规范主要包括公文的类别规范、文种选用规范和违反公文文种规范的混乱现象等几个方面的内容。

1）类别规范

（1）按使用范围分

公文可分为通用公文和专用公文两大类。通用公文通行于各机关、企事业单位、社会团体,使用范围很广。《党政机关公文处理工作条例》中规定的公文均属于此类。专用公文是指由具有专门职能的机关,根据特殊需要而制订和使用的具有特定格式和内容的公文,如军事机关、外交机关、司法机关的公文,俱属此类。它们只能在一定的范围和领域内使用,如外交机关制发的国书、照会、备忘录、条约、白皮书等,普通机关就不能使用。

（2）按行文方向划分

公文可分为下行文、平行文、上行文。行文关系不同,公文流动传递的方向就不同。

①上行文,是按照垂直组织系统下级机关向上级机关的行文。主要有报告、请示两种。

②平行文,是指同级机关和不相隶属机关之间的行文。主要有函、议案和部分通知。

③下行文,是按照垂直组织系统上级机关向下级机关的行文。主要有命令（令）、决定、决议、公报、公告、通告、通报、批复、纪要,还包括多数通知。

其中"意见"这一文种既可用于上行文、下行文,也可用于平行文。

2）文种选用规范

公文文种的选用问题,是每个机关工作人员从事公文写作一系列活动中的第一个重要环节。公文选用十分讲究,选用不当,内容的表达就必然受到制约,轻则闹出笑话,重则影响工作。为此,必须弄清公文文种的功能及适用范围。根据《党政机关公文处理工作条例》的规定,党政机关公文有15种:

决议:适用于会议讨论通过的重大决策事项。

决定:适用于对重要事项作出决策和部署、奖惩有关单位和人员、变更或者撤销下级机关不适当的决定事项。

命令（令）:适用于公布行政法规和规章、宣布施行重大强制性措施、批准授予和晋升衔级、嘉奖有关单位和人员。

公报:适用于公布重要决定或者重大事项。

公告:适用于向国内外宣布重要事项或者法定事项。

通告:适用于在一定范围内公布应当遵守或者周知的事项。

意见:适用于对重要问题提出见解和处理办法。

通知:适用于发布、传达要求下级机关执行和有关单位周知或者执行的事项,批转、转发公文。

通报:适用于表彰先进、批评错误、传达重要精神和告知重要情况。

报告:适用于向上级机关汇报工作、反映情况,回复上级机关的询问。

请示:适用于向上级机关请求指示、批准。

批复:适用于答复下级机关请示事项。

议案:适用于各级人民政府按照法律程序向同级人民代表大会或者人民代表大会常务委员会提请审议事项。

函:适用于不相隶属机关之间商洽工作、询问和答复问题、请求批准和答复审批事项。

纪要:适用于记载会议主要情况和议定事项。

3）违反公文文种选用规范的混乱现象

《党政机关公文处理工作条例》规定的正式文种的职能与分工清楚明确,但目前我国各

机关、企事业单位乱用文种的现象仍较普遍。概括起来,主要表现在以下几个方面:

①混用文种,指的是不按照《党政机关公文处理工作条例》中有关正式文种的功能和适用范围选用文种,而造成临近文种相互混用的现象。这种现象常常出现在"公告"与"通告"、"决议"与"决定"、"请示"与"报告"、"请示"与"函"等几组临近文种之间。

②自制文种,指的是超出《党政机关公文处理工作条例》规定的正式文种之外,生造出一些非公文文种并以正式公文行文的现象。一些机关单位常见的自制文种有:《××公司关于内部改革的思路》《××公司关于要求减免部分工商税的请求》中的"思路""请求"就属于自制文种。此外还有"汇报""构想""思考"等自制文种也很常见。

③误用文种,指的是把属于机关其他应用文,特别是事务文书中的文种,误作为正式公文文种直接加以使用的情况。譬如,把计划类文种"要点""打算""安排""设想"误作为正式公文文种使用,如《××公司2010年工作要点》;把总结类文种"小结""体会""总结""回顾"误作为正式公文文种使用,如《××公司2009年第二季度工作小结》;把规章制度类文种"办法""规程""须知""实施细则"以及简报类文种"情况反映""快讯""动态"等误作为正式公文文种使用的现象。

2.1.5　公文行文规范

①行文关系根据隶属关系和职权范围确定,一般不得越级行文,特殊情况需要越级行文的,应当同时抄送被越过的机关。

②向上级机关行文,应当遵循以下规则:

a.原则上主送一个上级机关,根据需要同时抄送相关上级机关和同级机关,不抄送下级机关。

b.党委、政府的部门向上级主管部门请示、报告重大事项,应当经本级党委、政府同意或者授权;属于部门职权范围内的事项应当直接报送上级主管部门。

c.下级机关的请示事项,如需以本机关名义向上级机关请示,应当提出倾向性意见后上报,不得原文转报上级机关。

d.请示应当一文一事,不得在报告等非请示性公文中夹带请示事项。

e.除上级机关负责人直接交办事项外,不得以本机关名义向上级机关负责人报送公文,不得以本机关负责人名义向上级机关报送公文。

f.受双重领导的机关向一个上级机关行文,必要时抄送另一个上级机关。

③向下级机关行文,应当遵循以下规则:

a.主送受理机关,根据需要抄送相关机关。重要行文应当同时抄送发文机关的直接上级机关。

b.党委、政府的办公厅(室)根据本级党委、政府授权,可以向下级党委、政府行文,其他部门和单位不得向下级党委、政府发布指令性公文或者在公文中向下级党委、政府提出指令性要求。需经政府审批的具体事项,经政府同意后可以由政府职能部门行文,文中须注明已经政府同意。

c.党委、政府的部门在各自职权范围内可以向下级党委、政府的相关部门行文。

d.涉及多个部门职权范围内的事务,部门之间未协商一致的,不得向下行文;擅自行文的,上级机关应当责令其纠正或者撤销。

e.上级机关向受双重领导的下级机关行文,必要时抄送该下级机关的另一个上级机关。

④同级党政机关、党政机关与其他同级机关必要时可以联合行文。属于党委、政府各自职权范围内的工作,不得联合行文。

党委、政府的部门依据职权可以相互行文。部门内设机构除办公厅(室)外不得对外正式行文。

2.1.6 公文格式规范

在长期的工作实践中,为了能用最少的语言,表达最多的内容和信息,机关公文逐渐形成了固定的格式和运行传递的制度。掌握公文的格式和运行要求,是做好公文处理工作的一个基本条件。

根据《党政机关公文格式》(GB/T 9704—2012)规定,党政机关公文格式主要有如下规范:

1)公文用纸及排版

公文用纸采用 A4 型纸,其成品幅面尺寸为:210 mm×297 mm。

公文用纸天头(上白边)为:37 mm±1 mm。

公文用纸订口(左白边)为:28 mm±1 mm。

版心尺寸为:156 mm×225 mm(不含页码)。

如无特殊说明,公文格式各要素一般用 3 号仿宋体字。特定情况可作适当调整。一般每面排 22 行,每行排 28 个字,并撑满版心。特定情况可作适当调整。

2)公文的普通格式

根据《党政机关公文处理工作条例》规定,公文一般由份号、密级和保密期限、紧急程度、发文机关标志、发文字号、签发人、标题、主送机关、正文、附件说明、发文机关署名、成文日期、印章、附注、附件、抄送机关、印发机关和印发日期、页码等组成。

一份完整的公文,通常分为眉首、主体、版记三部分。

(1)眉首

①份号。份号是指公文印制份数的顺序号,即同一文稿印制若干份时每份公文的顺序编号。如需标识份号,一般用 6 位 3 号阿拉伯数字编排在版心左上角第一行。编份号的目的是准确掌握公文的印制份数及分发范围和对象,所以,涉密公文应当标注份号。

②秘密等级和保密期限。如需标识秘密等级和保密期限,一般用 3 号黑体字,顶格编排在版心左上角第二行,两字之间空一字;秘密等级和保密期限之间用"★"隔开,保密期限中的数字用阿拉伯数字标注。

秘密等级有三种:"绝密""机密"和"秘密"。

保密期限是对公文密级的时效加以规定的说明。在此需要说明的是,如不标识保密期限,秘密等级两字之间应空一字距离;如需标注保密期限,则秘密等级的两字间不空一字距离,以使该字段不致过长。

③紧急程度。如需标识紧急程度,一般用 3 号黑体字,顶格编排在版心左上角,两字之间空一字;如需同时标注份号、密级和保密期限、紧急程度,按照份号、密级和保密期限、紧急程度的顺序自上而下分行排列。

紧急程度是对公文送达时限的要求。紧急程度分"特急""急件""限时送达"。

④发文机关标志。发文机关标志由发文机关全称或者规范化简称加"文件"二字组成,也可使用发文机关全称或规范化简称。联合行文时,发文机关标志可以并用联合发文机关名称,也可以单独用主办机关名称。

发文机关标志居中排布,上边缘至版心上边缘为 35 mm,推荐使用小标宋体字,颜色为红色,以醒目、美观、庄重为原则。

联合行文时,如需同时标注联署发文机关名称,一般应当将主办机关名称排列在前;如有"文件"二字,应当置于发文机关名称右侧,以联署发文机关名称为准上下居中排布。如联合行文机关过多,必须保证公文首页显示正文。

发文机关标志即人们通常所称的"红头"。发文机关全称应以批准该机关成立的文件核定的名称为准。规范化简称应由该机关的上级机关规定。

⑤发义字号。发文字号由发文机关代字、年份、发文顺序号组成。联合行文时,使用主办机关的发文字号。发文字号编排在发文机关标志下空二行位置,居中排布。

机关代字一般由两个层次组成。第一个层次是发文机关代字,第二个层次是发文机关主办文件的部门的代字。如铁道部文件的机关代字有"铁办""铁财"等,"铁"代铁道部,"办""财"代主办这份铁道部文件的铁道部的办公部门、财务部门。

序号是发文的流水号。一般都是按文件的形式统一编号,即是哪个部门主办的,只要是同一发文形式,就要统一按顺序编号。年份、发文顺序号用阿拉伯数字标注;年份应标全称,用六角括号"〔〕"括入;发文顺序号不加"第"字,不编虚位(即 1 不编为 01),在阿拉伯数字后加"号"字。

上行文的发文字号居左空一字编排,与最后一个签发人姓名处在同一行。发文字号与红色分隔线相距 4 mm。

⑥签发人。上报的公文需标识签发人姓名,签发人由"签发人"3 字加全角冒号和签发人姓名组成,编排在发文机关标志下空二行位置,平行排列于发文字号右侧。发文字号居左空 1 字,签发人姓名居右空 1 字;签发人用 3 号仿宋体字,签发人后标全角冒号,冒号后用 3 号楷体字标识签发人姓名。

如有多个签发人,签发人姓名按照发文机关的排列顺序从左到右、自上而下依次均匀编排,一般每行排两个姓名,回行时与上一行第一个签发人姓名对齐。

签发人标识仅在上报的公文中出现,主要目的是为上级单位的领导人了解下级单位谁对上报事项负责。

(2)主体

①标题。一般用 2 号小标宋体字,编排于红色分隔线下空两行位置,分一行或多行居中排布;回行时,要做到词意完整,排列对称,长短适宜,间距恰当,标题排列应当使用梯形或菱形。

②主送机关。编排于标题下空一行位置,居左顶格,回行时仍顶格,最后一个机关名称

后标全角冒号。如主送机关名称过多导致公文首页不能显示正文时,应当将主送机关名称移至版记,标识方法同抄送。

标识主送机关时应标明主送机关的全称、规范化简称或同类型机关的统称。所谓同类型机关的统称,如"各省、自治区、直辖市人民政府"。

③正文。公文首页必须显示正文。一般用 3 号仿宋体字,编排于主送机关名称下一行,每个自然段左空二字,回行顶格。文中结构层次序数依次可以用"一、""(一)""1.""(1)"标注;一般第一层用黑体字、第二层用楷体字、第三层和第四层用仿宋体字标注。

④附件说明。如有附件,在正文下空一行左空二字编排"附件"二字,后标全角冒号和附件名称。如有多个附件,使用阿拉伯数字标注附件顺序号(如"附件:1.××××");附件名称后不加标点符号。附件名称较长需回行时,应当与上一行附件名称的首字对齐。

⑤发文机关署名、成文日期和印章。

加盖印章的公文:

成文日期一般右空四字编排,印章用红色,不得出现空白印章。

单一机关行文时,一般在成文日期之上、以成文日期为准居中编排发文机关署名,印章端正、居中下压发文机关署名和成文日期,使发文机关署名和成文日期居印章中心偏下位置,印章顶端应当上距正文(或附件说明)一行之内。联合行文时,一般将各发文机关署名按照发文机关顺序整齐排列在相应位置,并将印章一一对应、端正、居中下压发文机关署名,最后一个印章端正、居中下压发文机关署名和成文日期,印章之间排列整齐、互不相交或相切,每排印章两端不得超出版心,首排印章顶端应当上距正文(或附件说明)一行之内。

不加盖印章的公文:

单一机关行文时,在正文(或附件说明)下空一行右空二字编排发文机关署名,在发文机关署名下一行编排成文日期,首字比发文机关署名首字右移二字,如成文日期长于发文机关署名,应当使成文日期右空二字编排,并相应增加发文机关署名右空字数。联合行文时,应当先编排主办机关署名,其余发文机关署名依次向下编排。

加盖签发人签名章的公文:

单一机关制发的公文加盖签发人签名章时,在正文(或附件说明)下空二行右空四字加盖签发人签名章,签名章左空二字标注签发人职务,以签名章为准上下居中排布。在签发人签名章下空一行右空四字编排成文日期。联合行文时,应当先编排主办机关签发人职务、签名章,其余机关签发人职务、签名章依次向下编排,与主办机关签发人职务、签名章上下对齐;每行只编排一个机关的签发人职务、签名章;签发人职务应当标注全称。

签名章一般用红色。

成文日期用阿拉伯数字将年、月、日标全,年份应标全称,月、日不编虚位(即 1 不编为 01)。

当公文排版后所剩空白处不能容下印章或签发人签名章、成文日期时,可以采取调整行距、字距的措施解决。

⑥附注。如有附注,居左空二字加圆括号编排在成文日期下一行。

附注一般是对公文的发放范围、使用时需注意的事项加以说明,如"此件发至县团级""此件可见报"等,不是对公文的内容作出解释或注释。对公文的注释或解释一般在公文正文中采取句内括号或句外括号的方式解决,这一点在使用附注时要加以注意。

⑦附件。附件应当另面编排,并在版记之前,与公文正文一起装订。"附件"二字及附件顺序号用3号黑体字顶格编排在版心左上角第一行。附件标题居中编排在版心第三行。附件顺序号和附件标题应当与附件说明的表述一致。附件格式要求同正文。

如附件与正文不能一起装订,应当在附件左上角第一行顶格编排公文的发文字号并在其后标注"附件"二字及附件顺序号。

(3)版记

版记中的分隔线与版心等宽,首条分隔线和末条分隔线用粗线(推荐高度为0.35 mm),中间的分隔线用细线(推荐高度为0.25 mm)。首条分隔线位于版记中第一个要素之上,末条分隔线与公文最后一面的版心下边缘重合。

①抄送机关。如有抄送机关,一般用4号仿宋体字,在印发机关和印发日期之上一行、左右各空一字编排。"抄送"二字后加全角冒号和抄送机关名称,回行时与冒号后的首字对齐,最后一个抄送机关名称后标句号。

如需把主送机关移至版记,除将"抄送"二字改为"主送"外,编排方法同抄送机关。既有主送机关又有抄送机关时,应当将主送机关置于抄送机关之上一行,之间不加分隔线。

②印发机关和印发日期。印发机关和印发日期一般用4号仿宋体字,编排在末条分隔线之上,印发机关左空一字,印发日期右空一字,用阿拉伯数字将年、月、日标全,年份应标全称,月、日不编虚位(即1不编为01),后加"印发"二字。

版记中如有其他要素,应当将其与印发机关和印发日期用一条细分隔线隔开。

(4)页码

一般用4号半角宋体阿拉伯数字,编排在公文版心下边缘之下,数字左右各放一条一字线;一字线上距版心下边缘7 mm。单页码居右空一字,双页码居左空一字。公文的版记页前有空白页的,空白页和版记页均不编排页码。公文的附件与正文一起装订时,页码应当连续编排。

(5)公文中表格

A4纸型的表格横排时,页码位置与公文其他页码保持一致,单页码表头在订口一边,双页码表头在切口一边。

3)公文的特定格式

公文的特定格式包括信函式格式、命令(令)式格式、会议纪要格式。

(1)信函式格式

发文机关标志使用发文机关全称或者规范化简称,居中排布,上边缘至上页边为30 mm,推荐使用红色小标宋体字。联合行文时,使用主办机关标志。

发文机关标志下4 mm处印一条红色双线(上粗下细),距下页边20 mm处印一条红色双线(上细下粗),线长均为170 mm,居中排布。

如需标注份号、密级和保密期限、紧急程度,应当顶格居版心左边缘编排在第一条红色双线下,按照份号、密级和保密期限、紧急程度的顺序自上而下分行排列,第一个要素与该线的距离为3号汉字高度的7/8。

发文字号顶格居版心右边缘编排在第一条红色双线下,与该线的距离为 3 号汉字高度的 7/8。

标题居中编排,与其上最后一个要素相距二行。

第二条红色双线上一行如有文字,与该线的距离为 3 号汉字高度的 7/8。

首页不显示页码。

版记不加印发机关和印发日期、分隔线,位于公文最后一面版心内最下方。

(2)命令(令)式格式

发文机关标志由发文机关全称加"命令"或"令"字组成,居中排布,上边缘至版心上边缘为 20 mm,推荐使用红色小标宋体字。

发文机关标志下空二行居中编排令号,令号下空二行编排正文。

签发人职务、签名章和成文日期的编排与普通公文格式相同。

(3)会议纪要格式

会议纪要标志由"××××纪要"组成,居中排布,上边缘至版心上边缘为 35 mm,推荐使用红色小标宋体字。

标注出席人员名单,一般用 3 号黑体字,在正文或附件说明下空一行左空二字编排"出席"二字,后标全角冒号,冒号后用 3 号仿宋体字标注出席人单位、姓名,回行时与冒号后的首字对齐。

标注请假和列席人员名单,除依次另起一行并将"出席"二字改为"请假"或"列席"外,编排方法同出席人员名单。

纪要格式可以根据实际制定。

2.1.7 公文语言规范

公文语言会影响公文内容,对公文整体起着举足轻重的作用。一个小小的文字或标点错误,都有可能影响对公文的理解和执行。因此,必须要注意公文撰制过程中的语言问题。千百年来,公文在形成和发展中逐步形成了公文语言运用的特殊语体,这就是公文语体。公文语体的特点和要求主要有八个字:准确、朴实、简明、庄重。

1)准确

公文的语言要求准确,是指公文用字用词要恰当,语句段落要通顺,数字标点要规范。例如,根据新颁布的《党政机关公文处理工作条例》,公文中的数字写法就应当严格遵守我国 1987 年 2 月 1 日颁布的《关于出版物上数字用法的试行规定》的要求。只有准确用语,才能如实反映客观事物,如实传达发文意图,使公文得以更好地理解和执行。

2)朴实

公文具有政治性和严肃性的特点,因此公文的语言应当力求质朴无华,少用描写和抒情的手法。要直话直说,不可拐弯抹角或以含蓄的笔法委婉地表达意思。

3)简明

公文语言的简明,是快速高效地传递信息的需要。冗长的公文不仅会让人望而生厌,而且不利于主旨的突出和重点的把握。简明扼要是公文写作的一项基本要求。要使公文语言简要,就须开门见山,尽快道出主题,摒弃套话,并学会熟练使用一套常用的事务性词汇,简要对事物进行表达。

4)庄重

庄重是指公文的语言要郑重、严肃、认真、客观,不用戏谑语,不追求诙谐与幽默,一般不用口语和方言土语。要客观地叙述、阐明和评价,尽量使用书面语和公文专用语。

这里需要特别强调的是,公文专用语是人们在长期公文写作实践中形成的,它既保留了某些古汉语的特色,又使公文获得言简意赅的效果,相对固定、十分简洁,因此长期沿用,经久不衰。

2.1.8　情景写作训练

运用计算机技术分别设计正式行政公文格式模版、信函格式模版、会议纪要格式模版。设计时要注意纸张大小、边距和行距尺寸、字号等的安排。

2.2　通　告

问题思考:

工程管理通告写作应注意什么问题?如何才能符合规范?

2.2.1　基础知识

1)通告的适用范围和特点

通告适用于在一定范围内公布应当遵守或者周知的事项。通告虽然面向社会发布,但多是限定在一个特定社区范围内,内容多是要求一个特定的人群遵守或者知晓。通告主要有以下特点:

(1)规定性

通告常用来对某些事项、行为作出规定和限制,特定范围内的部门、单位和民众都必须遵守、执行。例如,《××省无线电管理委员会办公室关于清理整顿无线电通信秩序的通告》,对有关事宜作出规定;《××市人民政府关于坚决清理非法占道经营的通告》,为改善交通秩序和市容环境作出规定。

(2)周知性

通告的内容,要求在一定范围内的人们或特定的人群普遍知晓,以使他们了解有关政策法令,遵守某些规定事项,共同维护社会公务管理秩序。

(3)实务性

所有的公文都是实用文,从根本性质上说都应该是务实的。但它们之间还是有一些区别,有的公文只是告知某事,或者宣传某些思想、政策,并不指向具体事务。通告则是一种直接指向某项事务的文种,务实性比较突出。

(4)行业性

不少通告都具有鲜明的行业性特点,如税务局关于征税的通告,机动车管理部门关于机动车辆年度检验的通告,银行关于发行新版人民币的通告,房产管理局关于对商品房销售面积进行检查的通告,等等,都是针对其所负责的那一部分的业务或技术事务发出的通告。因此,通告行文中要时常引用本行业的法规、规章,也免不了使用本行业的术语、行话。

2)通告的分类

通告有法规性通告和周知性通告两大类型。

(1)法规性通告

法规性通告也称制约性通告,主要向受文者交代需要遵守、执行的政策、措施以及其他行为规范,具有政策性和法律性,要求有关人员必须遵照执行。

(2)周知性通告

周知性通告主要是使受文者了解重要情况、重要消息,主要用于维修道路、电路、输水管线以及工商、税务、卫生、城建、交通管理等部门要求有关人员在一定期限内登记、换证、检疫、拆迁、报考等。

当然,这两种通告的区分是以法规性的强弱不同为标准的,二者之间没有绝对的界限。法规性的通告不可能没有知照性,知照性的通告完全没有法规内容的也不多见。但两者在性质上毕竟有所区分,如《关于坚决清理非法占道经营的通告》,强制性措施较多,属于法规性通告;关于因施工停水、停电的通告,主要起告知事项的作用,没有强制性措施,属于周知性通告。

2.2.2 阅读与分析

【例文2.1】

关于加强大桥南路高架桥施工期间交通管理的通告

为确保大桥南路高架桥施工期间的交通安全与畅通,经市政府批准,自2007年2月22日起至2008年2月10日止,对部分桥段实行交通管制,现通告如下:

一、机动车中的平板车、半挂车、拖挂车禁止通过大桥时间改为每天7时至11时30分,13时30分至19时。

二、机动车行驶路线:(略)

三、从××路口至××路的路段,机动车道辟为施工场地,机动车改在非机动车道行驶,非机动车改在人行道行驶。

四、施工期间公安交通管理机关将根据道路交通情况需要实行交通管制,以保证施工顺利进行,希望广大市民和驾驶员服从交通民警和执勤纠察的指挥和管理。

××市公安局
二〇〇七年二月二十日

评析：

该则事务类通告是××市公安局就有关加强大桥南路高架桥施工期间交通管理事项进行告知，范围是针对××市的居民和驾驶员，告知有关车辆通行时间、路线的改动等信息，表意准确、通俗易懂，起到了广为传达的作用。

2.2.3　病文修改

开展居民小区消防安全通道整治的通告

走马大街5号居民小区住户及相邻单位：

走马大街5号、6号小区居住有近400户居民，小区内消防设施落后，消防通道狭窄。现只有唯一的一条消防安全通道通往走马大街。

我公司将于即日起，组织交巡警平台、走马派出所、社区居委会，对上述消防通道进行集中整治。为了保障广大群众的生命财产安全与社区的和谐稳定，同时也为了各车主的私人财产安全和车辆安全，请有车的住户及相邻用车单位将车辆停放在规范的停车场内。

对于2008年12月1日以后，仍然停放在消防安全通道和小区通道上的车辆，我公司将对其采取强制措施，由此产生的一切后果由车主自行承担！

特此通告

××物业管理有限公司

评析：

1. 内容残缺，多处有语病。

2. 主送对象比较宽泛，所以不必写主送对象。

3. 思路不够清晰。缘由不清，目的不明，时间和措施不具体。

4. 发文主体不当。物业管理公司不能组织安排政府部门的工作，也没有采取强制措施的权力。

2.2.4　通告的结构和写法

通告由标题、正文和落款三部分组成。

1）标题和发文字号

（1）通告的标题

通告的标题，主要有两种写法。

一是全题写法，也就是公文标题的常规写法，由发文机关、事由、文种三者共同构成。如《河南省地方税务局关于认真落实〈事业单位、社会团体、民办非企业单位企业所得税征收管理办法〉的通告》《广西工商行政管理局广西国有资产管理局关于办理19××年度企业法人年检及国有资产产权登记的通告》等。

二是省略主要内容的写法，由发文机关、文种组成。如《中华人民共和国公安部通告》《××市房地产管理局通告》等。

通告也可以由主要内容和文种构成标题，还有的通告标题只有文种"通告"两字。

通告标题还有一种特殊的写法，将标题分为两个部分，第一部分是发文机关加文种，即

"×××通告"；第二部分是通告的主要内容。例如《中国人民银行通告明日起发行 1990 年版壹圆券人民币》。

(2)通告的发文字号

通告的发文字号不像一般公文那样只用常规方式，在实践中有多种情况并存。

如果是政府发布通告，要有正规的发文字号，如《××市人民政府关于坚决清理非法占道经营的通告》，发文字号就是"市政告字〔1997〕6 号"。

如果是某一行业管理部门发布通告，则可采用"第×号"的方式，标示位置在标题之下正中。

一些基层企事业单位发布的通告，也可以没有字号。

2)通告的正文

正文采用公文通用结构模式撰写，分缘由、事项和结语三部分。

(1)通告缘由

作为开头部分，通告缘由主要用来表达发布通告的背景、根据、目的、意义。如：

近期以来，我市清理非法占道经营，经过几次集中整治，取得了一定效果，但在一些主干道上仍有反复，禁而不止，影响交通和市容环境，群众反映强烈。为推进"讲文明、树新风"活动和精神文明建设八大工程的深入开展，市政府决定，集中一段时间，加大工作力度，实行综合整治，坚决彻底清理非法占道经营，让路于车，还道于民，改善交通秩序和市容环境。现通告如下：

这个开头部分主要写了发布通告的前景、根据和目的。

(2)通告事项

这是主体部分，文字最多，内容最复杂。通告事项是面对大众的，应简洁明了，叙述清楚，因此，较多采用分条列项的写法，以做到条理分明，层次清晰。如果内容比较单一，也可采用贯通式写法。

(3)通告结语

这是结尾部分，写法比较简单，一般单独设段，多采用"本通告自发布之日起实施"或"特此通告""此布"等习惯用语作结。

3)落款

通告的落款应写明发文机关名称和发文日期。如果标题中已冠有发文机关名称，落款处可以省略，只写年、月、日，或将发文日期年、月、日写在标题下方、正文上方。

2.2.5 通告的写作要求

①写作"通告"应符合有关的"政策""法令"，不得与国家的"政策""法令"相悖，要做到既从实际出发，又符合党和国家的方针、政策。

②所通告的事项，要表述得十分明确，切忌含糊费解。

③语言要通俗、易懂，便于群众了解、遵守。即使是某些专业性很强的通告，也应力求如此。

2.2.6　情景写作训练

夏天来临,天气炎热,某物业管理公司经理要求新到的秘书小王拟写一份文件,提醒业主注意消防安全。小王觉得这事小菜一碟,不一会儿就完成了任务。没想到交给经理看了后,经理板着脸说:"请严格按照公文规范写!"按照什么规范写呢? 小王一脸茫然。请你为小王修改一下。

防火措施公告

敬启者:

　　近日天气干燥,容易发生火灾。本管业处警示大家注意下列各点:

　　1.当你外出时,应考虑关掉所有不需使用的电器。

　　2.不要让小孩接触火柴及打火机,并单独留在屋内。

　　3.暖炉等用具,必须远离窗帘、梳化等易燃物品。

　　4.确保防烟门必须经常关闭。

　　5.切勿将任何物件弃置于梯间或走廊,以免阻塞走火通道。

物业经理　　　　启

2.3　通　知

问题思考:

　　某公司让秘书写一份通知,秘书将其标题命名为通告。你认为该秘书的做法正确吗? 说说通告与通知的异同。

2.3.1　基础知识

1)通知的适用范围和特点

通知适用于发布、传达要求下级机关执行和有关单位周知或者执行的事项,批转、转发公文。从行文关系上说,通知多数是下行文,而有些告知性通知是平行文。通知主要有以下特点:

(1)适用范围广

通知是公务活动中应用最广泛的公文,凡是发布法规和规章、传达上级机关的指示、转发上级机关和不相隶属机关的公文、批转下级机关的公文、发布要求下级机关办理和有关单位共同执行或者周知的事项、任免和聘用干部,都可以用通知。各级行政机关、企事业单位、社会团体对下级单位传达事项都可以使用通知,不受发文机关级别高低的限制,对行文路线限制不严,主要作上级机关对下级机关、组织对所属成员的下行文,但不相隶属机关之间有时也可使用通知来知照有关事项。

（2）使用频率高

通知的内容既可是重大事件,也可是部门小事,所以使用频率很高。据统计,通知的用量是现行公文活动中最多的一种,有时超过公文总量的一半。

（3）时效性强

通知对时效性具有严格的要求,它所传达的事项,往往要求及时执行和迅速办理,不能拖延,具有较强的执行性和约束性。如会议通知,只在指定的一段时间内有效。

2）通知的主要类型

按其内容和性质,通知可分为指示性通知、批示性通知、事项性通知、知照性通知、会议通知、任免通知等。

（1）指示性通知

指示性通知用于直接发布行政法规和对下级某项工作的指示、要求,带有强制性、指挥性和决策性。

（2）批示性通知

批示性通知是用批转、转发、印发等方式发布某些法规,要求下级贯彻执行的通知。

（3）事项性通知

事项性通知即要求下级机关办理某些事项的通知。它除交代任务外,通常还提出工作要求,让受文单位贯彻执行,具有行政约束力。

（4）知照性通知

知照性通知是用于告知某一事项或某些信息的通知,不具有强制性。如会议通知、任免通知等。不相隶属单位之间告知不要求办理和执行的事项,也可以使用告知性通知。如启用或作废某单位印章,更正文件差错,变更机关名称、工作地址、电话号码、邮政编码、作息时间等,都可以用这种通知行文。

（5）会议通知

会议通知指上级领导机关要召开比较重要的会议,不宜用电话等方式发布通知时,于会议召开前所发出的书面通知。它是事项性通知中常用的一种。

（6）任免通知

任免通知用于任免和聘用干部。属于知照性通知的一种。

2.3.2 阅读与分析

【例文2.2】

关于开展国家园林城市复查工作的通知

建办城函〔2008〕556号

各省、自治区建设厅、直辖市、计划单列市园林局,新疆生产建设兵团建设局:

根据《国家园林城市申报与评审办法》的要求,为加强城市园林绿化建设的组织领导和监督管理力度,加快城市园林绿化建设步伐,提高城市园林绿化水平,改善城市生态环境质量,促进生态文明建设,经研究决定,我部将于近期对国家园林城市进行复查,现将有关事项通知如下:

一、复查范围

2006年10月底之前原建设部命名的国家园林城市。

二、复查重点内容

1. 园林绿化建设行政管理机构设置、职能定位和队伍建设情况。

2. 近三年来城市绿地系统规划编制(修编)、实施情况以及《城市绿化管理办法》落实情况。

3. 近三年来的城市园林绿化情况(包括政府资金投入,绿地建设与养护管理,法制、科研建设等)。

4. 近三年来城市绿地及生态环境保护情况(包括有无侵占绿地和破坏绿化成果),以及开展节约型园林绿化建设的情况。

5. 城市生活垃圾无害化处理与污水集中处理等城市基础设施建设情况。

三、复查方式

1. 各省、自治区建设厅对本地区所有国家园林城市进行检查,并在2009年2月底以前将检查报送住房和城乡建设部城市建设司。

2. 住房和城乡建设部从各省(自治区)建设厅、直辖市园林局抽调人员组成若干检查组,对部分国家园林城市进行抽查。

3. 住房和城乡建设部组织专家检查组,对重点城市进行检查。

四、复查结果

2009年5月底以前完成复查工作,并在住房和城乡建设部网站上公布复查结果。

中华人民共和国住房和城乡建设部办公厅

二〇〇八年九月九日

评析:

这是一则指示性通知。开头简明地阐释了住房和城乡建设部开展国家园林城市复查工作的依据、目的和意义,正文部分对复查工作的范围、复查重点内容、复查方式以及完成时间、复查结果等事项等作了具体的说明,准确、简明、针对性强。

【例文2.3】

关于转发人力资源和社会保障部办公厅 住房和城乡

建设部办公厅《关于2010年举行物业管理师资格考试

有关问题的通知》的通知

各市人力资源和社会保障(人事)局、房管局(建委、建设局),杨凌示范区人事局、建设局,省级有关部门:

现将人力资源和社会保障部办公厅、住房和城乡建设部办公厅《关于2010年举行物业管理师资格考试有关问题的通知》(人社厅发〔2010〕49号)转发给你们,请遵照执行。并就我省2010年物业管理师资格考试报名工作的有关事项通知如下:

一、考试时间及科目(略)

二、职责分工(略)

三、报名办法(略)

四、报名条件及提供材料(略)

五、注意事项（略）

六、收费标准（略）

附件1：物业管理师考试报名条件

附件2：考试类别、级别、专业及科目代码

附件3：2010年可报考级别3或报级别1人员名单

二〇一〇年七月二十八日

评析：

这是一篇转发性通知。正文先写转发的对象，一般采用"现将……转发给你们"的形式写，然后写对下级提出的要求。该文不同的是，除了提要求外，还结合本地区实际情况提出贯彻执行的具体办法。

【例文2.4】

关于召开2007年全省建设科技工作会议

暨建设科技成果推广展示会的通知

各地、州、市建委，省直有关单位及有关科研院（所）、设计、施工、城建、房地产单位：

为认真贯彻落实"科学技术是第一生产力"和"科教兴国""科技兴业"的伟大战略方针，推动我省建设科技事业持续发展，经研究决定召开全省建设科技工作会议暨建设科技成果推广展示会。现将有关事项通知如下：

一、会议主要内容

1.传达贯彻2007年全国建设科技工作会议精神，总结我省"十一五"期间建设科技工作，研究和部署2008年建设科技工作。

2.奖励2007年度全省建设科技进步奖项目，表彰"十一五"期间建设科技工作先进单位和个人。

3.交流关于坚持改革，走科工贸一体化的道路，加强科技管理、加大科技推广力度，加速科技成果转化等有关方面的经验。

4.展示建设科技成果，加强信息交流。

5.举办《冷轧带肋钢筋混凝土结构设计与施工规程》技术讲座。

二、参加会议人员

1.各地、州、市建委分管建设科技工作的主任、科技科长、推广站（中心）站长（主任）。

2.部分中央驻我省科研院所，省、地、州、市科研所（院）长。

3.部分高等院校和有关厅局（行业公司）的代表。

4.省建总公司，部分中央在省、地、州、市属设计、施工、城建、房地产单位的总工程师、科技处处长。

三、会议时间、地点及费用

1.时间：×月27日报到（当天火车站接站），28—31日开会，会期4天。

2.地点：××市××宾馆（××路××号。火车站乘×路公共汽车到××站下车）。

3.费用：食宿由会务组统一安排，费用自理。

四、会议需要带交的有关资料

1. 各地、州、市建委需带交"十一五"及 2007 年建设科技工作总结和"十二五"及今年建设科技工作计划与安排。

2. "十一五"期间建设科技计划执行情况和 2008 年的具体设想与安排。

3. 经验交流及参加科技成果推广展示的有关材料。

以上材料均需准备 300 份,报到时交会务组。

五、希望各地、州、市建委及有关科研院所、设计、施工、城建、房地产单位接此通知后,认真做好与会的准备工作并按时到会

参加推广展示会议的单位,请将有关会议发言材料、展品、录像资料等,及时与会务组取得联系。

联系电话:

联系人:××省建委科技处

附:参加会议单位名单

××省建委办公室

二〇〇七年××月××日

评析:

这是一篇会议通知。第一段写会议召开的背景、目的和会议的名称、时间,然后用一句过渡句连接通知的具体内容。通知事项采用列条款的方式把会议的内容、具体时间、会址、参会人、费用、参会要求等详细列出,并附有名单。条理清楚,语言简洁,一目了然。

2.3.3 病文修改

严正通知

根据市气象部门最新气象预报,预计近期我市大部分地区肯定仍将出现连续强降雨天气,为了切实做好防御工作,减少持续降雨引发的自然灾害,物业管理服务中心在做好相关的防御工作安排的同时,提醒全体业主/住户做好自我居家防护措施:

一、关好房内门窗,不要外出或户外活动;

二、将阳台晾晒的衣物及时收至室内;

三、将阳台摆放的花木及装修材料移至室内,或稳固阳台摆放的物品。如被风刮倒坠落而发生意外并砸伤楼下行人,后果自负;

四、检查并紧固遮阳棚和空调室外机,未安装空调的业户,请及时堵塞好预留的空调孔,以防雨水倒流室内造成损失;

五、一楼带私家花园的请将花园内容易被风吹落或不宜被雨淋的物品移至室内;

六、检查自家阳台/露台地漏管道是否畅通;

七、妥善安排或照顾家中老人和小孩,防止发生意外;

八、返回小区的车辆请将车辆停入地下车库,以防高空坠物造成车辆损坏;

九、如遇雷电时请及时关闭家中电器的电源,防止雷击对家电造成损坏,同时,请准备照明工具,以防备临时突发断电所需。

如遇困难或特殊紧急情况,请联系物业管理服务中心,以便安排援助。

物业管理服务中心全体人员将全心全意竭诚为你提供服务！但也要求大家好自为之。

物业管理服务中心

××××年××月××日

评析：

1. 标题语气不当，可改为"温馨提示"。

2. 没有主送对象。

3. 用词语气不当。"肯定""你""后果自负""好自为之"等。

4. 内容残缺。例如写了"请联系物业管理服务中心"，但是没有写联系电话和联系人。

5. 措施表述不当。如第一条，业主不可能不外出。

2.3.4　通知的结构和写法

通知由标题、主送机关、正文和落款等四部分构成。

1)标题

作为公文通知的标题，分完全式和省略式两种，完全式应写明发文机关、事由和文种。

省略式标题有以下三种情况：

（1）省略发文机关

如果标题太长，可省略发文机关。如《关于召开全国首批物业管理师大会的通知》，这个标题便省略了发文机关。省略发文机关的标题很常见。如果是两个单位以上联合发文，不能省略发文机关。

（2）省略多余的"关于"和"通知"字样

发布性和批转性通知的标题由"发文机关＋发布（批转、转发）＋被发布文件标题＋通知"构成。被发布、批转、转发公文为法规、规章时，一般应加上书名号，有时由于被批转、转发公文标题中已有"关于"和"通知"字样，或者被批转、转发的公文标题比较长，这时，通知的标题一般可保留末次发布（批转、转发）文件机关和始发文件机关，省略多余的"关于"和"通知"字样。如："××县人民政府关于转发《××市人民政府关于转发〈××省人民政府关于转发人事部关于×××同志恢复名誉后享受××级待遇的通知〉的通知》"。可把这个标题简化为"××县人民政府转发人事部关于×××同志恢复名誉后享受××级待遇的通知"。

（3）省略发文机关和事由

如果通知发文范围很小，内容简单，甚至张贴都可以，这样的通知标题可以省略发文机关和事由，只写文种"通知"二字。

需要说明的是，如果所发的通知比较紧急，需要被通知的单位尽快知悉和办理，可在通知之前加"紧急"二字，从而构成"紧急通知"。如《××物业管理公司关于"五一"期间不安排休假的紧急通知》。如果对某项事情发出通知后，由于情况发生变化，或因发出通知时考虑不周，认为有新的问题需要明确，有新的事情或规章要办理或执行，需要再发一个通知，这样的通知被称为"补充通知"，且常常将"补充"二字在标题中写出来。

2）主送机关

主送机关即要求办理、知悉通知事项的机关或个人。在正文前顶格书写,后跟冒号,以示引领下文。主送机关的名称可以用全称,也可以用规范化的简称。对于告知性通知,有时因为没有特定的收文对象,这时就不用写主送机关。

3）正文

颁布或转发性通知结构简单,其余通知一般由以下部分组成:

事由:这是通知的开头,应写明制发通知的缘由、目的、依据或情况。

事项:写出通知的内容,即要求受文机关承办、执行和应予以知晓的事项。这些内容如较复杂,可分条列项写出。

结尾:这部分常用"特此通知""专此通知"之类的习惯用语作结。

附件:告知性通知及批示性通知常带有附件。

4）落款

写出发文机关名称和发文日期,有的还要落上负责人的名字。如已在标题中写了机关名称和日期,这里可以省略不写。

2.3.5 情景写作训练

某省政府计划在年底召开一次房产改革与发展工作专题会议,要求各县、市、省直属各单位准备这方面的典型材料在大会交流,届时携带材料与会。预备通知要求提前半年发出。分别拟写预备通知和开会通知各一份。

2.4 通 报

问题思考:

阅读以下案例,说说对一个单位的通报批评用什么文种。

天空物业管理有限责任公司在退出上选洋房物业服务时,违反《××市物业管理企业退出物业项目管理指导意见》规定,未向业主委员会及新物业公司移交全部物业资料,未结清水电费等费用,造成电力局、自来水公司多次向该小区下达停(限)电及自来水通知,并拒绝到场参加由××区房地产管理局组织召开的协调会。根据《物业管理条例》《××市物业管理企业退出物业项目管理指导意见》等相关规定,××区房地产管理局对天空物业管理有限责任公司在全行业通报批评。

2.4.1　基础知识

1)通报的适用范围和特点

通报适用于表彰先进、批评错误、传达重要精神和告知重要情况。

通报有两个特点：

①内容的真实性。真实是通报的生命。通报的任何情况、事实都必须是真实的，不能有差错，更不能编造假情况。因此，写通报，对正反两方面的事实都要认真核实，做到准确无误，没有水分。例如对先进事迹的通报表扬，要实事求是地反映，不要拔高，更不能借贬低群众，来抬高先进人物。

②目的的晓谕性。表彰先进的通报，对被表彰单位是一种鼓舞、激励；对其他单位是一种教育，引导其找差距，学先进；对后进单位是一种鞭策，激励他们学习先进，迎头赶上。批评性通报的目的则是让人们知道错误，认识错误，吸取教训，改正错误，引以为戒。交流情况的通报，是让人们了解通报的事项。

2)通报的主要类型及行文方向

根据通报的作用和应用范围，可将通报分为三类：

①表彰通报。用于在一定范围内表扬好人好事。

②批评通报。用于在一定范围内批评错误，纠正不良倾向。

批评通报和表彰通报，都是下行文，制发单位没有级别限制。

③情况通报。多用于向有关方面知照应该掌握和了解的信息、动态，以供工作参考。

情况通报多作下行文，也兼作平行文。

3)通报的作用

通报对下级和有关方面的指导作用重于指挥作用，主要是起到倡导、警戒、启发、教育和沟通情况的作用。具体作用是：

①嘉奖和告诫作用。在一定范围内对具体的人和事进行表扬或批评，借以达到鼓励先进、弘扬正气或批评错误、打击歪风邪气的目的。表彰通报和批评通报对当事人的奖励或惩罚，具有行政约束力。

②交流作用。传达重要情况和知照事项的通报，能及时交流信息，上情下达，并能促进上下级之间、有关部门之间的相互了解。

2.4.2　阅读与分析

【例文2.5】

关于2004年城市道路交通管理等级评价的情况通报

各省、自治区、直辖市公安厅、局，建设厅（建委），新疆生产建设兵团公安局，北京市市政管委，重庆市市政管委，上海市市政工程局，北京市交通委员会，上海市城市交通管理局，重庆市交通委员会：

2004 年,各地公安、建设部门在党委、政府的统一领导下,认真贯彻落实《道路交通安全法》及"五整顿""三加强"各项工作措施,以降事故、保安全、保畅通为目标,周密部署,狠抓落实,城市道路建设、管理理念与水平跨上一个新的台阶。

2004 年,全国实施"畅通工程"并参加评价的城市(县)共有 774 个,比 2003 年增加 60个,其中由公安局、建设部确定等级的城市(县)共 40 个,由省、自治区公安、建设部门确定等级的城市(县)共 734 个。现将评定情况通报如下:

一、由公安部、建设部评定的城市道路交通管理等级(按名次排列)

保持一等管理水平城市:

大连、南京、青岛、长春、宁波、沈阳、厦门、威海、珠海、鞍山、常熟

新增一等管理水平城市:

成都、武汉、无锡、廊坊、荣成

保持二等管理水平城市:

北京、上海、郑州、兰州、呼和浩特、重庆、大庆、湖州、唐山、九江、苏州、庄河、胶南、克拉玛依

新增二等管理水平城市:

长沙、贵阳、西宁、天津

二、由省、自治区公安、建设部门评定的城市道路交通管理等级(按省、自治区行政区划排列)(略)

三、予以表扬的省、市公安、建设部门

2004 年,一些省级公安、建设部门充分发挥职能作用,加强督促指导,工作成效明显。

工作指导有力的省:江苏、山东、江西、辽宁、黑龙江、浙江、河北、湖南

进步明显的城市:郑州、兰州、呼和浩特、苏州、大庆、湖州、唐山、九江、克拉玛依、庄河、胶南

中华人民共和国公安部

中华人民共和国建设部

二〇〇五年五月九日

评析:

这是一则情况通报。这则通报由公安部和建设部联合发布,通报内容是关于 2004 年城市道路交通管理等级评价的情况,首先概括介绍该评价工作的依据和意义,评价工作开展的范围、涉及的城市数量,然后按照评定等级通报评定结果,并对有明显工作成效的省市提出表扬。文字表述准确、简洁,体现了通报的庄重性。

【例文 2.6】

关于北京××物业管理有限公司违规行为处理决定的通报

各有关单位:

北京××物业管理有限公司受××小区开发建设单位委托负责该小区前期物业管理。在该小区业主大会未选聘新物业管理企业的情况下,该公司擅自停止对该小区的物业管理服务,给该小区居民的正常生活造成了严重影响,违反了《关于住宅物业项目交接有关问题的指导意见》(京建物〔2006〕××号)规定。市建委决定对该公司依法处理,并通报如下:

一、停止该公司的物业管理资质（京物企资二〔2003〕××号），限其自处理决定发布之日起的18个月内进行整顿；整顿期间，该公司不得参与本市物业管理项目的投标。

二、将该公司的上述违规行为及处理决定记入物业管理企业信用信息警示系统。

三、该公司应当按照物业服务合同的约定和相关规定继续做好在管其他物业管理项目的管理服务工作。

希望全市物业管理企业从中汲取教训，引以为戒，坚决杜绝此类事件的发生。

特此通报

二〇〇七年三月二十二日

评析：

这是一则批评性通报。通报的内容主要是批评不良的人和事，写明错误事实，概括问题性质，分析错误原因，指出教训，防止类似事件发生。本通报的正文由三个部分组成，第一部分写该公司的错误事实；第二部分分条款写出处理的决定；第三部分对相关企业提出要求，引以为戒。

2.4.3　病文修改

关于表扬第六届中国国际园林花卉博览会组织工作单位和个人的通报

建城〔2008〕68号

由建设部和厦门市人民政府共同主办，中国风景园林学会、中国公园协会、福建省建设厅和厦门市市政园林局共同承办的第六届中国国际园林花卉博览会在全国各参展城市（单位）积极参与和共同努力下，于2007年9月23日至2008年4月16日在厦门隆重举行，博览会取得了圆满成功。

本届园博会共吸引了24个国家和地区参加展览，国内有26个省、自治区、直辖市、2个特别行政区和台湾地区的共60个城市、400家单位参展，展出98个室外园林景点和11个室内园林景点，展出盆景作品400盆，赏石235件，插花作品250件，展览规模大、质量高、内容丰富，受到了各级领导和专家的广泛好评，5 000多名来自国内外的建设者参与了园博会的各项建设。本届园博会以"和谐共存传承发展"为主题，立意深远，将短期办会和长期建园统一起来，展示了当代我国城市园林绿化的发展水平。

经研究，对为本届园博会作出突出贡献的单位和个人，以及长期支持园博会事业的城市给予通报表扬。

希望受表扬的城市、集体和个人，继续努力，戒骄戒躁，进一步全面贯彻落实科学发展观，为促进城市园林绿化事业的发展，再创佳绩，再立新功。

城建部

2004年1月20日

评析：

1. 缺少称谓。

2. 表彰具体名单应以"附件"形式展示。

3. 发文机关应写全称并标明印章。

4. 成文日期应用汉字书写。

2.4.4 通报的结构和写法

1)标题

通报的标题通常由发文机关、事由和文种三个要素构成,有时可省略发文机关和事由,只写"通报"二字。但比较重要的通报则不能省略。

通报的签署和时间也可以在标题下方,这样则不再落款;通报也可以有抬头、落款,时间则写在发文机关下面。

2)正文

(1)表彰通报正文的一般写法

①叙述先进事迹,包括时间、地点、人物、事迹、怎么做、结果。

②对上述事件进行分析、评议,指出其典型意义,或概括其主要经验。语言要简明概括。

③提出表彰或发出号召。

如果是转发式的表彰通报,正文部分先对下级机关所发的这个材料进行评价,加上批语,即对被表彰者进行评议等,再发出号召或提出要求。

(2)批评通报正文的一般写法

①通报原由,即将事故或错误事实的经过情况、时间、地点、事故、后果等交代清楚。

②对事故进行分析评议,重点分析事故发生的原因,指出事故的性质及其危害,并提出处分决定。

③写明防止此类事故的措施,要对症下药,提出告诫,或重申某一方面的纪律。

(3)情况通报的一般写法

情况通报的正文,关键在于对情况的掌握要确实、全面、充分。内容包括:

①叙述情况。

②分析情况,阐明意义。

③提出指导性意见。

2.4.5 通报的写作要求

1)注意时效性

发通报要抓住时机,及时将先进典型和经验向社会宣传推广,对反面典型予以揭露,引起警戒,或对某些重大事项和重要情况,及时予以通报,以起到交流情况、信息,指导工作的作用。错过时机的通报,就失去了它的时效性,没有行文的意义了。

2)注意指导性

不能事无巨细都发通报,要选择对工作有普遍指导意义的事项来发。通报要有普遍的指导意义,就应选择典型。先进的典型要能反映事物的本质特征,能揭示时代的本质,体现时代的精神。反面的典型,应有一定的代表性,能体现借鉴的作用。所以,只有选准、选好典型,通报才能起到激励教育、推动工作和批评警戒的作用。

3）注意真实性

通报中所涉及的事例,必须是客观存在的,经过反复调查、认为是真实可靠的,绝不允许捏造和虚构。同时,事例的反映要准确,不能夸大或缩小,要实事求是。通报在结尾提出的希望和号召,也必须切合实际,有一定的针对性,使读者能够接受或得到启示。

2.4.6　情景写作训练

阅读下列材料,请查看用语、内容是否正确;如有错,请修改。

通　报

最近期间,我厂生产部门忽视安全现象又有所滋长,以致继木工车间失火事故之后,又发生一起严重责任事故。

××年×月×日下午三时半,我厂生产管理处设备科仓库工人王××、张××两同志,用3吨的铲车运送仪器设备,由王驾驶铲车,张则站在铲车前面的两根铲条上扶住仪器。行驶到某车间前,因前有一辆卡车卸货挡道,王即掉头向来路开去,铲车大转弯掉头时行驶过速,由于离心作用,将张连同仪器甩出车外,张当场昏迷。经送医院急救,医生诊断为脑出血,并于当日施行脑部手术。护理至×月×日出院,目前情况尚可。价值数千元的精密仪器已严重损坏,一时难于修复。

这次严重事故的发生,是由于没有严格贯彻执行安全操作制度的结果,除由生产管理处在有关部门进行安全生产教育外,特根据厂长批示通报全厂。希望生产、科研、后勤、基建等部门吸取教训,认真检查本部门的不安全因素,制订切实的安全措施,防治再有类似的事件发生。

厂长办公室

2.5　报　告

问题思考:

集团公司在修建小区围墙的时候,设计为铁栅栏,物管公司认为铁栅栏容易锈蚀,维修养护成本较高,因此建议改用砖墙。物业经理要秘书小王写一个文件给集团公司,建议将原定的铁栅栏改为砖墙。小王想,这个文件是给集团公司提建议,自然是建议报告,于是写了"关于将××小区的铁栅栏改为砖墙的建议报告"。

请问:你觉得小王的写法正确吗? 为什么?

2.5.1　基础知识

1）报告的适用范围和特点

报告是行政机关广泛采用的重要上行文。《党政机关公文处理工作条例》对报告适用范围的表述是:报告适用于向上级机关汇报工作、反映情况,回复上级机关的询问。

作为行政机关公文的报告,和一些专业部门从事业务工作时所使用的、标题中也带有"报告"二字的行业文书,如"审计报告""评估报告""立案报告""调查报告"等,不是相同的概念。这些文书不属于公文的范畴,注意不要混淆。

报告具有以下特点:

(1)单向性

报告是下级机关向上级机关汇报工作、反映情况、提出建议时使用的单方向上行文,不需要上级机关给予批复。在这方面,报告和请示有较大的不同,请示具有双向性特点,必须有批复与之相对应;报告则是单向性行文,不需要任何相对应的文件。为此要特意提请注意:类似"以上报告当否,请批示"的说法是不妥当的。

(2)陈述性

报告在汇报工作、反映情况时,所表达的内容和使用的语言都是陈述性的。本单位遵照上级的指示,做了什么工作、怎样做这些工作、取得了哪些成绩、还存在哪些不足,必然要一一向上级陈述。反映情况时,也要把时间、地点、人物、事件、原因、结果叙述清楚,向上级机关提供准确的现实性信息。

(3)事后性

在机关企事业工作中,有"事前请示,事后报告"的说法。多数报告,都是在开展了一段时间的工作之后,或是在某种情况发生之后向上级作出的汇报。

2)报告的类型

(1)工作报告

凡是用来向上级汇报工作的报告,都是工作报告。工作报告又可分为综合工作报告和专题工作报告两种。

综合报告涉及面宽,涉及主要工作范围的方方面面,可有主次区分,但不能有大的遗漏。大到国务院提供给人民代表大会的政府工作报告,小到某单位向上级提供的年度、季度、月份工作报告,都属于这种类型。

专题报告的涉及面窄,只针对某一方面的工作或者某一项具体工作进行汇报,如党的机关关于"三讲"工作的报告,行政机关关于技术革新工作的报告,企事业单位关于消防安全检查工作报告,等等。

(2)情况报告

如果本单位出现了正常工作秩序之外的情况,譬如说发生了事故,出现了意想不到的问题等,对工作产生了一定程度的影响,应该及时向上级将有关情况原原本本地进行汇报。

即使对工作没有太大影响,一些有倾向性的新动态、新风气,以及最近出现的新事物等,必要时也要向上级报告。

凡此种种,都属于"情况报告"。作为下级机关,有责任做到"下情上达",保证上级机关耳聪目明,对下面的情况始终了如指掌,这就是情况报告的意义。如果隐情不报,则是一种失职的表现。

（3）答复报告

答复上级机关询问的报告，称为答复报告。这种报告内容针对性最强，上级询问什么，就答复什么，不能答非所问。对待上级机关的询问，一定要慎重，如果不了解真情，要经过深入的调查研究后再作答复。

（4）报送报告

这是向上级报送文件、物件时使用的报告，正文通常非常简略，只需写明"现将×××报上，请指正（请查收）"即可。真正有意义的内容都在所报送的文件里。

2.5.2　阅读与分析

【例文2.7】

关于2008年度勘察设计检查情况的报告

省建委：

根据×建设字〔2008〕第××号文件精神以及×建设字〔2007〕××号颁发的《××省工程勘察设计及收费资格年检实施办法》的要求，我委组织全市勘察设计单位进行了认真的学习，在各单位自检自查自评的基础上，以2006年以来新成立和新升级的单位及2007年度年检基本合格的单位为重点，结合全面质量管理达标验收工作，检查了12个单位。现将年检情况报告如下：

一、勘察建设资格及收费资格情况

我市共有勘察设计单位21个（含未参加年检的××市建筑设计事务所），其中乙级设计资格单位3个，丙级设计资格单位9个，丁级设计资格单位6个，许可证级设计资格单位3个。具备收费资格的单位19个，不具备收费资格的单位2个。其资格等级自2005年省建委资格认证后至今仍无变动。

二、勘察设计市场经营管理情况

今年我市各勘察设计单位遵守勘察设计市场管理规定总的情况是好的，大多数勘察设计单位能遵循勘察设计程序，按照资质等级和营业范围进行设计，认真为建设单位服务。但由于去年地改市以来，处于机构调整阶段，各种关系未完全理顺，基建投资少，设计任务严重不足，僧多粥少，因此少数单位出现了不遵守勘察设计程序，竞相压价争任务，出卖图章、图签，超营业范围设计及越级勘察设计等问题，也出现了少数个人搞无证设计、地下设计，干扰了勘察设计市场的正常秩序，在社会上造成了不良影响。我委科技设计科根据群众举报反映的情况，反复深入有关建设、勘察设计和施工单位及施工现场，调查了解违章情况，配合纪检部门查清了有关问题，并进行了严肃的处理。针对这一问题我委及时召开了全市"加强勘察设计市场管理，深化勘察设计改革"的工作会议，传达了省建委"关于贯彻省建筑市场管理条例狠抓勘察设计市场，整顿工作会议"精神。会上对××市粮油食品厂车间无证设计问题、市乡镇企业购销公司综合大楼和市粉末冶金厂综合楼等工程的地下设计和出卖图章、图签问题，以及××省地矿局地质×队、××省工程地质勘察院××工程处超营业范围搞无证勘查等问题进行了通报，并按市勘察设计协会的行业公约进行了处罚。根据《××省建筑市场管理条例》，制定和颁发了《××市工程勘察设计登记、验证实施办法》《××市实行建设工程项目施工图设计审查的通知》等一系列加强勘察设计市场管理的文件和规定，使全市勘察设计单位和人员增强了法制观念,有效地规范了勘察设计市场。目前全市勘察设计市场趋于正常,各种违章行为得到了有效的控制。

三、技术力量、技术水平、技术装备及应用情况

目前全市共有勘察设计职工总数527人(未含设计事务所),其中高级工程师47人,工程师129人,助理工程师177人,技术员58人,大部分单位领导和勘察设计人员今年以来风险意识和竞争意识有所增强,进一步认识到提高勘察设计水平和质量是勘察设计单位的效益和生命,只有提高队伍素质,更新技术装备,才能在竞争中求得生存和发展。电力设计室职工仅24人,目前他们已拥有486型、586型微机11台,绘图机1台,晒图机2台,建立了CAD工作站,基本上达到了主要设计人员人均1台微机的水平,可望明年完全甩掉图板,处于我市CAD技术发展的领先地位。××县建筑设计院加强基本建设,稳定职工队伍,注重人才培养,勘察设计水平和质量提高很快。市民用建筑勘察设计院苦练内功,大力引进和培养人才,开展岗位练兵;努力更新技术装备,下半年一次购进微机6台,增强了整体竞争能力。××县建筑设计院狠抓经营管理和队伍素质,努力提高设计水平。在检查过程中发现了一批造型新颖、设计水平较高、质量较好的工程项目。各勘察设计单位内部刻苦钻研业务,努力提高技术水平,确保勘察设计质量已蔚然成风。积极更新技术装备,大力发展CAD技术出现了好势头。

四、年度评审情况

根据各单位上报的年检资料和抽查情况,逐一进行了评分和评审,年检合格的单位15个,占75%;年检基本合格的单位5个,占25%。对检查的12个单位存在的问题提出了整改意见。

五、年检中出现的主要问题

1.少数单位有超营业范围设计和越级勘察设计的现象,特别是全市设计资质等级、勘察资质等级与城市建设和发展形势不相适应,勘察设计等级普遍偏低,越级勘察项目较多。

2.部分勘察设计单位基础差、底子薄,CAD技术装备更新发展不平衡。

3.少数单位还没有实行技术经济责任制,还在吃大锅饭,对调动设计人员的积极性,提高设计水平和质量不利。

4.勘察设计收费还存在竞相压价现象,直接影响勘察设计市场的公开、平等竞争,干扰了勘察设计市场的管理。

5.部分单位对创收评优活动重视不够,勘察设计水平提高不快。

6.部分单位人才流失和人才培养短缺现象较严重,少数单位面临着青黄不接的局面。

我们在新的一年里,将采取有效的措施,使勘察行业真正纳入法制化、规范化的轨道。

附件:××市2008年度勘察设计资格年检汇总表

××市建设委员会

二〇〇九年一月三十日

评析:

这是一份汇报工作的专题报告。××市建委就2008年度勘察设计检查工作向省建委进行情况汇报,报告开头部分说明了××市建委进行勘察设计检查工作的依据和目的,主体部分分别从收费资格、市场经营、技术及应用情况等方面进行汇报,同时也反映了工作中遇

到的具体问题,为上级部门制订下一步工作方案提供了丰富的材料和事实依据。

2.5.3 病文修改

关于七街区8—2—2厨房主管道返水事件的申请报告

尊敬的七街区领导:

2011年10月14日下午4点30分左右,指挥中心接到七街区8—2—2业主家的报事,客厅及两个卧室均被污水浸泡,水深5厘米,导致室内木衣柜、木地板、踢脚线、门套(以上物品均是木制品制成),部分物品均有不同程度的损坏,业主要求物业公司对受损物品进行赔偿,现业主正在整理相关物品赔偿票据。

接到通知后,物业中心立即安排了客服人员现场拍照,并通知客服部王主管到现场查看,同时安排工程人员检查堵塞原因,并对堵塞管道进行疏通;工程人员将架空层业主家底部厨房排水管打开,将污水从厨房地漏排出;保洁员、工程部工作人员、客服人员协助业主将户内污物进行了全面清扫,以减少受损程度。

针对这一事件,我工程部提出以下处理措施:

1.临时对8栋架空层疏通现场进行警戒,避免业主进入现场发生意外。

2.客服人员安抚业主情绪,并向安诚保险公司报案。

3.组织客服、保洁、工程工作人员对该户室内污水进行处理,并对现场进行拍照留存。

4.安排工程人员查找堵塞原因,搭建脚手架进行疏通管道。

5.建议公司定期对公共区域各主排污管网进行疏通。

工程部
二〇一一年十月十四日

评析:

1.标题文种错误,"申请""报告"分属两个文种,不能混用。

2.主送对象应该是单位。

2.5.4 报告的结构和写法

1)报告的标题和主送机关

(1)报告的标题

报告的标题,有两种写法:一是发文机关+主要内容+文种的写法,如《中共中央纪律检查委员会关于清理党政干部违纪违法建私房和用公款超标准装修住房的报告》;二是主要内容+文种的写法,如《关于进一步加强我市公共场所防火工作的报告》。

(2)报告的主送机关

行政机关的报告,主送机关尽量要少,一般只送一个上级机关即可。但行政机关受双重领导的情况比较多见,只报送其中一个上级机关显然不妥,因此,有时主送机关可以不止一个。报告应报送自己的直接上级机关,一般情况下不要越级行文。

作为党政机关公文的报告,要按《党政机关公文处理工作条例》第十五条的规定执行:"原则上主送一个上级机关,根据需要同时抄送相关上级机关和同级机关,不抄送下级机关。"

2)报告的正文

（1）报告导语

导语指报告的开头部分,它起着引导全文的作用。

不同类型的报告,其导语的写法也有较大不同。概括起来,报告的导语有以下几种类型:

①背景式导语。就是交代报告产生的现实背景,例如:

前不久,中央纪委召开了部分省市清理党员干部违纪建私房座谈会,总结交流了各地清理工作的情况和经验,并就清房中遇到的一些政策性问题进行了讨论,根据各地的做法和座谈会中提出的问题,中央纪委常委研究提出以下建议:

②根据式导语。就是交代报告产生的根据,例如:

根据省委、省政府领导同志的指示,我厅于去冬派人到涪陵市和渠县,与市、县的同志一道,对城镇贫困户的情况作了相关调查。涪陵市委、市政府和渠县县委、县政府对此十分重视,在调查研究的基础上,立即采取措施,着手解决这一问题。现将两地城镇贫困户的情况及采取的措施报告如下:

③叙事式导语。在开头简略叙述一个事件的概况,一般用于反映情况的报告。例如:

20××年2月20日上午9时40分,我省××市百货大楼发生重大火灾事故,市消防队出动15辆消防车,经4个小时的扑救,大火才被扑灭。这次火灾除消防队员和群众奋力抢救出部分商品外,百货大楼三层楼房一幢及余下商品全部烧毁。时值开门营业不久,顾客不多,加之疏散及时,幸未造成人员伤亡。但此次火灾已造成直接经济损失792万余元。

④目的式导语。将发文目的明确阐述出来作为导语。例如:

为认真贯彻落实《国务院批转林业部关于进一步加强森林防火工作报告的通知》（国发〔19××〕42号）切实做好我市防火工作,保护和发展森林资源,更好地为改革开放和经济建设服务,结合我市实际情况,就进一步加强森林防火工作提出以下几点意见:

报告导语的写法不止以上四种,运用时可以举一反三,融会贯通,灵活处理。

（2）报告主体

报告的主体也有多种写法,下面择要介绍两种常见形态。

①总结式写法。这种写法主要用于工作报告。主体部分的内容,包括成绩、做法、经验、存在的不足以及今后工作意见等,在叙述基本情况的同时,有所分析、归纳,找出规律性认识,类似于工作总结。

总结式写法最需要注意的是结构的设计安排。按照总结出来的几条规律性认识来组织材料、安排层次,是最常用的结构方式。例如,2000年3月5日在第九届全国人民代表大会第三次会议上朱镕基总理所作的政府工作报告,全文分为十个部分,分别是:

一、1999年国内工作回顾;二、坚持实行扩大内需的方针;三、大力推进经济结构的战略性调整;四、继续推进改革,全面加强管理;五、加快科技、教育发展,加强精神文明建设;六、进一步扩大对外开放;七、搞好社会保障体系建设,维护社会稳定;八、从严治政,加强政府自身建设;九、促进祖国和平统一大业;十、关于外交工作。

②"情况—原因—教训—措施"四步写法。这种结构多用于情况报告。即先将情况叙述清楚，然后分析情况产生的原因，接着总结经验教训，最后提出下一步的行动措施。例如《××省商业厅关于××市百货大楼重大火灾事故的报告》，采用的就是这样的写法。

（3）报告结语

报告的结语比较简单，可以重申意义、展望未来，也可以采用模式化的套语收结全文。模式化的写法大致是："特此报告""以上报告，请审阅""以上报告如无不妥，请批转执行"等。

2.5.5　情景写作训练

根据以下消息，以物业分公司的名义向物业总公司写一篇反映情况的报告。

保安找人殴打业主被捕

2009年3月14日下午5时许，南岸区城市花园内，业主雷先生被5名手持钢管、砍刀的男子暴打。当年5月，小区保安主管李某、保安樊某及沈某被请到公安局。樊某交代，他们因看不惯雷先生辱骂保安的行为，才找人教训雷先生，并供出幕后主使人是物管公司保安主管李某。之后，3名嫌疑人均以涉嫌故意伤害罪被依法批捕。目前，业主雷先生提出物业公司赔礼道歉，相关责任人赔偿8.5万元的要求。

2.6　请　示

> 问题思考：
>
> 　请示，对于下级机关工作的作用是不言而喻的。但是，现在还有人在需要写作请示的时候说"打个报告"，甚至还有人编造"请示报告"文种。请问：请示有哪些特点？请示与报告有哪些区别？

2.6.1　基础知识

1）请示的适用范围和特点

2001年1月1日实施的《国家行政机关公文处理办法》规定："请示适用于向上级机关请求指示、批准。"由此可以看出请示的特点。

（1）呈请性

请示是向上级机关请求指示和批准的公文，行文内容具有请求性。而报告是向上级机关汇报工作、反映情况、答复上级机关的询问或者要求的公文，具有陈述性。

（2）求复性

请示的行文目的是请求上级批准，解决某个具体问题，要求作出明确答复。而报告的目的则在于使上级掌握某方面或阶段的情况,不要求批复。

（3）超前性

请示行文时机具有超前性,必须在事前行文,等上级机关作出答复之后才能付诸实施。而报告则可在事后行文,也可在工作进行过程中行文,一般不在事前行文。

（4）单一性

请示事项具有单一性,要求一文一事。而报告可以一文一事,也可以一文数事。

2）请示的类型

请示的分类主要是根据行文的目的和内容的不同来进行的。通常可分为两种。

（1）事项性请示

这种请示是下级机关请求上级机关审核批准某项或者开展某项工作的请示,属于请求批准性的请示。这种请示多用于机构设置、审定编制、人事任免、重要决定、重大决策、大型项目安排等事项。这些事项按规定本级机关无权决定,必须请示上级机关批准。

下级机关在工作中遇到人力、物力、财力等方面难于解决的事项,用请示请求上级机关给予帮助、支持的请示,也是事项性请示。

（2）政策性请示

下级机关在工作中对某一方针、政策、法规、指示等不明确、不理解,请求上级指示;遇到新问题和新情况,依据原先规定难以处理,需要上级机关指导、解释或解决;平行机关间对某一工作发生意见分歧无法统一,需要向同一上级机关请示作出裁决等,所用的请示属于请求上级指示的政策性请示,行文时,往往需要提出解决的意见,请求上级机关给予明确的解释和指示。

2.6.2　阅读与分析

【例文2.8】

关于拓宽改造××路的请示

市人民政府:

为了搞好我市的城市基础设施建设,我们拟拆除××路至××路之间的××路(以下简称××路以北的××路)进行改造拓宽。

一、拓宽改造××路的理由

1. 为了实施城市规划。按照经市政府批准的《××市城市规划管理纲要》,××路是城市的主干道,其××路以南规划道路红线宽度60米;××路以北考虑到街道已形成,因此,仍维持原来的规划宽度30米。但是,现在××路以北的××路9米宽的人行道已被临时建筑占用5米左右,迫使行人走车行道,致使人流、车流混杂,造成交通经常阻塞。因此必须按规划全部拆迁人行道上的临时建筑,拓宽××路。

2. 为了改善城市交通。根据城市总体规划,××路以北的××路处于城市中心,是连接城市两条主干道××路和××路的主要通道。近几年来,通过该路段的车流、人流、物流越来越大。另外,2005年铺设自来水的源水管道后,路基受到损坏,柏油路面虽然年年维修,但路况仍然很差,急需采取措施改变这种状况。

3.为了改善市容市貌。由于××路太窄，交通拥挤，特别是建在人行道上的临时建筑，几乎都是经营小店，面积小，标准低，常常挤占人行道经营，严重地影响了市容。

4.是扩建市自来水的需要。为了解决××开发区的供水问题，经国家计划部门批准，从今年开始扩建三水厂，供水能力由目前的日产水10万吨扩大到20万吨，计划3年完成。主要搞管网配套，其中沿××路需铺设一条直径为1.2米的源水管道和一条邮电电缆。要铺上述两条管道，不仅施工十分困难，而且路况无法保证。因此，这两条管道只能铺设在两旁的人行道上；而有限宽度的人行道上，铺设了供水管道，必须拆除占道临时建筑后，才能施工。

5.是合理利用城市建设资金的需要。我市城市建设资金非常少。今年城市集中财力搞××大道和××路的改造。因此，利用自来水公司扩建三水厂在××路铺设两条管道的机会，用三水厂挖掘道路的补偿费来改造××路。

二、拓宽改造××路的方案

××以北的××路，全长2 036米，规划红线宽30米。按照城市规划的要求，提出如下拓宽改造方案两个：

方案一：

1.拆除人行道上的临时占道建筑，把道路拓宽到30米宽。

2.12米宽的车行道全部铺设水泥路面。

3.车行道两边各设1米宽的绿化隔离带。

4.绿化隔离带的两边各建3米宽的非机动车道，铺设柏油路面。

5.非机动车道两边各建5米宽的人行道，全部铺设人行道板。

此方案主要工作量为：25毫米的混凝土路面24 432平方米，6平方米厚的沥青路面12 216平方米，人行道板20 360平方米，挖运土方32 590立方米，挡土墙砌石方6 426立方米，分车带路沿石8 144米，工程造价400万元左右。

方案二：

1.拆除人行道上的临时占道建筑，把道路拓宽到30米。

2.12米宽的车行道全部铺设水泥路面。

3.车行道两边各修9米宽的人行道，全部铺设人行道板。

4.此方案主要工作量为：25毫米厚的混凝土路面24 432平方米，人行道板36 588平方米，挖运土方32 590立方米，挡土墙砌石方6 426立方米，工程造价350万元左右。

我们建议采用第一方案，因为该方案有利于交通畅通，有利于城市管理。

三、资金来源

因为建在人行道上的建筑，绝大部分属于临时占道建筑，按照规定，因国家建设需要拆除临时建筑，都是没有任何补偿的。据初步摸底，共需拆迁30个单位，12户私房，其中行政事业单位24个，建筑面积7 052.54平方米，企业单位4个，建筑面积1 198.3平方米，私房建筑面积996.56平方米。

道路拓宽改造工程的投资，采取国家投资和受益单位集资两条渠道解决。

国家负责机动车行道水泥路面工程、非机动车工程、路沿石工程的投资，人行道工程(含挡土墙、土方和人行道板)投资由临街单位或个人集资。按照第一方案，国家需要投资320万元，按照第二方案国家需投资260万元，国家投资部门的资金由市自来水公司铺设源水管道、供水管道而开挖道路应缴纳的道路挖掘补偿解决。

四、工期要求

现在,该工程的设计已经完成,市自来水公司的资金已基本到位,工程的前期准备工作已基本完成。如果市政府同意上述意见,我们打算:6月完成人行道上临时建筑的拆迁工作;车行道的水泥路面工程于5月28日开工,7月完成;源水道和供水管道工程于6月中旬开工,9月底完成。整个工程计划于今年11月中旬完成。

当否,请予批示。

×× 市建设委员会
二〇〇七年二月二十日

评析:

这是一份求批性请示。××市建委针对拓宽改造××路问题向市政府提出请示,首先说明有关拓宽道路的五大理由,接着就拓宽改造××路提出两个方案供上级部门参考,另外对涉及的单位、资金、工期等均有详细的阐释。因拓宽改造道路是要协同其他单位共同完成,上级机关作出决定批准后方可转给有关部门执行。

2.6.3 病文修改

关于兴建图书馆的请示

近年来,我校发展较快,现有教职工860人,在校学生4 000人,图书馆资料100万册。自1958年建校以来,一直沿用改造而成的2 000平方米的图书馆早已不能适应教学的需要了,且学校在发展之中,师生人数还在不断增加,图书馆又是学生主要的基本建设。为此,拟建新的图书馆,面积10 000平方米,造价700万元,资金请上级解决600万元,自筹100万元。×年×月动工,×年×月竣工。

附:图书馆设计方案(图)三份

×× 大学
二〇〇六年六月三十日

评析:

这是一则求准性的请示,可缺乏主送机关名称,不知向谁请示;而且在正文结尾处缺乏"妥否,请批示""当否,请批示"或"请予审批"等习惯用语,使该请示针对性不强。

2.6.4 请示的结构和写法

请示的结构及写法,在行政公文中应该说是比较规范的。请示的结构包括标题、主送机关、正文和署名,结构完整规范。

1)标题

请示标题一般要写明"发文机关+事由+文种",发文机关一般可以省略。写标题要注意,不能将"请示"写成"报告"或"请示报告",缘由中也不要重复出现"申请""请求"之类词语。

2)正文

请示的正文一般包括缘由、事项和结语三部分。

（1）缘由

请示的缘由是请示事项和要求的理由及依据。要先把缘由讲清楚，然后再写请示的事项和要求，这样才能顺理成章。缘由很重要，关系到事项是否成立，是否可行，当然关系到上级机关审批请示的态度。因此，缘由常常十分完备，依据、情况、意义、作用等都要写上。

（2）事项

事项包括办法、措施、主张、看法等。请示的事项，要符合法规，符合实际，具有可行性。因此，事项要写得具体、明白。如果请示的事项内容比较复杂，要分清主次，一条一条地写出来，条理要清楚，重点要突出。如果请示的事项简单，则往往和结语合为一句话。如"特申请⋯⋯，请审批。"

请示事项应该避免不明确、不具体的情况和把缘由、事项混在一起的情况。否则，不得要领，不知要求解决什么问题。

（3）结语

请示的结语有"以上请示，请批复""以上请示如无不妥，请批准"等。结语是请示必不可少的一项内容，不能遗漏，更不能含糊其辞。

2.6.5 请示的写作要求

1)一文一事

一份请示只能写一件事，按照《办法》规定，结合实际工作需要。如果一文多事，可能导致受文机关无法批复。

2)单头请示

请示只能主送一个上级领导机关或者主管部门。如果需要，可以抄送有关机关。这就可以避免出现推诿、扯皮的现象。

3)不越级请示

这一点，请示与其他行政公文是一样的。如果因特殊情况或紧急事项必须越级请示时，要同时抄送越过的直接上级机关。除个别领导直接交办的事项外，请示一般不直接送领导个人。

4)不抄送下级

请示是上行公文，行文时不得同时抄送下级以免造成工作混乱，更不能要求下级机关执行上级机关未批准和批复的事项。

2.6.6 情景写作训练

××食品店是××市的一家百年老字号商店，此店由于经营有传统特色的食品，加之经营有方,又地处市中心繁华地段,故生意好,常年的资金利润都高出同行业 70% ~ 80%。现在该店即将施行租赁经营,为避免无形资产损失,此店向该市国有资产管理部门提出意见要求,在资产评估时考虑这一因素,提出租赁方每年应多交 4 万元,以避免无形资产损失。

请你以该店名义向 ×× 市国有资产管理局写一份请示。写作时可采用本地某一家老字号商店的实名进行模拟写作。

2.7 函

> **问题思考:**
>
> 因实习需要联系实习单位,张 ×× 决定拟写一份咨询函。
>
> 请问:张 ×× 该怎么写这份咨询函呢?

2.7.1 基础知识

1)函的适用范围

函是不相隶属机关之间商洽工作,询问和答复问题,请求批准和答复审批事项时所使用的公文。函是为数不多的平行文种。其适用范围为:

(1)不相隶属机关之间商洽工作、询问和答复问题

"不相隶属机关"(或无隶属关系)是指非同一组织系统内的任何机关之间,既不是领导与被领导的上下级关系,也不是业务上的指导与被指导关系。也就是说,函的发文与受文机关之间,无论机关大小、级别高低,都不存在职权上的指挥与服从关系,相互行文只能用函。

(2)向有关主管部门请求批准事项,以及有关主管部门答复审批事项

"有关主管部门"是指"某一职能部门",即某项工作的执法或专管部门,由于某方面工作由其专管,任何机关、单位、社会团体若要办理涉及其主管范围内的公务,均需征得该主管部门的同意或支持,就应向其发文请求批准。但由于不是上下级关系,因此只能用函。例如,某镇人民政府向银行申请贷款,向县城建局(部门)报建工程,向县教育局申请社会办学;某大学向所在地供电所要求增加用电等,均应采用请批函行文。

2)函的特点

(1)沟通性

函对不相隶属机关之间商洽工作,询问和答复问题,起着沟通作用,充分显示平行文种的沟通功能。

(2)灵活性

表现在两个方面:一是行文关系灵活。函是平行公文,但是它除了平行行文外,还可以

向上行文或向下行文,没有其他文种那样严格的特殊行文关系的限制。二是格式灵活。除了国家高级机关的主要函必须按照公文的格式、行文要求行文外,其他一般函,比较灵活自便,既可以按照公文的格式及行文要求办理,也可以没有文头版记,不编发文字号,甚至可以不拟标题。

（3）单一性

函的主体内容具备单一性的特点,一份函只宜写一件事项。

3）函的分类

函可以从不同角度分类:

①按性质分:分为公函、便函。

公函:用于机关单位正式的公务活动往来。

便函:用于日常事务性工作的处理。便函不属于正式公文,没有公文格式要求,不用发文字号,甚至可以不要标题,只需要在尾部署上机关单位名称、成文时间并加盖公章即可。

②按发文目的分:分为发函、复函。

发函:主动提出事项所发出的函。

复函:为回复对方所发出的函。

③从内容和用途上分,分为商洽函、问复函、请准函。此外还有通知事宜函(知照函)、催办事宜函(催办函)、邀请函、报送材料函等。

2.7.2 阅读与分析

【例文 2.9】

××市建设集团公司关于委托
××建筑学院举办管理人员培训班的函

××建筑学院:

为了培养建筑管理高级人才,我集团公司拟委托你院举办一期管理人员培训班,时间1年,人数30人,采取脱产学习的形式。学费按你院有关规定支付。能否接受,请予研究函复。

××市建设集团公司(盖章)
二○○七年二月十二日

评析:

这是一封商洽函。××市建设集团公司委托××建筑学院举办管理人员培训班,就培训时间、人员、形式、费用等事项与××建筑学院进行商洽。语言平和得当,篇幅短小,体现了函写作的灵活性和功能的实用性。

【例文 2.10】

邀 请 函

尊敬的_____先生 / 女士:

××物业杂志社和台湾××物业管理学会共同举办的"2011 海峡两岸物业管理交流研讨会暨物业管理教学研讨"将于 2011 年 8 月 8 日在台北召开,特此邀请,诚盼您及您的同事拨冗参加。

一、会议宗旨

本会旨在了解大楼管理顾问公司、建筑物管理维护、清洁公司、机电工程公司、保全公司及社区业主自营式物业管理方法,访问台湾职业教育特别注重与企业配合典型的"教育立交桥"结构。

二、本次论坛适合以下人士参加

大陆及台湾地区物业管理企业,机关企事业后勤管理单位,大型写字楼,商业中心,开发区及科技园区,房地产开发、经营管理公司,业委会;大陆及台湾地区开设物业管理及相关专业的大专院校、职业技术学校院系领导、教学带头人及骨干教师、科研所,职业培训机构,其他相关人士等。

三、会议内容

专场一:行业交流专场

专场二:大厦管理专场

专场三:专业教学专场

专场四:防灾保全专场

专场五:案场考察(研讨会特别安排)

以上研修专场由两岸物业管理业界资深人士担纲演讲(名单商定中)。

(有交流发言意向者请于2011年5月10日之前提交论文及发言摘要)

四、参会费用

会务费:RMB××××元(含会议三天期间的注册费、食宿费、案场考察费、签证费)

往返交通和其余时间中的食宿费自理,会务组可代为联系酒店住宿。

五、报名方式

1. 电　　话:×××××××××

2. 传　　真:×××××××××

3. 电子邮件:×××××××××

请在邮件标题处注明"××物业发展论坛"

4. 联系人:××××

重要提示:

本次研讨会以大陆赴台学术交流活动申请,鉴于入台许可、签证手续和机票预订等需要提前办理,参会人员务必见通知后即速报名并提供相关个人材料,以免耽误行程。

会务组统一安排申请并指导办理手续,欢迎来电咨询。

××物业发展论坛会务组

2011年2月20日

评析:

这是一份邀请出席"××物业发展论坛"的函。

标题直接用"邀请函"。正文一开始便直截了当地说明了某单位于何时何地将举办什么论坛,邀请对方参加。接下来介绍论坛的基本内容,并将对方出席本次论坛最为需要知晓的信息一一告知,最后附列报名回执单,便于参会人员的信息统计和会务安排。

2.7.3　病文修改

××建筑学院关于为××市建设集团公司
举办管理人员培训班的复函

××市建设集团公司：

关于为你公司举办管理人员培训班的问题，经研究答复如下：

一、同意为你公司举办管理人员培训班，开学时间：2007 年 3 月 15 日。

二、有关学籍管理及实习、收费标准等问题，请参照《××建筑学院关于举办管理人员脱产培训班的规定》，有关条款另议。

特此复函

附：《××建筑学院关于管理人员脱产培训班的规定》

××建筑学院（盖章）
二〇〇七年二月十八日

评析：

这是一封答复函。复函一般要写"××（指单位）××××（批年号）××字××号函悉"来交代复函起因，此复函未写；而且，该文未对来函的培训人数、培训时间、培训方式等问询问题作出明确肯定的答复。

2.7.4　函的结构和写法

由于函的类别较多，从制作格式到内容表述均有一定灵活机动性。在此主要介绍规范性公函的结构、内容和写法。

公函的基本结构：标题＋主送机关＋正文＋落款＋成文日期。

1）标题

公函的标题一般有四种形式。

①发文机关名称＋事由＋文种。如《国务院办公厅关于羊毛产销和质量等问题的函》。

②事由＋文种。如《关于上报〈×公司二期改造项目评估报告〉的函》。

③主送机关＋文种。如《给×××（机关）的函》。

④发文机关＋事由＋去（复）函机关＋文种。如《轻工业部、商业部关于报批修改和补充〈洗衣粉包装箱〉国家标准给国家标准局的函》；《国家标准局对修改和补充〈洗衣粉包装箱〉国家标准给轻工业部、商业部的复函》。

2）发文字号

公函要有正规的发文字号，写法与一般公文相同，由机关代字、年号、顺序号组成。大机关的函，可以在发文字号中显示"函"字。如《国务院公报》2000 年第 10 号同时发表了国务院办公厅以"国办函〔2000〕××号"为发文字号的七篇复函。

3）主送机关

主送机关即受文并办理来函事项的机关单位，于文首顶格写明全称或者规范化简称，其后用冒号。

4）正文

正文的结构一般由开头、主体、结尾（结语）等部分组成。

（1）开头

开头主要说明发函的缘由。如果是去函，先概括交代发函的目的、根据、原因或背景等内容，然后用"现将有关问题说明如下："或"现将有关事项函复如下："等过渡语转入下文。

复函的缘由部分，一般首先引叙来文的标题、发文字号，然后再交代根据，以说明发文的缘由。

（2）主体

这是函的核心内容部分。主要说明致函事项。发函要写清商洽、询问、告知、请准的主要事项；复函则要针对来函内容，作出具体的、明确的答复。要注意答复事项的针对性和明确性。不论去函还是复函，主体的内容都要求明确、集中、单一，做到一函一事。行文要直陈其事。

（3）结尾

结尾部分向对方提出希望或请求，或希望对方给予支持和帮助，或希望对方给予合作，或请求对方提供情况，或请求对方给予批准，等等。

最后，应根据函询、函告、函请或函复的事项，选择运用不同的结束语。如"特此函商""特此函询""请即复函""特此函告""特此函复""以上如无不妥，请批准"等惯用结语收束。

有的函也可以不用结束语，如属便函，可以像普通信件一样，使用"此致""敬礼"。

4）落款

一般包括署名和成文时间两项内容。署名机关单位名称，写明成文时间年、月、日，并加盖公章。

2.7.5　撰写函的注意事项

首先，要注意行文简洁明确，用语把握分寸。无论是平行机关或者是不相隶属的行文，都要注意语气平和有礼，不要倚势压人或强人所难，也不必逢迎恭维、曲意客套。一般来说，请批函要谦恭，批准函要庄重，商洽函要亲切。至于复函，则要注意行文的针对性，答复的明确性。

其次，函也有时效性的问题，特别是复函更应该迅速、及时。像对待其他公文一样，函件也需要及时处理，以保证公务等活动的正常进行。

2.7.6　情景写作训练

请指出下列材料的错误之处并修改。

××市第一变压器厂
关于抓紧归还服务公司借款的函

市建筑集团二公司：

你公司于2009年1月从我厂借去资金3.5万元，作为你公司劳动服务部的开办费，当时双方讲好了，年内一定给我们。现在已经是2009年3月了，我厂早已编制了财务决算，无法算清。

为使我们能及时搞好各项款项的清理结账,要求你公司务必将所借之款于4日内归还我厂,切不可一拖再拖,否则后果自负,给我厂财务工作的顺利进行带来困难和麻烦。

此致

敬礼

2009年3月20日

2.8 纪 要

问题思考:

某建筑公司召开年终董事会议,主任对新进秘书小蔡说:你要做好会议记录,会后写个会议纪要。小蔡不敢怠慢,会议记得非常详细。会后,马上整理会议记录,按照会议议程将会议记录"瘦身",形成了"会议纪要"。他整理好后,反复检查了几遍,自认为文从字顺,主任一定会表扬他。没想到主任看了却很不满意,要他好好学习一下会议记录和会议纪要的写法。

请问:会议记录和纪要有哪些不同? 怎样写纪要才符合规范?

2.8.1 基础知识

1)纪要的适用范围

纪要是用于传达会议议定事项和重要精神,并要求有关单位共同遵守、执行的一种纪实性公文。《党政机关公文处理工作条例》规定:纪要适用于记载会议主要情况和议定事项。纪要根据会议记录和会议文件以及有关材料加工整理而成,反映会议基本情况和精神,其主要作用是通报会议精神,统一认识,指导工作。

2)纪要的特点

(1)内容的纪实性

纪要如实地反映会议内容,它不能离开会议实际搞再创作,不能搞人为的拔高、深化和填平补齐,否则,就会失去其内容的客观真实性,违反纪实的要求。

(2)表达的要点性

会议纪要是依据会议情况综合而成的。撰写纪要应围绕会议主旨及主要成果来整理、提炼和概括。重点应放在介绍会议成果,而不是叙述会议的过程,切忌记流水账。

(3)称谓的特殊性

纪要一般采用第三人称写法。由于纪要反映的是与会人员的集体意志和意向,常以"会议"作为表述主体,"会议认为""会议指出""会议决定""会议要求""会议号召"等就是称谓特殊性的表现。

2.8.2　阅读与分析

【例文2.11】

关于全省教职工住房建设有关问题的会议纪要

（××××年××月××日）

1月17日,省委副书记、副省长×××主持会议,听取关于第×次全国教职工住房建设工作经验交流会议精神的汇报,研究全省教职工住房建设的有关问题。省长助理×××和省政府办公厅、省计委、省教委、省建委、省财政厅、省国土测绘局、省人民银行、省房改办和×·×市政府、市教委等部委的负责人参加了会议。会议认为,国务院办公厅在××××年、××××年连续两年召开关于教职工住房建设工作的专门会议,×××副总理每次都亲临会议作重要讲话,这充分说明党中央、国务院对教职工住房问题高度重视和关心。各级政府和有关部门要进一步提高认识、加强领导,增强解决教职工住房问题的责任感和紧迫感,把解决教职工特别是教师的住房问题作为稳定教师队伍,提高教育质量,发展教育事业,落实教育优先发展战略地位的一件大事来抓,切实抓出成效。

会议研究议定了以下事项:

一、成立××省教职工住房建设协调领导小组（另行文下达）。

二、由省教委牵头,省财政厅、省计委、省建委、省国土测绘局部门参加,起草《关于加快教职工住房问题的报告》,报省人民政府审批后下达执行。《报告》要突出"一个目标、两个原则、三个结合"。一个目标,即在本届政府任期（××××—××××年）内,要争取使教职工住房面积达到或超过当地居民面积的平均水平。两个原则,即"分级办学、分级负责"的原则和多渠道筹措资金的原则。"分级办学、分级负责",就是按现有办学体制的职责分工,负责建设教职工住房;多渠道筹措建房资金,就是在各级财政增加教师住房资金的基础上,鼓励社会、学校、个人共同负担的住房投资新体制。省本级财政要从××××年新增教育事业经费和教育基建费中安排一定比例的资金用于省属学校特别是高校教职工住房建设;城市教育维护费也要安排一定比例的资金用于教职工住房建设。三个结合,就是在教职工住房建设中,做到建新房与改造旧房相结合,集中建设与分散建设相结合,小城镇集资联建与有组织的自建相结合。

三、以省人民政府名义于3月底或4月初在××市召开全省教职工住房建设经验会,并对今后教职工住房建设进行全面部署。会议由省教委组织,省有关直属部门参加,××市政府准备现场。

四、由省教委牵头,修订××××年制定的《××省城镇中小学教师住房建设××××年规划》,包括城镇中小学教职工住房建设、高校教职工住房建设和农村中小学教职工住房建设规划。

××××年××月××日

评析:

这是一份专题会议纪要。开头部分简要介绍了会议召开的指导思想、主要议题、与会人员、时间和地点,主体部分就会议进行的有关问题讨论以及作出的相应决定给予纪要,详略得当,重点突出。采用分条列项式,条理清楚,便于贯彻执行。

2.8.3 病文修改

业主委员会会议纪要

时　　间：2007年4月15日下午4:00整

地　　点：西玛特公寓A座工程指挥部

到会人员：王××、张××、谢××

主 持 人：李××

记 录 人：林××

会议主要内容：

本次业主委员会会议召开的目的是因为近期由王××代表跟开发商就小区的很多问题已经谈完，我们就目前最重要的事情：即是否要与大厦合在一起成立各占50%的票权的业主委员会的问题进行讨论。

合并成立的理由为：

a.我们小区的能源设备及公共部位难以分开。

b.西玛特小区与大厦内的任何产权划分问题，只有依靠法律途径才能解决。

c.成立了业主委员会并不意味着今后就要任由他们摆布，我们可以从措施和制度上对其进行约束。

不合并成立的理由为：

a.小区要成立业主委员会的目的就是为了有平台去与开发商谈有关小区的问题，维护业主的权利。但是现在开发商本身就已经侵占了公寓业主的很多权益。在这样的情况下如果成立了这样的委员会，不但要担心在法律程序上是否能站得住脚，且开发商还要占绝大部分票权，更使得业主的这些权益永远也无法取回。

b.小区目前面临的主要问题为：小医院、电梯老化、21层及地下一层的权益归属等问题；如果成立了业委会，在开发商占大部分票权的结构上，对于上述问题的解决不起任何作用，反而使我们为业主维权的工作有所束缚。既然不能解决小区现存的问题，成立这样的业主委员会又有何意义呢？

c.目前小区电梯已严重老化，现在政府部门的答复是，使用维修基金对电梯进行大修及更换不需要业主委员会的盖章，只要有全体业主提出申请就可以。所以成立大厦与小区合一起的业主委员会，我们认为没有这个需要。

关于是否要成立这样的业主委员会的利弊已进行分析，有关的小区其他问题和近期的工作焦点都已在网站上公布。

业主委员会
2007年4月18日

评析：

1.结构不当，与会议记录混淆。

2.讨论的是合并成立业委会的事情，但内容陈述冗长，缺乏概括。

3.发文的意图不明确，缺乏目的性。

4.单位交代不清。应写明是哪个业委会。

5.语言不够简练，多处显得冗杂、啰唆。

2.8.4 纪要的结构和写法

纪要通常由标题、正文、主送、抄送单位构成。

1）标题

纪要的标题有三种情况：一是会议名称加纪要，如《业主委员会会议纪要》；二是召开会议的机关加内容加纪要，如《××物业管理公司关于多种经营工作会议纪要》；三是复式标题，如《一切围绕经济转，一切围绕效益干——安徽沿江四市负责同志座谈会纪要》。

2）正文

纪要正文一般由三部分组成。

（1）会议概况

主要包括开会的根据（背景）、目的、时间、地点、名称、与会人员（包括主持人、出席人、列席人）、主要议题、基本议程、对会议的总的评价等。具体内容可根据情况灵活把握。

（2）会议的精神和议定事项

常务会、办公会、日常工作例会的纪要，一般包括会议内容、议定事项，有的还可概述议定事项的意义。工作会议、专业会议和座谈会的纪要，往往还要写出经验、做法、今后工作的意见、措施和要求。

根据会议性质、规模、议题等不同，这部分大致可有以下四种写法：

①集中概述式。这种写法是把会议的基本情况、讨论研究的主要问题、与会人员的认识、议定的有关事项（包括解决问题的措施、办法和要求等），用概括叙述的方法，进行整体的阐述和说明。这种写法多用于召开小型会议，而且讨论的问题比较集中单一，意见比较统一，容易贯彻操作，写的篇幅相对短小。如果会议的议题较多，可分条列述。

②分类标项式。召开大中型会议或议题较多的会议，一般要采取分项叙述的办法，即把会议的主要内容分成几个大的问题，然后另上标号或小标题，分项来写。这种写法侧重于横向分析阐述，内容相对全面，问题也说得比较细，常常包括对目的、意义、现状的分析，以及目标、任务、政策措施等的阐述。这种纪要一般用于需要基层全面领会、深入贯彻的会议。

③发言提要式。这种写法是把会上具有典型性、代表性的发言加以整理，提炼出内容要点和精神实质，然后按照发言顺序或不同内容，分别加以阐述说明。这种写法能如实地反映与会人员的意见。某些根据上级机关布置，需要了解与会人员不同意见的纪要，可采用这种写法。

④指挥命令式。这种写法主要用于写会议决定事项，会议情况一笔带过，简练明快，多用于安排部署重要工作的会议。一般都这样写："会议决定：……"，"会议同意……"，"会议通过了……"，等等。

（3）结尾

有些重要的纪要有结尾部分。这部分主要写对有关单位会后贯彻执行会议精神的希望和号召。讨论性纪要的结尾常常写希望和建议。一般的纪要可以不写这部分。

2.8.5　情景写作训练

班上近日召开班会，讨论组织全班秋游南山植物园。试根据此班会内容，写一份纪要。

要求：通过会议情景模拟，体验、学习如何概括、确立纪要的写作内容，并根据纪要的格式要求写作。

模块 3 公共事务性文书

知识目标：

● 了解事务文书相关的基本知识。

● 掌握常用事务文书写作的基本格式和写作方法。

● 具备撰写计划、总结、简报、规章制度、求职信、感谢信等事务文书写作的基本能力，并能根据建筑管理工作需要规范撰写上述文书。

能力目标：

● 能说明计划、总结、简报、启事、规章制度等事务文书的结构。

● 能在具体工作中正确选用计划、总结、简报、启事。

● 能撰写规范的计划、总结、求职信。

重点与难点

● 事务性文书的种类及行文规范。

● 常用事务文书写作的基本格式。

● 计划、总结、简报、启事的写法。

3.1 计 划

问题思考：

假如你是某建筑公司某部门经理的助理，年终时要写一个第二年的部门工作计划，请问：从文种的角度来看，应该选用什么文种？该怎么写？

3.1.1　基础知识

1)计划的含义和特点

(1)含义

计划是单位或个人对未来一定时间内要做的工作从目标、任务、要求到措施预先作出设计安排的事务性文书。

计划是计划类文书的统称。由于目标远近、时间长短、内容详略等的差异,计划类文书还有不同的名称。

规划——是一种时间跨度长(3 年以上),范围广,内容较为概括的计划。如《××市城市建设总体规划》。

纲要——和规划相同,它们都是各级领导机关根据战略方针,为实现总体目标对某个地区或某一事项作出长远部署。不同的是纲要比规划更为原则和概括,一般只对工作方向、目标提出纲领式要求和指导性措施。如《××市 2010 年经济发展纲要》。

设想——是一种粗线条的、初步的、预备性的非正式计划。相对来讲,其适用时限较长。如《××市拓展就业安置门路的设想》。

打算——也是一种粗线条的、其想法不太成熟的非正式计划。相对设想,它的内容范围不大且考虑近期要做的。例《××学校争创文明校园的打算》。

要点——是将计划的主要内容择要摘编,使之简明突出,它适用于时间相对较短的计划。如《××局 2012 年工作要点》。

方案——从目的、要求、方式、方法、进度等作出全面周密部署,是有很强可操作性的计划。方案一般适合专项工作,其实施往往须经上级批准。如《××市住房分配制度改革实施方案》。

意见——属粗线条计划,它适用于上级向下级布置工作任务并提供基本的思路、方法,交代政策,提出要求等。如《××公司关于下属企业 2010 年扭亏增盈全面提高经济效益的意见》。

安排——是短期内要做的,且范围不大、内容单一、布置具体的一类计划。如《××管理处第×周工作安排》。

(2)计划特点

①目的性。制订计划就是为了在一定时间、范围内完成某项任务,因而目的性在计划中十分明显。它在每份计划中好比是灵魂,制约着一切,决定着一切。如果没有明确的目的,计划就失去了意义。

②预见性。计划必须对未来工作中可能发生的问题有充分的考虑和估计,据此提出必要的、科学的、可行的措施和方法。

③可行性。计划应该是先进性和可行性的高度统一,计划中提出的目标是先进的,但是这个目标又必须是经过努力可以实现的。

④指导性。计划一经制订,就要对完成任务的事件活动起到控制和约束作用,工作的开展、时间的安排等都必须按照计划严格执行。

2)计划的主要类型

计划种类较多,按不同的划分标准有不同的种类。

①按时期,主要分为十年规划、年度计划、季度计划、月份计划。

②按形式,主要分为表格式计划、条文式计划、表格条文式计划。

③按性质,主要分为综合性计划、专题性计划。

近些年,工程管理计划以表格形式出现的居多,既方便填写,又一目了然。有的不便用表格形式,则采用条文式,采用分条列项的方法说明。

3.1.2 阅读与分析

【例文3.1】

××市建设科技事业"十五"计划及2005年规划

一、指导思想

坚持"科学技术是第一生产力"的方针,以开展实用型科研为先导,推广应用科技成果为重点,促进生产效率和经济效益增长为宗旨,全面提高我市建设科技发展的整体水平。

二、主要目标

——"十五"时期,建立完整的科研机构和推广应用科技成果的网络,完成实用型科研项目6个,科技成果转化率达到50%;至2005年达到75%。

——"十五"时期,科技进步对建设事业增长贡献率达到40%,至2005年达到65%。

——"十五"时期,使我市城市规划、建设、管理达到省内先进水平;到2005年,达到国内先进水平。

三、主要任务

(一)组织精干人力,开展实用型科研

1.结合我市的城市总体规划的修编,着重研究城乡一体化持续发展战略、城市产业结构、城市空间布局及形态、城市土地综合开发与利用、城市交通组织、城市特色与环境的研究,以解决城市中的战略布局问题。

2.为适应并指导日益繁重的城市基础设施建设,就城市市政公用设施的建设方式、建设资金筹集和组织管理的措施进行研究,制订适合我市市情、能有效调动各方面积极性与提高建设效率的行为规范。

3.开展城市防洪排涝工程建设的研究。我市是一个受内涝外洪威胁的城市,城市防洪排涝尤为重要。要通过对我市防洪排涝特点的分析和以往工作经验与教训的总结,提出城市防洪排涝工作的方针与具体措施,为有效治理洪涝灾害找出好的途径。

4.开展"小康"住宅建设的研究。按照"小康"住宅的标准,结合我市情况,开展规划、设计、施工、管理等方面的研究,打破分散建设、自成体系的建设方式,提出更新建设观念的具体办法。

5.完成粉煤灰在道路路面工程中利用的研究,并对粉煤灰在城市道路中利用的全部成果进行整理和鉴定验收。

6.组织对垃圾无害化处理及废气回收利用的研究,作为攻关项目力争完成。

(二)立足有科研成果的转换,加大推广应用的力度

1.普及计算机技术应用。应用领域覆盖到勘察设计的全过程;城市管理部门,初期要运用计算机技术辅助管理;规划房产、质量监测和城建档案部门,要建立计算机工作站;市建委系统建立计算机网络。

2.推广应用新型建筑材料。大力应用冷轧变形钢筋,重点推广化学建材及其产品,如给排水塑料管、塑钢门窗和优质新型防水材料等。

3.开发推广先进的设计、施工成套技术,包括建筑结构设计、地基处理、墙体砌筑、屋面防水、建筑装饰、机械设备。

4.结合安居工程办好"小康"住宅建设试点工作。在设计、规划上推行新的设计观念,开展支撑设计模式和复式住宅、节能住宅的设计;施工上采用新工艺和新技术,推选大跨度楼板及化学建材;市区建成2个示范小区,各县(市)建成1个示范区,为大量推行"小康"住宅打下基础。

5.在筑路工程中使用掺和粉煤灰混凝土,并全面推广应用。

6.加速商品混凝土基地建设,形成规模生产,力争商品混凝土用量的比例达到30%。

7.开发大跨度预应力楼板生产,在住宅建筑中的比重达到80%。

8.结合第二垃圾场的建设,完成城市垃圾处理无害化、废气回收的试验工作。同时,开展城市生态公厕建设技术的生产。

9.结合污水处理厂的建设,完成中心城区排水工程的规划设计,为城市建设和管理提供可靠依据。

10.开辟城市工程管网设计、施工、管理新途径,通过对城市工程管网设计、施工、管理存在的问题,开展综合配套建设的政策研究,制订切实可行的管理办法,达到规划设计统一化、施工管理一体化的目的。

11.在继续抓好人防工程平战结合建设的同时,重点引进新的防水材料、通风设备和减噪装置,改善基建工程的室内外环境质量。

12.提高城市绿化质量,优化建设和植被品种,防治病虫的发生。

13.改善市政工程设计、施工、管理水平,提供工程进度和质量。在设计上多方案选择,优化设计;施工中采用新工艺,更新、增添先进的施工机具,严格施工程序,建立质量监督体系,提高工程质量,合格率达到100%;在管理上明确工作职责,建立保养维护档案,采取有效措施,延长市政工程的使用年限。

14.全面实施抗震防灾规划,旧房改造加固率达到80%,新建工程预防率达到100%。

15.搞好建筑安装、城建企业的技术改造,增强综合施工能力。建筑安装企业除去在工艺技改上做好工作外,还要在建筑装饰上下功夫,承担其装饰工程优良率达到50%。市政建设企业重点突破桥梁建设的空白。

四、主要措施

1.广泛开展有关"科学技术是第一生产力"的思想教育,使科技意识在全体职工中转化为强大的行为动力,特别是领导层要把科技兴业的战略思想贯穿到决策的全过程。

2.加强领导,配备科技专(兼)职员。系统内各局(处)、大型建设安装企业的行政一把手要亲自抓科技工作,配套专(兼)职科技员,负责科技成果的推广和应用,并将科技工作成

果列入年度目标管理,奖先激后,以促进科技成果的全面推广应用。

3.运用行政管理手段,强化推进科技成果的转换。对新型建筑材料、建筑设计等成熟的科研成果,施工单位都有责任推广应用。对不采用先进建筑材料的,市建筑单位,不予办理报建;市设计单位,不核准其施工图纸;市施工单位,不予验收所承担的施工工程。

4.广揽人才,增加投入。积极引进青年专业人才,同时聘请退休的技术人员和有经验的管理干部,从事实用性科研项目的研究。委属各单位应加强职工队伍技术素质的建设,主要技术骨干,每隔两年进行一次知识更新培训。为此,城建中专开办知识更新培训班,以提高建设系统干部职工的整体素质。与此同时,增加科技经费的投入,每年在城建经费总额中安排2%作为研究、推广、应用科技成果的专项资金。

5.论功行赏,激励奉献。在科技专项经费中拿出10%设立科技奖励基金,对有成果的科研人员给予物质奖励;对推广应用科技成果,经济增长显著的单位和个人给予奖励。

评析:

1.这份计划属长远规划,就××市科技事业的建设进行了总体思路架构、具体工作部署。严谨、周密,具有科学性、可行性和指导性的特点。

2.计划采用条文式,分列条款,直观清楚。

3.开头部分直接提出制订建设科技事业计划的指导思想和主要目标,主要任务目标用明确的数量标示;主体部分按照分列具体任务和提出主要措施的逻辑顺序来布局,任务明确,措施得当,层次分明,条理清晰,便于理解和执行。

【例文3.2】

××集团公司新进员工培训方案

一、培训目的

1.让新员工了解集团、公司概况,规章制度,组织结构,使其更快适应工作环境。

2.让新员工熟悉新岗位职责,工作流程,与工作相关的安全、卫生知识以及服务行业应具备的基本素质。

二、培训程序

1.大学生或合同工人数多,文化层次、年龄结构相对集中时,由集团培训学校与用人单位共同培训,共同考核。(不定期)

2.人数较少、分散时,由具体用人单位从中心→具体班组负责培训,培训结果以单位和员工书面表格确认为准,培训学校负责抽查。

三、培训内容

(一)中心(公司)岗前培训:中心准备培训材料。(略)

(二)部门岗位培训:新员工实际工作部门负责。(略)

(三)集团整体培训(不定期):集团职校负责。(略)

四、培训反馈与考核

(一)各中心(公司)制作的培训教材须经过集团职工培训学校的审核,并交集团培训学校存档,所进行的中心(公司)→部门培训应在集团职工培训学校指导下进行。各中心(公司)每培训一批新员工都必须完成一套"新员工培训"表格,部门→中心(公司)→集团培训学校的培训链,应环环相扣,层层确认。

（二）培训实施过程应认真严格，保证质量，所有培训资料注意保存，并注意在实施过程中不断修改、完善。

（三）培训结果经培训学校抽查后，统一发放培训结业证书；培训学校对各中心新员工培训情况每学期给各中心总结反馈一次。

五、培训实施

（一）召集各中心（公司）负责培训人员，就有关集团新职工培训实施方案，征求与会者意见，完善培训方案。

（二）各中心（公司）尽快拿出具有针对性的培训教材，落实培训人选，配合集团培训学校组建从上至下的培训管理网络。

（三）集团内部宣传"新员工培训方案"，通过多种形式让全体职工了解这套新员工培训系统，宣传开展新员工培训工作的重要意义。

（四）所有新员工在正式上岗前，都必须在中心（公司）集中培训一次（培训内容见中心岗前培训），然后再到具体工作部门进行培训（培训内容见部门岗位培训）。各中心（公司）可根据新员工基本情况实施相应的培训教材和时间，一般情况下，培训时间为 1~3 天。根据新员工人数集团培训学校不定期实施整体的新员工培训，总体培训时间一周为宜，培训合格发放结业证书，培训合格名单报集团人力资源部。

××集团公司

2010 年 8 月 28 日

评析：

1. 这是一份关于员工培训的专题方案。方案标题简洁明了，突出了主题。

2. 第一部分主要交代了培训的目的和意义，是全文的基础，解决了"为什么做"的问题。

3. 主体部分分为四个方面，从培训程序、内容、考核和组织实施等作出全面周密部署，可操作性强。

3.1.3 病文修改

5 月份月度工作计划

转眼之间，进公司已有 3 个多月了。入职以来，得到公司同事、领导的认可，得以如期转正。此前，我一直在销售部门熟悉公司的规章制度、了解产品，协助有经验的销售人员完成销售业务。从 5 月份起，本人也有了月度销售任务（15 万元）和固定的销售区域。为了较好地完成 5 月份的个人月度销售任务，特制订以下工作计划：

1. 学习产品知识。进一步熟悉公司目前销售的产品，包括畅想集团全系列产品、自动化办公设备、耗材、网络设备所有系列的产品品种、价格、性能、优缺点（对比主要竞争对手）；收集市场同行业主要竞争对手产品信息，做到知己知彼，对于客户关于产品信息方面的咨询，能够脱口而出。

2. 学习工作流程。通过主动学习相关销售方面的工作流程，向同事请教，工作实践等多种方式，争取掌握所有与销售业务相关的工作流程。

3. 拜访老客户。根据现有区域的客户资料，制订详细的月度老客户拜访计划。本月内要对区域内所有 120 个老客户至少拜访 1 次(每天拜访 5~8 个)。让他们首先认识我,与他们建立起固定的联系,做好老客户的稳定工作。

4.开发新客户。在拜访老客户的同时,通过收集各种媒体客户信息、老客户介绍方式,开发潜在的新客户。本月新客户开发的目标为 12 个(新客户增长比例 10%,且都有销售业务)。

5.积累销售经验。销售业务对于本人来说,还是新的,自己要不断加强业务方面的学习,多看书,上网查阅相关资料,与同事们、同行们多交流、多探讨,向他们学习更好的方式方法;见客户之前要多了解客户的状态和需求,对客户不能有隐瞒和欺骗,对所有客户的工作态度都要一样,但不能太低三下气,给客户留下好印象,为公司树立更好的形象;客户遇到问题,不能置之不理,一定要尽全力帮助他们解决。要先做人再做销售,让客户相信我们的工作实力,才能更好地完成任务。总之,要不断积累自己的销售经验。

以上就是我 5 月份的工作计划,要完成本月的销售任务一定有难度。我自信凭着自己健康乐观、积极向上的工作态度,良好的沟通和团队意识,定会超额完成本月的销售任务,为公司创造更多利润,为公司作出自己最大的贡献。

销售部 ×××

2014 年 1 月 25 日

评析:

1.该计划不够具体详细,不便于执行和检查。

2.计划内容好高骛远,不切实可行,在执行过程中存在难度。

3.1.4 计划的结构和写法

1)标题

标题一般有公文式标题和正副式标题两种类型。

(1)公文式标题

公文式标题一般包括单位名称、适用期限、计划内容等,常见的写法有:

①单位名称 + 计划适用时限 + 计划内容 + 文种名称。如"××物业管理公司 2004 年工作计划"。

②单位名称 + 计划内容 + 文种名称。如"××物业管理公司财务收支计划"。

③计划适用时限 + 计划内容 + 文种名称。如"2011 年工作计划"。

④计划内容 + 文种名称。如"第三届诗歌朗诵比赛方案"。

(2)正副式标题

正标题以生动形象的语言概括主题,副标题则为公文式标题。如"开拓创新,再写辉煌——××物业公司 2011 年工作计划"。

2)正文

这是计划的主体部分。

文字式计划一般先写前言,后写计划的主要内容。前言一般包括概述形势、制订计划的目的、重要依据和指导思想、单位的基本情况、要达到的总目标等,但须写得言简意赅。

表格式计划则不必写前言,计划的主要内容一般包括要达到的各项具体目标、指标、要求、措施、步骤、方法、完成时间等。有的还有附表、附图、解释说明等。

3)落款

(1)署名

若标题上已冠有制订计划的单位名称,则只需在正文右下方加盖单位公章即可。若标题未冠单位名称,那么正文右下方就要署上单位全称,并加盖公章。

(2)日期

在署名的下方写明制订计划的详细日期。

3.1.5 情景写作训练

如果你是一名某公司的工程管理员,已在该公司工作了 3 年,年终时需要写一个下一年度的工作计划,请你按照要求写一个个人年度工作计划。

3.2 总 结

问题思考:

假如你是一名建筑施工员,年终考核的时候要将一年的工作做一个回顾,思考一下该使用什么文种去写?

3.2.1 基础知识

1)总结的含义和特点

总结是单位、部门或个人对过去一段时间内,所做过的或者完成的某项任务进行总检查、总分析、总研究、总评价而写成的一种事务性文书。总结是一种回顾反思性文书,它本身并不具有行政约束力,但具有指导工作的作用。总结具有以下特点:

(1)回顾性

总结是对过去实践的回顾与概括,尊重客观事实是它的出发点。

(2)客观性

总结要运用唯物辩证法的观点,一分为二地看待已经做过的事情,既要肯定成绩和优点,也要正视缺点和问题。同时对成绩的评价要实事求是,不言过其实,不弄虚作假;对问题的反映要客观实在。总结的事实性包含两层含义:一方面撰写总结所引述的事例、数据、单位和部门、时间、人物等是现实生活中确实有的;另一方面,写总结时从事实中反映的认识是真话、实话。

（3）概括性

写总结不能纯粹表述事实，不能罗列现象，不能就事论事，而是要对材料作必要的分析和研究，从中得出规律性的认识。

（4）指导性

总结的最终目的是为了提高认识，把握规律，使今后的工作扬长避短，做得更好。

2）总结的主要类型

工程总结是对已经完成的工程管理方面的某项任务、工作进行检查、分析、评判，用书面文字从理论认识的高度概括经验和教训，用以指导今后工作的一种文书。工程总结的种类很多，按照不同的标准可以分为许多类型：

①按时期，主要分为年度总结、季度总结、月份总结等。

②按性质，主要分为综合性总结、专题性总结。

③按内容，主要分为学习总结、思想总结、工作总结、财务总结、培训总结等。

3.2.2　阅读与分析

【例文3.3】

推广科技进步　壮大企业实力

"十五"期间以来，我们始终坚持"科技兴司"的战略方针，完善科技管理体系，加大科技投入，促进科技进步，取得了比较显著的成绩。产值由2 803万元提高到1.21亿元；利税增长10倍，每年以2个百分点增长；工程质量一年一个台阶，优良率从21.7%上升到44.8%；创省优样板工程两个，部优一个，实现我市部优零的突破；工伤事故频率控制在0.7‰以内，安全生产和文明施工经部省市达标检查，所抽检的项目均被评为优良，名列全市第一，为我市列为全国20个安全达标城市作出了贡献；科技投入643.93万元，为2000年前总和的170%，完成科技成果25项，获各级科技成果进步和荣誉奖26项，直接创效248.2万元。在狠抓科技发展和技术进步上，我们做了以下几个方面的工作：

一、完善科技管理体系，造就一批科技人才

在建筑市场竞争日趋激烈的今天，传统的粗放型经营已经难有作为，要想在同行中占有一席之地，就必须在施工技术上独树一帜。因此，我们提出了"以科技为先导，科技兴司"的战略决策，把科技工作当作企业的头等大事。一方面完善科技管理体系。建立了技术责任制，成立了以总经理挂帅，总工程师具体负责的技术进步领导小组和技术进步考核班子。总经理是企业进步的第一责任人，技术进步是企业承包制的主要量化指标，把落实技术责任制变成各级领导与部门的自觉行动。健全了以总工程师为首的技术责任制，各厂、处、项目均有主任工程师或技术负责人，凡技术方面的工作，都是技术负责人说了算。公司设有总工办、技术开发办、科研所、检测中心、技协等有关机构，组织完成技术进步等方面的各项工作。

另一方面，我们十分重视造就高质量的科技人才。市场竞争、企业实力的竞争归根到底是人才的竞争。"科技兴司"要求有高素质的人才队伍，而且能"人尽其才，才尽其用"。为此，我们做了两个方面的工作。

1. 采取"走出去"和"请进来"的办法,实施"人才工程"建设,积极培养、吸引、招揽人才。2005 年引进科技人员 18 人,送外培训 14 人,举办学习班 9 期,全年培训 258 人,先后有 168 人参加国家、省、市学术研讨会,开展学术交流。现有各类专业技术人员 728 人,有职称 383 人,一支结构合理、专业齐全、素质较高的科技队伍业已形成。

2. 营造尊重知识,尊重人才的风气。我们实行激励机制,鼓励科技人员早出成果,多出成果。对有真才实学的科技人员,在评先、晋级、分房等方面优先考虑;对取得成果的人员,公司给予物质和精神奖励,去年兑现各种奖金 1.87 万元,其中科技成果效益奖近 1 万元;鼓励职工小改小革和提合理化建议。这些都充分调动了科技人员和广大职工的积极性、创造性,2005 年我司获全国、省、市科技成果奖、进步奖和荣誉奖 7 项,2 篇学术论文获得优秀奖。

二、推广应用"四新"成果,借船出海,借梯上楼

企业的竞争,关键是产品的竞争;产品的竞争,实际是科技含量的竞争。近几年来,我们坚持技术创新的发展方向,大力推广应用"四新"。既用自己的成果,同时又走引进、吸收、创新之路,搜集引进外面的新成果、新经验、新项目,做到有目的、有计划、有针对性地全方位推广应用。2005 年我们推广应用"四新"和试用新成果共 18 项。如推广应用竖向钢筋电渣压力焊技术,共焊了 23 226 个点,节约钢材 129.25 吨,创效益 35.33 万元,而且加快了工程进度,保证了工程质量。在预应力构件中,全面使用高强钢丝技术,节约钢材 28.4 吨,节约资金 9.38 万元;这项研究应用成果获市、市建委科技进步一等奖。应用带肋钢筋技术,节约钢筋 30 吨,创效益近 10 万元。广泛使用 MF90 增塑性、减水粉、粉煤灰等新材料,共节约水泥 683 吨,创效益近 23.9 万元。同时,我们采取借船出海、借梯上楼的方式,开发生产了煤渣空心砖塑化剂、脱模剂、安全开关箱、配电箱、装饰线等新产品。××牌保险开关箱、配电箱和提升设备进出料口安全门连锁研制成功,现已试生产投放市场使用,为安全生产达标创优提供了条件,受到部、省、市各级领导的好评。我们自行设计、自行施工完成了无黏结预应力混凝土的科研计划项目,评为市建委××科技成果二等奖;高强钢丝在预空板、预应力多孔板、天沟板中的应用三个项目也获市建委××科技进步二等奖。"四新"推广应用,提高了技术含量,保证了施工安全,也大大增强了我司开拓市场、占领市场的竞争能力。

三、调整产业结构,走改造创新之路,发展科技产业

我司面对企业走向市场,自我发展的大趋势,在产品结构调整上,一是进行主业拓宽,即在开拓更广的施工领域上下功夫;二是抓业主延伸,开拓多种经营,弥补主业的不足,在推广应用别人成果的同时,走自己改造创新之路,不断开发新产品,发展科技产业,促使建筑业向集科、工、贸于一体的综合性企业方向发展。

1. 我们在技术改造方面的思路是:起点高、实用性强、见效快、不搞重复开发、不攀大求洋。2005 年共投入资金 138.4 万元,开发五项产品。根据建筑向高层现浇趋势发展,抓住建设部大力推广商品混凝土应用的机遇,投资近 600 万元,建成商品混凝土生产基地,形成年产 5 万立方米的生产能力。2005 年创效益 31.78 万元,经省级鉴定该项技术填补了××地区的空白,控制中心微机管理综合技术达到国内先进水平,作为一门新科技产品,为公司的发展增添了后劲。

2. 坚持以名牌产品占领市场的发展方向,树立企业形象。做到"你无我有,你有我优,你优我转",在竞争中求生存求发展。我司 2004 年引进国家专利技术产品——××系列施工

升降机,经科技人员不断改进完善后,其安全节能等十大优点更加突出,经省级专家鉴定:是一种新型的高效安全施工升降机械,填补了我省该类产品的空白,达到国内同类产品的领先水平,是一种理想的施工垂直运输替代产品。现已形成年产200台生产规模,成为司属机修厂的"拳头"产品,2005年创利税21.8万元,使这个多年亏损的小厂摘掉了落后帽子,焕发出勃勃生机。去年分别获中国××协会××展览会银牌奖,在中国××博览会上获金奖。

3. 2004年开始进行高强钢丝在预应力构件中应用技术的研制。2005年逐项试用,逐项推广。现已在预应力构件生产中全面使用高强钢丝,提高了产品质量,降低了生产成本,增强了市场竞争力,为企业创效益近百万元。

如果说,建筑是一部伟大的凝固音乐,我们靠的就是科技这根"弦"演奏的。我司的"科技兴司"已作为一面鲜艳的旗帜,在××建筑市场中高扬。但科学无坦途,漫漫长途,我们将日夜兼程,奋发进取,上下求索。

××公司
2005年12月10日

评析:

这是一篇专题性总结。该专题总结翔实、具体,得出的规律性结论鲜明、中心突出。标题采用了新闻标题方式,鲜明、深刻。结构按照小标题式来划分,层次分明,条理清楚,逻辑联系紧密,井然有序。开头部分简要概括了××公司"十五"期间取得显著性成绩的基本情况;主体部分从三个方面总结科技进步壮大企业实力的工作,大量的事实材料典型、生动,数字材料的运用更具说服力,尤其是得出的规律性的结论观点鲜明、重点突出,达到了观点和材料的有机结合。

【例文3.4】

××管理处2010年工作总结

一年的时间在我们忙碌却有序的工作中马上就要过去了。一年来,我项目部在公司各级领导的关心和帮助下,经过项目领导班子和全体员工不懈的努力,实现了年初预定的目标。现将项目部2010年各项工作总结如下:

一、2010年工作业绩

(一)经营管理情况

1. 费用收支情况(2010年1—10月)

单位:元

收　入	金　额	支　出	金　额
旧欠物业费	92 981.92	机动车	3 571.00
旧欠供暖费	146 127.62	创优	47 947.00
当年物业费	198 057.17	装修押金	4 000.00
当年供暖费	252 242.10	出入证押金	280.00
停车费	254 400.00	楼道电费	5 769.06

收　入	金　额	支　出	金　额
临时停车费	75 970.00	维修材料费	10 033.50
管理费	1 699.00	办公费	2 016.40
…	…	…	…
收入合计	1 097 465.98	支出合计	415 457.14

2.服务工作的具体落实

今年6月底,项目部组织物业部人员开始征求业主意见,根据业主反馈意见,项目部制订整改措施,及时整改我们服务工作中的不足。加强对各部门间的管理,不定期地对服务工作进行检查,有效促进了服务工作的落实。

3.全体员工培训

主要培训内容:3月份集中学习观看《物业管理是怎么样练成的》影像教材,组织学习新的员工手册、作业指导书,讨论有关物业管理行业的发展,树立员工工作信心,为行业培养专业人才;4月份集中学习《北京市供热采暖管理办法》;5月份组织学习《北京市物业管理办法》等。

(二)日常工作目标管理的完成情况(略)

1.公共设施、设备维护管理

2.绿化管理

3.环境卫生的管理

4.小区安全防范工作

(三)节能降耗、降低成本

1.为响应政府号召,提倡节能减排实现节约型社会,创建绿色企业,物业管理企业要抓好物业节能降耗工作。作为物业节能降耗工作,无论是从建设节约型社会的角度,还是从降低经营成本方面看,都有非常重要的意义。

2.今年5月份项目部根据小区实际情况,申报北京市昌平区住宅小区节约用水示范小区,此项已与北京市昌平区节水办联系,具体工作正在进行中,相关节水资料已上报至昌平区节水办。

3.项目部对现有路灯、楼道灯进行逐步更换,并按季节调整开关时间;对热水器、岗亭安装时控开关,减少用电时间;在绿化用水方面,项目部要求绿化养护人员,根据天气情况进行绿化灌溉,降低了项目能耗成本。

二、工作中的不足

(一)房屋质量、物业用房问题,还需与居委会、业委会共同出面解决。

(二)项目部在评选四星级示范住宅项目评选工作中落选,主要原因是绿化斑秃、单元门锈蚀、私搭乱建问题严重。

(三)评优资料补充较多,说明日常工作不到位,没有做到规范化运行的要求。

三、2011 年工作打算

（一）根据项目特点，结合公司作业指导书，健全日常服务管理制度，并组织落实。

（二）加大项目部旧欠费用的收缴工作，提高收缴率。

（三）落实 2011—2012 年度冬季供暖工作，做好冬季测温工作。

（四）统计、定性园区私搭乱建，并协同居委会、业委会做好整改工作。

（五）对园区各单元门更新刷漆。

（六）整理单元门禁外露线路。

（七）与开发、建委协调解决业主久拖未决的房屋质量问题。

（八）进一步整改小区绿化，做到无斑秃。

××管理处

2010 年 11 月 16 日

评析：

这是一篇综合性工作总结。该例文的主体部分按照纵横式结构展开，安排内容时，先按照时间的先后顺序分为三个阶段叙述，后按照内容的逻辑联系，从几个方面总结完成工作情况和取得的业绩、存在的不足，最后提出今后的工作打算。文章条理清晰，内容充实。

【例文 3.5】

个人工作总结

自今年初调入×××建设公司下属的物业管理处以来，我努力适应新的工作环境和工作岗位，虚心学习，埋头工作，履行职责，较好地完成了各项工作任务，下面将任职以来的工作情况总结如下：

一、自觉加强学习，努力适应工作

我是初次从事物业管理工作，对物业管理员的职责任务不甚了解，为了尽快适应新的工作岗位和工作环境，我自觉加强学习，虚心求教释惑，不断理清工作思路，总结工作方法，现已基本胜任本职。一方面，干中学、学中干，不断掌握方法积累经验。我注重以工作任务为牵引，依托工作岗位学习提高，通过观察、摸索、查阅资料和实践锻炼，较快地进入了工作情况。另一方面，问书本、问同事，不断丰富知识、掌握技巧。在各级领导和同事的帮助指导下，从不会到会，从不熟悉到熟悉，我逐渐摸清了工作中的基本情况，找到了切入点，把握住了工作的重点和难点。

二、心系本职工作，认真履行职责

（一）耐心细致地做好财务工作。自接手管理处财务工作的半年来，我认真核对上半年的财务账簿，理清财务关系，严格财务制度，做好每一笔账，确保了年度收支平衡和盈利目标的实现。一是做好每一笔进出账。对于每一笔进出账，我都根据财务的分类规则，分门别类记录在案，登记造册。同时认真核对发票、账单，搞好票据管理。二是搞好每月例行对账。按照财务制度，我细化当月收支情况，定期编制财务报表，按公司的要求及时进行对账，没有出现漏报、错报的情况。三是及时收缴服务费。结合公司的实际，在进一步了解掌握服务费协议收缴办法的基础上，我认真搞好区分，按照鸿亚公司、业主和我方协定的服务费，定期予以收缴、催收，全年的服务费已全额到账。四是合理控制开支。合理控制开支是实现盈利的重要环节，我坚持从公司的利益出发，积极协助管理处主任当家理财。特别在经常性开支方面,严格把好采购关、消耗关和监督关,防止铺张浪费,同时提出了一些合理化建议。

(二)积极主动地搞好文案管理。半年来,我主要从事办公室的文案管理工作,上手比较快,主要做好了以下几方面的工作:一是资料录入和文档编排工作。对管理处涉及的资料文档和有关会议记录,我认真搞好录入和编排打印,根据工作需要,制作表格文档,草拟报表等。二是档案管理工作。到管理处后,对档案的系统化、规范化的分类管理是我的一项经常性工作,我采取平时维护和定期集中整理相结合的办法,将档案进行分类存档,并做好收发文登记管理。

(三)认真负责地抓好绿化维护。小区绿化工作是×月份开始交与我负责的,对我来讲,这是一项初次打交道的工作,由于缺乏专业知识和管理经验,当前又缺少绿化工人,正值冬季,小区绿化工作形势比较严峻。我主要做了以下几方面的工作:一是搞好小区绿化的日常维护,二是认真验收交接。

三、主要经验和收获

在公司工作半年来,完成了一些工作,取得了一定成绩,总结起来有以下几个方面的经验和收获:

(一)只有摆正自己的位置,下功夫熟悉基本业务,才能尽快适应新的工作岗位。

(二)只有主动融入集体,处理好各方面的关系,才能在新的环境中保持好的工作状态。

(三)只有坚持原则落实制度,认真理财管账,才能履行好财务职责。

(四)只有树立服务意识,加强沟通协调,才能把分内的工作做好。

四、存在的不足

由于工作实践比较少,缺乏相关工作经验,200××年的工作存在以下不足:

(一)对物业管理服务费的协议内容了解不够,特别是对以往的一些收费情况了解还不够及时。

(二)食堂伙食开销较大,宏观上把握容易,微观上控制困难。

(三)绿化工作形势严峻,自身在小区绿化管理上还要下更大的功夫。

五、下一步的打算

针对20××年工作中存在的不足,为了做好新一年的工作,突出做好以下几个方面:

(一)积极搞好与鸿亚公司、业主之间的协调,进一步理顺关系。

(二)加强业务知识的学习提高,创新工作方法,提高工作效益。

(三)管好财、理好账,控制好经常项目开支。

(四)想方设法管理好食堂,处理好成本与伙食的关系。

(五)抓好小区绿化维护工作。

×××

20××年××月××日

评析:

这是一篇个人工作总结。标题简洁明了。前言部分简要地概括了工作情况,主体部分层次分明、条理清晰,按照成绩、经验收获、不足和下一步打算,层层展开。其中"下一步的打算"这一部分又可看作是对未来的展望的结语。

3.2.3　病文修改

总　结

×××年各项安全保卫工作已圆满落下帷幕,我们将满怀信心、齐心协力地开创××××年的新篇章。我部门肩负着××公寓各区域的治安、消防、物业秩序维护管理及公司财产、人身安全等多项工作任务。在××××年6月1日我部门进驻××公寓以来,在公司及项目各级领导的亲切关怀、强有力的带领及其各部门全体员工的帮助和大力支持下,通过我部门全体保卫人员团结一致、共同努力,为项目顺利实现各项经营目标提供了强有力的安全保障,圆满完成了×××年度项目赋予我部门的各项工作任务。值此辞旧迎新之际,对我部门进驻××公寓的工作进行回顾,总结经验,查找不足,以利于在来年的工作中扬长避短,再创佳绩,现将我部门具体工作情况总结如下:

一、××××年区域安全保卫状况

我部门共有保安人员17名,在公司的正确领导下,认真贯彻执行公司有关规定和决策,紧紧围绕"抓队伍建设,树公司形象"的服务理念,以确保"项目顺利实现各项经营目标提供强有力的安全保障"为宗旨。全年来,共发生重大治安案件及群体性事件2起(8月25日出现我部门主管在日常管理过程中与成保人员发生冲突事件,导致成保人员集体罢工,在此次事故处理过程中,始终本着尊重事实的原则,采取谨慎、负责的态度对参与者进行了思想说服教育,并对相关责任人作出了严肃处理;9月8日因管理措施不力,出现电梯公司丢失电梯配重铁事件,但在9月10日我部门在巡视丢失电梯配重铁现场时发现,丢失的配重铁又出现在原地。此案目前公安机关正全力调查中);劝阻一起业主私自安装卫星电视接收器,及时制止散发小广告6余起并将散发人员交到城管;平息斗殴事件3起;协助开发商解决民工讨薪事件1起;为开发商、业主发现和消除各类安全隐患10余次;消防跑点演练1次;圆满完成承担大型活动安全保卫任务2次;通过我部门全体保安人员的共同努力,队伍发展不断壮大,为项目顺利实现各项经营目标和物业安全作出了贡献,为有效保障管理处的正常经营秩序提供了有力的保障。

二、坚持预防为主,狠抓安全防范

我部门全体安保人员在立足现有条件下,充分利用监控系统与人防结合,加强各区域的安全监测,发现问题及时派人察看,立即处理。

1.实行"重点目标重点管理,可疑分子跟踪监控"的原则。

2.严格落实安全保卫工作责任制。

3.建立防范体系。

4.加大巡逻检查力度。

5.加强消防安全工作。

三、狠抓保安服务质量,树立企业形象"窗口"

始终把树立企业形象放在首位,依法开展安全防范工作,抓队伍自身建设,以服务质量提升工作标准。最大限度地适应保安服务行业对安全防范方面"多层次、多形式"的需求,牢固树立以项目为家、不计个人得失的观念,全心全意为项目、业主服务;抓保安员主动服务、热情服务、爱岗敬业、忠于职守的工作道德,树立公司良好的形象"窗口"。

四、工作中存在不足

在这一年里,我部门工作取得了一定成绩,但在很多方面仍有不足之处,离项目要求还差一定距离,部分保安队员工作责任心不强,服务意识差,我部门对部分违规违纪较重、屡教不改的保安人员进行了辞退处理。

1.部门管理工作有待进一步提高。由于管理工作不到位,对员工工作的领导不力,缺乏监督检查,致使发生电梯配重铁丢失事件,造成管理处工作被动,严重影响了我部门正常工作。在出现问题后加大了管理力度,通过思想教育,组织培训,人员、岗位调整,使部门工作得到了较大改观。

2.提升业务能力,培训仍需加强。外保公司现状不容乐观,整体素质参差不齐,这些需要我们在以后的工作中加强保安人员的治安防范意识,加大业务知识的培训,把安全意识深入到每个队员思想中,落实到日常工作、生活中去。

3.服务质量需提高。在日常的工作中,还需提高服务质量,不断提升服务水平,严格要求保安人员履行岗位职责,加强保安人员的礼仪培训,提高服务意识,注重礼节礼貌等细节。

五、新年工作计划

××××年已经来临,为了确保管理处各项安保工作高效、有序的开展,为项目顺利实现各项经营目标提供坚强的安全保障,我们将着重抓好以下几个方面的工作:

1.加大管理力度,调动人员工作积极性、主动性,进一步完善安全保卫工作。

2.加强部门员工学习、训练,不断提高队伍个人素质,提高部门整体工作水平。定期进行安全、消防知识培训,不断提升业务技能,适应处理各类突发性公共安全事件,提高全体保安人员防范、处置事故的能力。

3.加强监督检查,落实工作责任制。加大安全检查力度,在日常安全巡查、设施设备检查中,发现隐患及时告知相关部门,立即整改并做好整改复查,杜绝安全隐患。

评析:

1.标题仅用"总结"过于简单。

2.前言部分不够简单扼要,空话套话过多。

3.文章主体部分脉络不清晰,逻辑混乱。前三项可分成工作成绩、经验和教训两层来安排,与第四项形成并列结构。

4.详略不当。如第二部分全是条款,没有阐述,内容空洞。

5.没有落款。

3.2.4 总结的结构和写法

常用的总结类型有全面总结、专题总结、个人总结等,其写法不尽相同。

1)全面总结

全面总结,又称综合性总结,是对一个地方、一个单位的各方面的工作情况,包括成绩和经验、缺点和教训等进行全面的总结。但是,全面总结,也要突出重点,不能面面俱到。内容包括标题、正文、发文机关署名与成文日期。

（1）标题

标题的写法主要有两种形式：

①公文式标题。公文式标题由单位名称、时间、事由、文种组成，如"物业公司 2011 年保安工作总结"，有的只写"工作总结"等。

②非公文式标题。一种是新闻式标题，如"改制转业探索创新 不断开拓物业管理市场——物业管理公司改制工作总结"，此种要注意虚题与实题的搭配；另一种是论文式标题，如"从改变行风做起，加强本系统职工队伍思想政治工作"，主题明确、思路清晰，多用于专题总结，尤其是经验性总结。

（2）正文

总结的正文一般由开头、主体两个部分组成，有的还有结尾部分。

①开头。开头又称前言或导语，一般概述基本情况和总结的缘由，交代总结所涉及的时间、地点、单位和背景，概述主要成绩等。然后以"特作如下总结"承上启下。

②主体。主体是正文的重点，有多种写作方法和结构形式。内容包括基本情况、主要成绩、主要经验和体会、存在的主要问题、对今后工作的打算及努力方向等。这部分篇幅大、内容多，要特别注意层次分明、条理清楚。

主体部分常见的结构形态有三种。

第一，纵式结构。就是按照事物或实践活动的过程安排内容。写作时，把总结所包括的时间划分为几个阶段，按时间顺序分别叙述每个阶段的成绩、做法、经验、体会。此种写法的好处是事物发展或社会活动的全过程清楚明白。

第二，横式结构。按事实性质和规律的不同分门别类地依次展开内容，使各层之间呈现相互并列的态势。这种写法的优点是各层次的内容鲜明集中。

第三，纵横式结构。安排内容时，既考虑到时间的先后顺序，体现事物的发展过程，又注意内容的逻辑联系，从几个方面总结出经验教训。这种写法，多数是先采用纵式结构，写事物发展的各个阶段的情况或问题，然后用横式结构总结经验或教训。

主体部分的外部形式，有贯通式、小标题式、序数式三种情况。

贯通式适用于篇幅短小、内容单纯的总结。它像一篇短文，全文之中不用外部标志来显现层次。

小标题式将主体部分分为若干层次，每层加一个概括核心内容的小标题，重心突出，条理清楚。

序数式也将主体分为若干层次，各层用"一、二、三……"的序号排列，层次一目了然。

③结尾。结尾是正文的收束，应在总结经验教训的基础上，提出今后的方向、任务和措施，表明决心，展望前景。这段内容要与开头相照应，篇幅不应过长。有些总结在主体部分已将这些内容表达过了，就不必再写结尾。

（3）署名和日期

如果标题中已有署名，这里可不再写。

2）专题总结

专题总结又称经验总结，是对某一项或某一方面工作经验进行专题总结。专题总结的内容比较集中,针对性、思想性和理论性较强,对相关单位的工作具有较大的指导和借鉴作用。

专题总结既可以第一人称撰写,也可以第三人称撰写。内容一般包括标题、正文和结尾。

（1）标题

专题总结的标题,侧重于经验总结。主要有两种形式:

①以总结的主题做标题。这种标题以精练的文字概括全文,集中反映总结的内容和特点,深刻揭示总结的中心思想。

②采取新闻方式的标题。有时间、引题、正题、副题,适用于第三人称撰写。

（2）正文

正文由开头、主题两大部分组成。

①开头。交代总结所涉及的时间、地点、单位、范围和基本经验,点明中心思想和主要成绩等。表述方式主要有结论式,即先作出结论,点明经验的核心,然后再论证;提问式,即先提出问题,点明经验总结的重点,然后再回答问题;对比式,即采用对比的方法,将工作中的主要情况进行对比,分出优劣,显示标题,为下文总结经验提供依据。

②主体。主体是经验总结的核心。按逻辑关系或时间顺序,将总结的内容分成若干部分,用小标题分项撰写。小标题既可是经验,也可是成绩、做法。

（3）结尾

结尾包括署名与成文日期两部分。

3）个人总结

个人总结,是对个人的工作、学习和政治思想方面的情况进行总结。既有全面的总结也有专题的、某一个方面的总结。

个人总结的结构和写法与前面的全面总结、经验总结大体相同。在撰写个人总结时,应注意:

第一,要明确总结的目的、要求。是要进行全面的总结,还是单项的总结;是以总结成绩为主,还是以查找问题为主。

第二,根据总结的目的和要求,确定不同的写作方法。个人的全面总结、专题总结与单位的全面总结、专题总结的写作方法和要求基本相同,只是个人署名和成文日期在正文之后。

第三,注意总结的结构和布局,可分段写,也可分项写,做到布局合理,结构严谨,层次分明,表述准确、恰当。要抓住主要问题,突出工作成绩和经验或思想上的收获和体会。对于失败的教训和存在的问题要抓准,实事求是;切不可透过,或只讲成绩不讲缺点,或只讲缺点不讲成绩。

3.2.5　情景写作训练

大学开始了,我发现自己最大的感悟就是迷茫,高中一天十一节课,大学一天不到四节课还迟到早退,计划订下了,每天六点半起床跑步、自习,坚持了一周就偃旗息鼓了。英语学习吃老本,计算机水平不见提高,碟子倒是看了不少,电视剧、玄幻小说没有搁下。期待的爱情没有来,为了恋爱而恋爱又不怎么情愿。天天教室、食堂、寝室三点一线,吃了睡睡了吃,每天不到晚上 12 点不睡觉,但回忆一天又好像什么也没干,学了这么久又好像什么都没学到。手机不离手,电脑随身走。宅男宅女满校园,不是女神胜似女神。但是我们依然朝气蓬勃,对明天依然满怀希望,我们开始走出象牙塔,观察体悟我们这个世界,开始睁开眼认识复杂丰富的人性,我们感受同学的友谊,对爱情仍然充满期待,感受远在他乡的父母的牵挂,我们仍旧有我们的梦想,虽然我们迷茫,虽然我们不曾经历沧桑。

请结合自己的情况,对自己的大学生活作个总结。

3.3　规章制度

> **问题思考:**
>
> 俗话说:"没有规矩,不成方圆",任何一个单位都必须有一定的规章制度。
>
> 你同意这种说法吗? 假如要你为你公司设定一份章程,你会怎么做?

3.3.1　基础知识

1)规章制度的概念

规章制度是国家机关、社会团体、企事业单位或人民群众为了管理的需要而制发的对一定范围内有关工作、活动和人们的行为作出规范要求并具有约束力的公务文书。

2)规章制度的特点

(1)权威性

规章制度属于机关事务文书,写法上没有法定公文那么严格,执行中也不像法律文书那样具有极强的法律效力。但是就一个部门、一个单位来说,规章制度无疑具有行政强制性,军队的规章制度尤其如此。为了维护规章制度的权威性,在起草时必须做到"三个明确"。

①明确领导意图。规章制度是领导者管理思想的载体、管理意图的物化。因此,规章制度的写作不仅要有本部门本单位领导的安排或授权,而且必须吃透领导意图,吃透上级或主管部门的意向、目的和要求,从而准确把握规章制度的要点和重点。这样,写出的规章制度才会站位高、权威性强。

②明确行文基调。写作前应深入了解该规章制度所针对的对象现状,要解决哪些方面的问题,需要限制的范围及程度,需要把握的侧重点或表述尺度,形成一个清晰的写作思路。对于事关全局的规章制度,写作前尤其要做好调查研究,定好写作基调。

③明确制发背景。制度管理是一个连续、系统的过程,任何部门与单位都不可能仅有一

项或一个方面的规章制度。因此,起草前应弄清楚以前是否有过这方面的规定或要求,如果有的话,应分析是否需要修订,弄清是文字提法上的修改,还是内容方面的补充、增删;是基本维持原规定的精神,还是要推翻重写;原来的规章制度有什么优点,有什么不足,等等。有时,一种规章制度会涉及好几个方面的内容,而对于同一个问题或情况的管理,又可能涉及好几种不同的规章制度,这就需要从各方面考虑内容的制约和平衡,用好有关参考资料。只有这样,订出的规章制度才会有连续性和可执行性。

（2）可行性

规章制度是要人执行的,其内容必须准确、规范,有实实在在的可行性。

首先,要有较强的针对性。内容是规章制度的内核和基础,除了必须真实准确之外,还必须有明确的指向性。同样一种规章制度,在不同的部门和单位里往往有不同的侧重点和不同的内容要求。如果其内容"千人一面""千部一腔",毫无自己的特色,那规章制度就可能成为"样子货"。只有从本单位的实际出发,写出具有针对性的制度和规定,才会言之能行,行之有效。

其次,条文内容要有依据。从某种意义上说,规章制度是法律法规和政策条文的延伸或细化,它必然具有强制性特征。因此,任何规章制度都必须有法律法规依据或政策依据,必须符合党和国家的政策、法令,不允许与之相抵触或违背。如果上级的有关规定内容已经比较具体,适用性也比较强,本部门或单位就没有必要再就同一内容作出规定和要求了。

最后,具体要求要协调。为确保规章制度的可行性,写作时必须十分注意与同类规章制度的纵向或横向联系与协调。纵向关系的协调关键在下级,下级部门和单位制定的规章制度必须符合上级部门的有关要求;横向关系的协调,重在避免几个部门从各自不同的角度和需要出发都制定了规章制度,但由于互不通气,结果出现了矛盾,发生规定"撞车"、制度"打架"现象。

（3）规范性

规章制度属于法规性文件,具有一定的约束力,因而其文字表述必须严谨、周密、规范。既要体现严肃性,又要考虑稳定性。在结构安排上,通常采用分条式叙写的方法,这就要求对条文的先后顺序、内容主次进行精心设计,十分注意句与句、段与段之间的内在逻辑关系,做到层次分明,布局合理。只有明确了写作要点,才能够写出结构体式比较规范的文稿来。

3）规章制度的分类

规章制度包括行政法规、章程、制度、公约四大类。不同的类别,反映不同的需要,适用于不同的范围,起着不同的作用。

（1）行政法规类

①条例。条例是具有法律性质的文件,是对有关法律、法令作辅助性、阐释性的说明和规定;是对国家或某一地区政治、经济、科技等领域的某些重大事项的管理和处置作出比较全面、系统的规定;是对某机关、组织的机构设置、组织办法、人员配备、任务职权、工作原则、工作秩序和法律责任作出规定或对某类专门人员的任务、职责、义务权利、奖惩作出系统的

规定。它的制发者是国家最高权力机关、最高行政机关(国务院各部委和地方人民政府制定的规章不得称"条例")。如《失业保险条例》《中华人民共和国人民币管理条例》。

②规定。规定是为实施贯彻有关法律、法令和条例,根据其规定和授权,对有关工作或事项作出局部的、具体的规定,是法律、政策、方针的具体化形式,是处理问题的法则。主要用于明确提出对国家或某一地区的政治经济和社会发展的某一方面或某些重大事故的管理或限制。规定重在强制约束性。它的制发者是国务院各部委、各级人民政府及所属机构。如《关于制止低价倾销工业品的不正当价格行为的规定》《关于出版物上数字用法的试行规定》。

③办法。办法是对有关法令、条例、规章提出具体可行的实施措施;是对国家或某一地区政治、经济和社会发展的有关工作、有关事项的具体办理、实施提出切实可行的措施。办法重在可操作性。它的制发者是国务院各部委、各级人民政府及所属机构。如《南方工业学校班主任工作考核办法》《广东省普及九年义务教育实施办法》。

④细则。细则是为实施"条例""规定""办法"作详细、具体或补充的规定,对贯彻方针、政策起到具体说明和指导的作用。它的制发者是国务院各部委、各级人民政府及所属机构。如《〈对外汉语教师资格审定办法〉实施细则》《审批个人外汇申请施行细则》。

(2)章程

章程是政府或社会团体用以说明该组织的宗旨、性质、组织原则、机构设置、职责范围等的纲领性文件,具有准则性与约束性的作用。它的制发者是政党或社会团体。如《中国共产党章程》《中国写作协会章程》。

(3)制度

①制度。制度是有关单位和部门制定的要求所属人员共同遵守的准则,是机关单位对某项具体工作、具体事项制定的必须遵守的行为规范。它的制发者是机关团体、企事业单位及其部门。

②规则。规则是机关单位为维护劳动纪律和公共利益而制定的要求大家遵守的关于工作原则、方法和手续等的条规。它的制发者是机关团体、企事业单位及其部门。如《全国安全生产委员会专家组工作规则》《南方工业学校图书馆借书规则》。

③规程。规程是生产单位或科研机构,为了保证质量,使工作、试验、生产按程序进行而制定的一些具体规定。它的制发者是机关团体、企事业单位及其部门。如《车间操作规程》《计算机操作规程》。

④守则。守则是机关团体、企事业单位要求其成员遵守的行为准则,它倡导有关人员遵守一定的行为、品德规范。它的制发者是机关团体、企事业单位及其部门。如《全国职工守则》《汽车驾驶员守则》《高等学校学生守则》。

⑤须知。须知是有关单位、部门为了维护正常秩序,搞好某项具体活动,完成某项工作而制定的具有指导性、规定性的守则。它的制发者是有关单位、部门。如《观众须知》《参加演讲比赛须知》。

（4）公约

公约是人民群众或社会团体经协商决议而制定出的共同遵守的准则，是人们为了维护公共秩序，经集体讨论，把约定要做到的事情或不应做的事情，应该宣传的事情或必须反对的事情明确写成条文，作为共同遵守的事项。它的制发者是人民群众、社会团体。如《居民文明公约》《北京市各界人民拥军优属公约》。

3.3.2 阅读与分析

【例文3.6】

×××公司章程

第一章 总 则

第一条 为加强和改善企业经营管理，适应改革开放需要，促进企业健康发展，根据《中华人民共和国企业法人登记管理条例》和国家有关法律、法规、规章规定，制定本章程。

第二条 本企业名称为×××公司。公司办公地设在：×××。

第三条 公司经济性质是×××，经登记主管机关核准登记，实行独立核算、自主经营、自负盈亏、独立承担民事责任。

第四条 公司的经营宗旨是：质量第一，用户至上，信守合同。

第五条 根据党在社会主义初级阶段的路线，坚持改革、开放、搞活经济的总方针，贯彻执行国家计划、法律、法规、规章规定，接受工商、税务、财政、审计、银行等有关部门依法进行监督管理。

第二章 组织机构及职权

第六条 实行经理负责制。设立经理一名，经登记主管机关登记注册，取得企业法人的法定代表人资格，是代表企业行使职权的签字人，在公司中处于中心地位。对公司的各项工作负有全面责任。

第七条 经理享有章程规定的全部权限。同时，必须履行章程条例规定的全部职责。

第八条 公司建立以经理为首的生产经营管理系统。在经理领导下，设立下列管理、生产和分支机构：

1. 管理机构：经理办公室、技术科、质量安全科、财务科、预决算科、材料运输科。

2. 生产机构：钢筋、木工、瓦工、机修车间、生产基地。

上述各机构各负其责，各部门领导对经理负责。

第九条 公司通过职工代表大会，实行民主管理。经理应定期向职工代表大会报告工作，听取意见，组织实施职工代表大会在其职权范围内作出的有关决定，负责处理职工代表大会提出应由行政方面处理的提案，接受职工代表大会的监督。

第十条 职工代表大会的工作机构是公司工会委员会。工会和职工代表大会有权依法对企业全部的生产经营活动进行监督，提出合理化建议，维护公司和职工的合法权益，促进生产的发展。

第十一条 职工代表大会具有以下民主权利：

听取和审议经理关于公司经营方针、长远规划、年度计划、基建方案、重大技术改造方案、职工培训计划、留用资金分配和使用方案。对承包和租赁经营责任制方案的报告，提出意见和建议。

　　第十二条　职工代表大会应当支持经理依法行使职权,教职工以主人翁从事劳动,遵纪守法,恪守《全国职工守则》和职业道德,完成生产和工作任务。

第三章　生产经营管理

　　第十三条　本公司为市属第一建筑公司下属房屋建筑安装企业,要通过市场竞争,提高工程质量和服务质量,努力创造条件晋升为标准房屋建筑企业。

　　第十四条　生产经营范围和经营方式。

　　主营:房屋建筑工程和水电安装工程。

　　兼营:钢筋、建筑机械维修。通过登记主管机关登记注册,从事生产经营活动,其合法权益受国家法律保护。

　　第十五条　执行国家有关基本建设建筑安装工程各项法规条例,做到以质取胜,安全生产。

　　第十六条　执行《中华人民共和国经济合同法》,加强合同的管理工作,做到"重合同、守信用"。

　　第十七条　为了更好地调动职工的社会主义劳动积极性,鼓励先进,按照国务院颁布的《企业职工奖惩条例》和《企业规章制度》,对符合其奖励条件的职工给予奖励。

　　为了严肃纪律,保证企业生产经营的顺利进行,根据《企业职工奖惩条例》,对违反《企业规章制度》的职工,按其规定给予惩罚。

　　第十八条　实行集体所有制财务管理制度,正确处理国家、集体、个人三者之间的关系。维护企业财产安全,开展经济核算,增收节支,努力提高经济效益。固定资产及自有流动资金来源于公司历年积累。

　　第十九条　实行以集体所有制固定为主的用工形式,公司实行计时和计件两种工资制度。即施工员及管理人员,按照国家规定标准等级工资以月或日计算。其他生产工人,按照国家规定建筑施工定额工资以完成工作量计算。

第四章　附　则

　　第二十条　公司因歇业、被撤销、宣告破产或其他原因终止营业活动,由企业及主管部门会同有关部门清理债权债务,并出具负责清理债权债务文件或清理债权债务完结证明,在三十日内持有关文件向登记主管机关办理注销登记手续。

　　第二十一条　本章程由经理扩大会议讨论制定,公司职工代表大会审议通过,并经企业行政主管部门审查批准,登记主管机关登记注册,即发生法律效力,公司全体成员都必须严格遵守。

　　第二十二条　本章程有关事项如与登记主管机关核发的《营业执照》相抵触,以《营业执照》为准。

×××公司(公章)

法定代表人(签章)

××××年××月××日

评析：

这是×××公司的章程。标题简单明了，彰显出文种特性。该章程的写作采取了章条式，属于规范性规章制度的范畴。这一章程的最大特点是内容翔实，对公司的性质、宗旨、任务、组织结构、组织成员、权利、义务、纪律及活动规则等作出的规定，具有很强的规范性和约束力。

3.3.3 病文修改

安全保卫制度

一、安全保卫工作，要认真落实责任制。总经理是公司安全保卫的第一责任人，应把安全保卫工作切实提上议事日程，进行研究、部署，对本公司的安全保卫工作负全责。

二、成立以总经理任组长、副总经理任副组长、各部门负责人为成员的安全保卫工作领导小组，定期检查安全保卫工作，投资发展部主任、办公室主任、市场营销部主任分别是文苑小区、会议中心、售房市场的安全保卫责任人。发现问题，及时采取措施解决。

三、落实防火措施，会议中心等重要场所设置的消防栓，不得用作他用，专人应定期检查消防栓是否完好无损；配备的各种灭火器，要更换灭火药物；防火通道必须保持畅通，严禁堆放任何物品堵塞防火通道。

四、根据实际需要，办公室主任兼职安全保卫干事，负责安全保卫工作，切实负起安全保卫责任。

五、做到安全用电：

1. 电线、电器，应及时更换；

2. 严禁擅自私接电源和使用额外电器，不准在办公场所使用电炉；

3. 会议中心、配电房等重地，严禁吸烟和使用明火，不得随意进入。

六、落实防盗措施：

1. 财务室要安装防盗门窗和自动报警器，下班时要接通报警器的电源；

2. 重要部门的房间要设置防盗门窗，办公房间要关好门窗和电灯；

3. 公司财物不得随便放置，重要文件及贵重物品必须锁好；

4. 车辆停放时应采取必要的防盗措施。

七、安全保卫人员要有高度的责任感，经常检查、督促安全保卫措施的落实情况，发现问题，及时消除隐患。因对工作不负责任而造成事故的，一律追究责任；情节严重构成犯罪的，移交司法部门追究刑事责任。

八、全体员工都有遵守本制度及有关安全规范的义务。凡违章造成事故的，一律追究责任；情节严重构成犯罪的，移交司法部门追究刑事责任。

评析：

1. 没有公司制定安全保卫制度的依据、目的、背景等。

2. 表达不清楚，如"要更换灭火药物""电线、电器，应及时更换""会议中心、配电房等重地，严禁吸烟和使用明火，不得随意进入""办公房间要关好门窗和电灯"等。

3. 材料安排不当，逻辑混乱。

4. 没有落款。

3.3.4 规章制度的结构和写法

规章制度一般由标题、日期和正文三部分构成。

1)标题

规章制度的标题即是规章制度的名称，一般由单位、内容性质和文种名称组成。如《××直属单位保密工作细则》《××师院管理规定》等。有的规章制度属于试行、暂行或草案，应在标题中指出。

2)日期

规章制度必须注明制定或颁布的具体时间，以便于贯彻落实。

3)正文

各种规章制度的正文机构大体类似，都是以条文的形式写成，一般由总则、分则、附则三部分组成。

（1）总则

总则主要写明制定本章程的目的、根据，明确工作的基本方针、基本任务，以及文件的适用范围和执行的办法等原则性的规定。其具体写法可以灵活，有的可以单列一章，下面再分若干条文来写；有的也可以采用导语、序言的形式，将总则部分的内容用一段文字加以概括，放在具体条文之前。

（2）分则

分则主要写明规章制度的具体内容，都是由若干章、节和条款组成的，占正文的主要篇幅。具体的写法要根据内容的多少繁简而定。有的可以分章列条来写；有的也可以不分章、节，只列若干条文，每一个条文写一个具体问题。总之，分则部分分章、分节时，要为每一个章、节拟出一个小标题，使眉目清晰；每个章、节里的条款次序，应当按其内容的联系和逻辑顺序加以排列；条文的编号，无论是否分章分节，所有的条文都应统一连续编排序号，每个条文中的各款，可以分别各条单编顺序号，以方便引用。

（3）附则

附则主要规定本规章制度的执行时间，宣布原有的与这个文件相抵触的规定同时作废，写明修改、补充、解释权，以及对违反规定者的处理规则等。

3.3.5 写作情景训练

××城市投资公司为规范员工行为，想拟定一份公司章程。请你以该公司文员身份，帮其拟定这份公司章程。

3.4　启　事

3.4.1　基础知识

1)启事的概念与特点

（1）概念

启事是机关团体、企事业单位或公民个人有事情向公众说明,或者请求有关单位、广大群众帮助时所写的一种说明事项的实用文体。

"启",即告知、陈述的意思;"事",即事情。从命名可以看出,启事是公开的,可张贴在公共场所或刊登在报刊上,也可在电视、电台上播报。当前,在互联网上发布是比较方便快捷的流行方式之一。

在什么情况下要写启事? 一是"有事需要公开说明或有问题要人们帮助解决";二是这个"公开说明"必须"用简明的文字",让很多人都知道。

启事具有广告性质和传递信息的作用。凡是需要公众知道,求人协助办理的一般事项,都可采用启事。正是其具有广告性质,有的启事可代替广告,但广告不能全代替启事用。如"寻人启事"不能写成"寻人广告","征婚启事"不能写成"征婚广告"等。

（2）特点

随着生活的丰富和工作节奏的加快,启事的使用日趋广泛,具有广泛告知性、语言平实性和篇幅短小性的特点。

①广泛告知性。启事是因事向社会、商务组织、社会团体、公众等公开告知时使用的,大多涉及一些日常普通的事项,希望他人了解或协助办理,用途广泛,告知性强,不具有强制性和约束力。

②态度诚恳,语言平实。启事使用平实的语言,以诚恳的态度说明情况或表述意见,不能居高临下,也不需渲染夸张,做到准确清楚即可。

③一事一启,篇幅短小。启事必须一事一启,简洁单一,不能多个事项混在一起。其篇幅大多短小,只求把基本内容表达完整、清楚,竭力做到一目了然,这样既能方便读者阅读,同时还可以在刊登时节约版面费用。

2）启事的分类

启事的种类繁多，按不同标准分为不同的种类。

按性质可分为：公务类启事、个人事务类启事。

按照内容可分为三大类：寻找类，如寻人、寻物启事；声明类，如作废、辨伪、迁移、更名、更期、更正、开业等；征招类，如招生、招聘、征集、征婚等。

按照和读者的关系可以分为征招性启事和告知性启事。征招性启事是根据机关、商务组织、社会团体、个人需要公开向社会征集或者招引合乎条件的人或事等内容的文书，如招聘启事、征稿启事、征婚启事、征订启事、招生启事、招标启事、招商启事等。告知性启事是为了向社会公布或者公示信息以引起注意时采用的文书，如开业启事、更名启事、迁址启事、寻人启事、寻物启事等。

按公布的方式可分为：张贴启事、报刊启事、广播启事、电视启事等。

3.4.2　阅读与分析

【例文3.7】

××商城招商启事

由国家技术监督局、中国技术监督情报协会与北京盛金丰工贸公司联办的××商城，位于北京繁华的商业黄金地段——西四东大街××号。北京××商城是全国唯一经国家工商行政管理部门批准以"××商城"注册命名并在整个经营管理过程中贯彻"保真进货、保真销售、保真服务"三位为一体的新型商业企业。首批招商将遴选30余家生产金银珠宝、化妆品、真皮制品、羊绒制品、羊毛制品、真丝制品及烟酒食品、家用电器的企业，欢迎前来接洽。

地址：北京××街××号　邮编：100000

联系人：张小姐

联络电话：××××，××××

北京××商城招商处
××××年××月××日

评析：

这是一则招商启事。标题醒目地告知是"××商城"的招商启事，正文详细告知了商场所属单位、商城地址、经营管理特色、招商范围、联系地址、联系人等，让阅读者一目了然，印象深刻。

【例文3.8】

××公司地址搬迁启事

因我司业务发展需要和公司规模的扩大，自××××年××月××日起，公司将搬迁至新的办公地址，具体联系方式不变。给您带来的不便，我们深表歉意！我司将竭诚为各位提供更加满意的服务与合作，并再次感谢您长期以来给予的支持与关注！

公司新地址：××省××市××区××路××号××大厦××楼

××公司
××××年××月××日

评析：

这是一则公司地址搬迁启事。简明扼要地说明了搬迁的目的、联系方式、公司新址。条理清晰、语言简练。

3.4.3 病文修改

×××公司招聘启事

招聘职位：

区域销售经理:2人。

职位要求：

1）年轻,市场营销管理或土木工程专业专科以上学历。

2）有工程类销售经验。

3）对建筑工程类材料产品有一定的了解。

4）责任心强,吃苦耐劳,能承受一定的工作压力。

5）工作有热情,具备极强的敬业精神。

评析：

1.内容上欠缺,缺乏招聘方的具体信息,如招聘方的业务、工作范围及地理位置等没有介绍,显得诚意不足。

2.对招聘对象的职位要求不明确,无法量化,缺乏科学性和可行性。

3.招募人员受聘后的薪资待遇文中无介绍。

4.应聘人员须交验的证件、应聘的手续以及应聘的具体时间、联系地点、联系人、电话号码等欠缺。

5.落款（右下角）应当注明时间。

总之,本则招聘启事内容缺失,未遵循实事求是的原则,无可操作性。

3.4.4 启事的结构和写法

启事一般包括标题、正文、结尾和落款四个部分。

1）标题

写法灵活,主要有以下几种形式：

①标题直接写"启事"或加上启事的事由,如《寻物启事》《招聘启事》《遗失启事》等。

②发布者＋事由＋启事,如《×××公司更名启事》《×××酒店招聘启事》等。

③单写事由,如《寻物》《招聘》等。

因事情重要和紧迫,可在"启事"前加"紧急"或"重要"字样。

2）正文

启事的正文主要写明启事的事项,要求写得具体、明确、简练。

（1）征招类启事

一般来说须具备以下几项内容：征招原因、目的或意义、征招对象、征招条件或要求等,如例文 3.7。

（2）告知性启事

告知性启事只需简洁明了地说明要告知的事项即可，要做到简洁、清楚、规范，如例文3.8。

正文写法多样，要根据相应种类安排内容，可以分段写，也可以分条列项书写，关键在于具体、清楚、明白、准确、简练、通俗。

3）结尾

启事的结尾一般写明联系地址、电话、传真、联系人姓名等。

4）落款

落款一般在正文下署名、署时即可。如在标题中已经标明发布者，则不需要再署名；启事在新闻媒体上发布，也可不署时。

3.4.5 启事撰写的注意事项

1）内容具体清楚，遵循实事求是的原则

启事是为了"向社会公开说明某事或请求帮助""希望和相关的人或者单位联系和沟通"而写作的。为此目的，其内容务必写得具体清楚，实事求是，既不夸大也不缩小。比如"寻物启事"就需要实事求是写明丢失物的名称、外观、规格、数量、品牌等，同时写明丢失的原因、时间和具体地点，交代清楚拾物者送还的具体方式，或注明发文者的详细地址、联络方式等。

2）表达准确简练，通俗易懂

启事的语言表达要尽可能准确简洁，做到通俗明白。

3）一事一启，态度诚恳

启事要求一事一启，不能把多件事放在一起。有些启事是请求帮助的，比如"寻人启事""寻物启事"等，行文态度要诚恳、有礼。

另外，启事的各项内容可标项分条列出，使之醒目；也可用不同的字体列出以求区别。

3.4.6 写作情景训练

××城市投资公司主要从事城市市政设施的建设及管理工作。因工程建设需要，在××区××路××片区拟进行大规模拆迁，请代该公司写一则《拆迁启事》在××报刊上发布。

3.5　感谢信

问题思考：

　　3 月 24 日中午,王××在第一中学接小孩时不慎丢失了钱包,后被该校二年级六班的林××同学捡到,交给了老师;后经几番周折,钱包物归原主。王××被林××同学拾金不昧的精神感动,想写一封感谢信给学校。

　　你觉得王××应该怎样写这份感谢信?

3.5.1　基础知识

1)感谢信的概念和特点

（1）概念

感谢信是向帮助、关心和支持过自己的集体(党政机关、企事业单位、社会团体等)或个人表示感谢的专用书信,有感谢和表扬双重意思。

写感谢信既要表达出真切的谢意,又要起到表扬先进、弘扬正气的作用。它广泛应用于个人与个人之间、个人与组织之间、组织与组织之间,用以向给予自己帮助、关心和支持的对方表示感谢。

（2）特点

①感谢对象要确指。感谢信都有确切的感谢对象,以便让大家都清楚是在感谢谁。

②表述事实要具体。感谢别人是有具体的事由的,否则就会显得抽象空洞。

③感情色彩要鲜明。感动和致谢的色彩强烈鲜明,言语充满感激之情。

2)感谢信的分类

感谢信依据不同的标准可以有不同的分法。

（1）按感谢对象的特点与范围来分

①写给集体的感谢信。这类感谢信一般是个人处于困境时,得到了集体的帮助,并在集体的关心和支持下,自己最终克服了困难,渡过了难关,摆脱了困境,所以要用感谢信的方式表达自己的感激之情。

②写给个人的感谢信。这类感谢信,可以是个人、单位或是集体为了感谢某个人曾经给予的帮助或照顾而写的。

（2）按感谢信的存在形式来分

①公开张贴的感谢信。这种感谢信包括可在报社刊登、电台广播或电视台播报的感谢信,是一种可以公开张贴的感谢信。

②寄给单位、集体或个人的感谢信。这种感谢信直接寄给单位、集体或个人。

3.5.2 阅读与分析

【例文3.9】

感谢信

尊敬的上海××建筑安装工程有限公司领导：

您好！贵公司此次承担了我们社区的老小区综合改造工程,这次由政府出资改善老小区,让小区面貌焕然一新,提高了社区居民的生活质量,甚是欣慰。施工期间贵公司高标准、严要求、积极主动、注重实效、卓有成效。所以十分感谢贵公司的辛勤付出。期间涌现出了一批抓管理、讲规范、重质量、敬业奉献的施工队伍和施工员,他们为改造工作的顺利有序进行作出了贡献。

其中项目经理陈志良、施工员史耀方和安全员汤仁富就是其中的楷模,他们在小区综合改造工程中为贵公司赢得了声誉,树立了良好形象。在带领施工队进驻小区后,凭借多年的施工管理经验,精心组织施工、细化施工管理、安全文明施工。他们与所属的施工人员不怕苦、不怕累,发扬腿勤、嘴勤、眼勤、讲奉献的工作作风,做好每一施工环节。为创造良好的外部环境,确保改造工作顺利进行,他们耐心细致地向周围群众做好宣传解释工作。施工中牢固树立服务意识,以人为本,想群众所想,急群众所急,针对居民的一些合理要求都予以满足,受到了居民的一致好评。

辛勤的汗水使他们得到了社区居民的一致赞誉和对贵公司领导的赞赏,拥有了属于自己打造出来的品质工程。正是有了他们这样一批脚踏实地、甘于奉献、服务于民的施工人,才使我们的生活环境得到了进一步的提高。

我们要向贵公司的领导和这些施工队员表示最诚挚的感谢,感谢你们培养出这么好的施工队和员工,感谢你们付出的辛勤劳动。

祝贵公司心想事成,事业蒸蒸日上！

此致

敬礼

社区全体居民
20××年×月×日

评析：

这封感谢信结构完整,由标题、称谓、正文、结语、署名与日期五部分构成;以感谢为主,兼有表扬,表达谢意真诚,内容真实,评誉恰当。用语适度,叙事精练。具体叙述对方的先进事迹时以主要事迹为主,详略得当,叙述时交代清楚了人物、事件、时间、地点、原因和结果,在叙述事实的基础上指出对方的支持和帮助对整个事情成功的重要性以及体现出的可贵精神。

3.5.3 病文修改

给每立方装饰全体员工的感谢信

我是李哥,你们装修过的一位客户,家住西坝岗博阳小区。我家装修长达半年之久,是因为那段时间我太忙,加上个人私事给耽误了,虽然这么久,但你们没有催过我一次。以前听朋友说装修公司就是为了赚钱,装修怎么省钱怎么装,但是我遇到了每立方装饰的你们。

从一开始联系的小余,你让我有一种特别的亲切感,是你让我信任你们公司之后再选择了你们公司,在这之前你很用心地为我家装修跑前跑后,看房时我们约好中午 12 点见面,但那天因为工作原因我没能准时到,刚好还下大雨,但你依然在房门口等我到下午 6 点,等我忙完想起来的时候发现手机没电了,我回家充完电给你打电话才知道你还在房门口等着。虽然作为客户,我那时心里还是很惭愧很感激,从那会开始我觉得你们公司值得我信任。

接下来是设计师小姜,一个年轻漂亮的小姑娘,在交流过程中我发现你很细心地提出了很多建议,这是正常装修中作为客户的我想不到的。之前也听朋友说过装修公司的增项多,前期预算都很低,到施工完后有很多增项,但是我遇到了每立方装饰的你们。是小姜你,毫不遮掩地告诉我装修中的细节,告诉我施工中想不到的东西,你从一见面就说你们公司的预算不能说是最低的,但肯定是最全的,而且肯定没有增项。装修中小项细项太多,你都一一细心地给我讲解。之前我也找过两家装修公司,尽管他们讲的都头头是道,但看到效果图,我就知道基本都是 PS 的或者是从网上下载的。从我看见你给我家做的效果图后,我就知道你是真正做设计的,真正让客户感觉到一个家经过设计师的设计和创造后会变得多么漂亮。在这里我真心地感谢你——小姜,是你让我拥有这漂亮的家。

然后是监理小李,感谢你的用心,才能让我家装得这么好,施工得这么过硬,说起你,我还欠你一顿饭,回头李哥一定会给你补上。在这过程中你不管是烈日,还是暴雨,都风雨无阻地时刻为我家的装修把关,我经常忙,有时候有些需要我买的东西都是让你给代买的,而且都比我买的便宜,你这么辛苦地帮李哥,李哥其实心里都明白都知道,在这里我再次真心地感谢你——小李。

祝每立方装饰事业蒸蒸日上,前程远大,一帆风顺!

此致

敬礼

李华

评析:

1. 本感谢信没有称谓。

2. 敬礼要顶格写。

3. 内容与题目有出入,题目是"给每立方装饰全体员工的感谢信",信里只感谢了其中几名员工,详略处理失当。

4. 在感谢小余、小姜的事迹中,未写清楚从中表现了对方哪些好思想、好品德、好风格。

5. 未署日期。

6. 语言太随便,如"我是李哥",显得不庄重严肃,使得感谢色彩淡薄。

3.5.4 感谢信的结构和写法

感谢信通常由标题、称呼、正文、结语和落款五部分构成。

1)标题

感谢信标题的写法有这样几种形式:"感谢信",单独由文种名称组成;"致×××的感谢信"，由感谢对象和文种名称共同组成；"××街道致××剧院的感谢信"，由感谢双方和文种名称组成。

2）称呼

开头顶格写被感谢的机关、单位、团体或个人的名称或姓名，并在个人姓名后面附上"同志"等称呼，然后再加上冒号。

3）正文

感谢信的正文从称呼下面一行空两格开始写，要求写上感谢的内容和感谢的心情，应分段写出以下几个方面：

（1）感谢的事由

概括叙述感谢的理由，表达谢意。

（2）对方的事迹

具体叙述对方的先进事迹，叙述时务必交代清楚人物、事件、时间、地点、原因和结果，尤其重点叙述关键时刻对方给予的关心和支持。

（3）揭示意义

在叙述事实的基础上指出对方的支持和帮助对整个事情成功的重要性以及体现出的可贵精神，同时表示向对方学习的态度和决心。

4）结语

结语写表示敬意的话或感谢的话，如"此致敬礼""致以最诚挚的敬礼"等。

5）落款

感谢信的落款署上写信的单位名称或个人姓名，并且署上成文日期。前者在上，后者在下。

3.5.5　感谢信撰写的注意事项

1）内容要真实，评誉要恰当

感谢信的内容必须真实，确有其事，不可夸大溢美。感谢信以感谢为主，兼有表扬，所以表达谢意时要真诚，说到做到。评誉对方时要恰当，不能过于拔高，以免给人一种失真的印象。

2）用语要适度，叙事要精练

感谢信的内容以主要事迹为主，详略得当，篇幅不能太长，所谓话不在多，点到为止。感谢信的用语要求精练、简洁，遣词造句要把握好一个度，不可过分雕饰，否则会给人一种不真实、虚伪的感觉。

3.5.6 写作情景训练

费××是内蒙古某科技学院××××级的大学生。当他考上大学那年,母亲积劳成疾,而父亲在一次车祸中双腿残废,整个家庭仅有微薄收入,经济状况非常困难;而且家里还有一个哥哥也在上大学。巨大的经济压力使得父母实在缴不起高昂的学费。这时,学校提供了助学贷款,从而使其燃起了上学的希望。

请你帮费××写一封贫困生助学贷款成功后的感谢信。

3.6 求职信

> **问题思考:**
>
> 杨 A 同学经过3年学习,明年6月即将毕业。一日,在学院就业指导中心,他看见了一则招聘信息:深圳市天堑房地产开发公司因业务发展需要招聘预算员3名,有实践经验的应届大学生优先考虑。联系人:人力资源部何先生;联系电话:0755-27588852。看见这则信息之后,杨 A 运用他已经学到的求职信的知识,准备给这家公司的人事部门写封求职信。
>
> 假如你是杨 A,你该怎么来写呢?

3.6.1 基础知识

1)求职信的概念

求职信又称"自荐信"或"自荐书",是求职人向用人单位自荐自己情况以求录用的专用性文书。求职信是一种随着社会经济的发展而产生的新的日常应用文体,使用频率极高。随着改革开放的不断深入,人才的流动日益频繁,求职已成为一种社会化的活动。在美国、日本等发达国家,求职不仅是行为科学研究的重要内容,还已发展成为一种专门的艺术——求职艺术。

2)求职信的特点

求职信写作时要讲究针对性、推荐信和独特性。

(1)针对性

求职信要有针对性。针对性是指要针对求职单位的实际情况、读信人的心理和个人的求职目标来写;否则,求职信就会因为针对性不强而石沉大海。而且,求职信还要针对不同企业、不同职位,其内容要有所变化,侧重点有所不同,使对方觉得你的经历和素质与所聘职位要求相一致,因为很多企业招聘所需要的不是最好的员工,而是最适合所聘工作的人。

（2）推荐性

求职信要有推荐性。求职信是沟通求职者和人事主管的一种媒介。在互不认识,互不了解的情况下,求职者要在求职信中善于表达自己,推荐自己,使对方在并未谋面的情况下,通过求职信了解其特长、优势和能力,从而产生一种值得试试的心态。

（3）独特性

求职者千千万,求职就像在过独木桥。要想在激烈的竞争中取胜,在众多求职者中脱颖而出,那就必定出类拔萃,与众不同。这一点要在你的求职信中得到充分体现,不仅内容,甚至形式上都要有独特新颖的创意。

3.6.2 阅读与分析

【例文 3.10】

求职信

尊敬的领导:

您好!

我是××资源环境职业技术学院的一名应届毕业生,专业是地下工程与隧道工程,今年7月份毕业。看到贵公司刊登在×月××日《××日报》上的"招聘工程预算员启事",我认为自己的条件已符合贵公司的要求,为此不揣冒昧,向您寄上我的求职信。

在校期间我学习了地下工程施工技术、地下工程施工结构、建筑材料、工程招投标与合同管理、矿山测量、AUTOCAD2008、高等数学、大学外语、岩体力学、工程制图、工程爆破、土力学地基基础、工程造价、水文水利学等,并具备较好的英语听、说、读、写、译等能力;能熟练操作计算机办公软件。同时,我利用课余时间广泛地涉猎了大量书籍,不但充实了自己,也培养了自己多方面的技能。

我热爱贵单位所从事的事业,殷切地期望能够在您的领导下,为这一光荣的事业添砖加瓦,并且在实践中不断学习、进步。

我相信像贵单位那样重能力、重水平、重开拓,有潜力、有远见的单位,一定会把能力、水平与经验等同视之,给新人一个机会。一颗真挚的心在热切期待您的信任,一个人的人生在等待您的改变。可否面试,静候佳音。

此致

敬礼

王××

2012 年 3 月 15 日

附件:

1. 个人简历

2. 学习成绩单

3. 英语六级证书复印件

4. 各项获奖证书复印件(×件)

5. 已发表论文复印件(2 篇)

通讯地址:××市××路××学院××系01级王××

邮　　编：×××××
电　　话：×××-×××××××
手　　机：138××××××××
电子邮箱：××××××××

评析：

这是一份自荐信。全文用语礼貌、得体，态度诚恳、热情。结构完备，尤其主体部分将自己最大的优点显示出来了。

3.6.3　病文修改

求职信

尊敬的××集团领导：

您好！

我是来自××大学××学院的一名应届毕业生，想应聘贵集团下属××分公司的管理类职位。

××集团创建于1968年，1980年正式进入房地产业，经过几十年的奋斗，××发展成为今天涉足房产、物流等领域的大型综合性现代化企业集团，成为中国最具规模的房地产上市公司之一。

有感于××的人才理念"以人才成就事业，以事业成就人才"，我相信，××今天的成就与其重才爱才、视人力资源为第一资源的人才观息息相关。××员工的共同努力开创了××蒸蒸日上的事业，而××也致力于为员工创造个人发展机会。这样一种企业文化，企业氛围正是我所追求的，于是我走进××。

今年10月21日下午，阴霾小雨天，却丝毫没有减退我走进××的期盼心情，我准时到达××宣讲会。会场的布置给我一种安全、宁静和快乐的感觉。"放飞美的梦想，成就精彩未来"，××的口号让人热血沸腾。细心聆听前辈的介绍和解答，我了解了××的品牌个性，"以亲和力为基础，好奇的、探索的、进取的、细心的"。我想，这应该也是××对人才素质的要求。而这些，也正是我大学四年自我塑造所努力的方向。

本科四年我攻读的是××学士学位，专业课的成绩特别是在我院××教研室首席教授××导师的指导下进行的将近一年的实验研究工作，培养了我的创新能力和逻辑思维能力，也塑造了我勇于探索、实事求是、一丝不苟的科学精神；同时，我善于自我管理，善于分配和规划时间提高效率，因而在完成专业学习之余我还适当参加了学生工作和社团活动，在各种组织中担任过一些管理和领导者角色，这些经历赋予我较强的交际能力、管理组织能力、协调能力、抗压能力、适应不同环境的能力以及良好的心理素质。

我相信诚实正直的品质能为公司发展做正确的事，将为公司和个人带来共同的成功。我有一份勇气和自信面对激烈竞争与挑战！

诚挚期盼，静候佳音！

×××
2012-5-23

评析：

1. 这份求职信最失败的地方是官话和套话太多。

2. 称呼语为整个集团，而初次阅读求职信的注注是基层员工，称呼其为"招聘负责人"更合适。

3. 第一段内容展示你对公司的认同或体会，比直接在网上下载的歌颂之词来得真诚。

4. 展示自己的优势时，没有任何数字与细节支持，让人觉得你只在自夸；而且一段文字中罗列了十多个优点，重点优势不明显。

5. 日期中缺乏"年""月""日"三字。

3.6.4 求职信的结构和写法

求职信一般由五部分组成，即称呼、正文、结尾、附件、落款。

1）称呼

称呼是对读信人的称呼。称谓写在第一行，要顶格写受信者单位名称或个人姓名。单位名称后可加"负责同志"；个人姓名后可加"先生""女士""同志"等。在称谓后写冒号。求职信不同于一般私人书信，受信人未曾谋面，所以称谓要恰当，郑重其事。

2）正文

①正文要另起一行，空两格开始写求职信的内容。正文内容较多，要分段写。

a. 写求职的原因。首先简要介绍求职者的自然情况，如姓名、性别、年龄等；接着要直截了当地说明从何渠道得到有关信息及写此信的目的。这段文字是正文的开端，也是求职的开始，介绍有关情况要简明扼要，对所求的职务，态度要明确；而且要吸引受信者有兴趣将你的信读下去，因此开头要有吸引力。

b. 写对所谋求职务的看法以及对自己的能力要作出客观公允的评价，这是求职的关键。要着重介绍自己应聘的有利条件，要特别突出自己的优势和"闪光点"，以使对方信服。如："我于 1996 年 7 月毕业于东北财经大学财会专业。毕业成绩优秀，在省级会计大奖赛中获得'能手'嘉奖（见附件），在海南金融杂志上发表过多篇学术论文（见附件）。我在有关材料上看到过关于贵公司的情况介绍，我喜欢贵公司的工作环境，钦佩贵公司的敬业精神，又很赞赏贵公司在经营、管理上的一整套的切实可行的规章制度。这些均体现了在当前改革开放的经济大潮中，贵公司的超前意识。我十分愿意到这样的环境中去艰苦拼搏；更愿为贵公司贡献我的学识和力量。我相信，经过努力，我会做好我的工作的。"写这段内容，语言要中肯，恰到好处；态度要谦虚诚恳，不卑不亢，达到见字如见其人的效果。要给受信者留下深刻印象，进而相信求职者有能力胜任此项工作。总之，这段文字要有说服力。

c. 向受信者提出希望和要求。如"希望您能为我安排一个与您见面的机会""期盼您的答复"或"静候佳音"之类的语言。这段属于信的内容的收尾阶段，要适可而止，不要啰唆，不要苛求对方。

②求职信的正文是求职能否成功的关键，故在写作中可以采用一些写作技巧。

a. 以"情"感人。人际关系是人与人之间情感的凝结。作为求职者，在相互陌生的情况下,要以情感人,关键是两点,一是把握用人者的心理,投其所好,根据用人单位的需要、岗位的需要来介绍自己能够胜任岗位的优势和潜力;二是寻找共同点,引起共鸣。

b. 以"诚"动人。求职信的"诚"主要表现在"诚意"和"诚实"两层含义。"诚意"就是要求态度诚恳,不能夸夸其谈;"诚实"就是要如实写出你想从事某项工作所具备的条件,以及选择某项工作的原因,或者是为了发挥某项专长或特长,或者是为了照顾家里的老父老母,或者是受对方单位的某些优越条件的吸引,等等。诚实永远是人们追求的最美好的品质,更是用人单位衡量求职者的重要标准。

③以"美"迷人。一封文情并茂的求职信,往往会让人爱不释手。要使信写得"美",应力求做到:语言要饱含感情,在求职信中,适当地选用一些谦词、敬辞,如"恳请""敬请""您""贵公司"等,以表达谦和亲切、相互尊重的气氛。语言要富于生气,不要死板呆滞;要适当运用成语和引用名人名言,使语言表达更精湛、凝练、形象、上口。

3)结尾

结尾另起一行,空两格,写表示敬祝的话。如"此致"之类的词,然后换行顶格写"敬礼",或祝"工作顺利""事业发达"等相应词语。这两行不加标点符号,不必过多寒暄,以免"画蛇添足"。

4)落款

落款即署名和写日期,写在信的右下方。姓名写在上面,成文日期写在姓名下面。姓名前面不必加任何谦称的限定语,以免有阿谀奉承之感,或让对方轻看你的能力;成文日期要年、月、日俱全。

5)附件

有说服力的附件是求职者能力鉴定的有力凭证,故求职者的附件是不可忽视的组成部分;附件可在信的结尾处注明。如:附件1.××××××××××××;2.××××××××;3.×××××××……然后将附件的复印件单独订在一起随信寄出;附件不需太多,但必须有分量,足以证明你的才华。

3.6.5 求职信撰写的注意事项

①根据求职的目的来布局谋篇,把重要的内容领先放在首要位置,并加以证实。

②善于换位思考,从用人单位角度考虑问题,有针对性地提供自己的背景材料,表现出独到的智慧和才干。

③书写清晰、简单明了,避免使用术语和过于复杂的复合句;意思表达要直接简洁。这样能表现出求职者珍惜他人的时间。切忌长篇大论,篇幅控制在一页以内(附件除外)。

④字迹要工整。洁净秀丽的字体本身就是一封最好的"介绍信",容易给人留下良好的第一印象。

⑤留联系方式。求职信一定要写清联系方式,包括邮编、通信地址、电话等。

3.6.6 写作情景训练

××服装厂：

前天接到我的老同学××的来信，说贵厂公开招聘生产管理员。我是××学校企业管理专业的毕业生，在校读书时，学习成绩优秀，爱好体育运动，是学校篮球队的成员。贵厂就设在我的家乡，我想调回家乡工作正合我的心意，而且生产管理员的职务，也和我所学的专业对口。不知贵厂是否同意，请尽快回信。此致

敬礼！

××× 谨上

2013 年 8 月 10 日

请阅读上面这封求职信，阅读后请回答下列问题：

①用语是否得体？应怎么修改？

②结构上欠缺些什么？应怎么补上？哪些内容是多余的？请删去。

3.7 简 报

问题思考：

小王是某物业公司管理部的工作人员，为了便于宣传公司的服务工作，公司决定定期推出工作简报。经理决定将这项工作交给小王去做，小王该怎么做呢？

3.7.1 基础知识

1)简报的含义和类型

简报，从字义上说，就是情况的简明报道。它是党政机关、企事业单位、社会团体用来及时反映情况、汇报工作、交流经验、揭示问题而编发的一种专供内部使用的、简短而具有一定新闻性的事务性文书。简单地说，简报就是我们日常就一个题目而简单地向听众简述内容的形式。

简报的写作、制作和印发都比较方便，多则三五页，少则一两页，还可适当登载图片，使用范围广，对于传递内部信息、沟通交流非常有用。但是它和正式的公文如通报、指示、通知等有明显区别，简报具有新闻的特性，不具有法律的效力，也并不具备强制力。简报不是一种文章的体裁。因为一份简报，可能只登一篇文章，也可能登几篇文章。这些文章，可能是报告、专题经验总结、讲话、消息等，故此，把简报说成一种独立的文体，或只说是报告，是不妥当的。

简报不是一种刊物。因为有些简报可装订成一本，像一般刊物；更多的是只有一两张

纸,几个版面,像一份报纸。更重要的是简报具有一般报纸的新闻特点,要求有很强的时效性。而刊物的时效性则远不及报纸。故此,简报不是刊,而是报,说它是刊物,不如说是小报更确切些。综观各种工作简报、会议简报、动态简报,再拿这些简报同一般的刊物相对照,可以得出这样的看法:简报不再单纯是下级向上级汇报工作的简要书面报告,不能看作是一种独立文体,也不是一种刊物,而是一种专业性强的简短的内部小报。

简报的类型有以下两种:

按照内容分类,常见的简报有三种:一是情况简报,反映人们关注的问题,供领导参考,群众了解;二是会议简报,主要反映会议交流、进展情况;三是工作简报,报告重大问题的处理情况以及工作动态、经验或问题等。

按照性质分为两类:一类是专题简报,一类是综合简报。专题简报:反映一单位比较典型、新鲜的事件或者问题的简报。如重庆沙坪坝区康居西城施工进度的专题简报,围绕康居西城的建设施工进度、施工情况进行简要报道。关于康居西城绿地建设的简报就围绕绿地的规划、施工、进度、质量监督、验收等进行编写报道。综合简报是对单位、企业、地区的基本情况作一个综合的反映。

2)简报的特点

(1)简

简即简明扼要,千字以内。所谓增一字太长,减一字太短。刚好就是最好。考虑到现代人特别是领导工作繁忙,所以简报要求简短扼要。

(2)活

要生动活泼,语言要接地气。如报机关工作的语言"脸难看、门难进、话难听、事难办"。中央关于群众路线教育,反三风中的一些用语,如"照镜子、正衣冠、洗洗澡、治治病","领导干部要多洗洗澡,去除一下身上的不实之泥,浮夸之泥,教条之泥,形式之泥"。金庸先生办明报,他有几个诀窍,其中一条就是要求新奇有趣。

(3)近

近即迅速及时。信息社会新闻的更新相当快,简报要快捷地反应,有效地沟通、传递信息,及时编发,它要求编写者头脑敏捷清晰,快写快发。

(4)真与准

简报不同于新闻,尤其不同于网络新闻,新闻有个说法"狗咬人不是新闻,人咬狗才是新闻"。网络新闻的标题就更离谱了,如"蟒蛇接连吞噬两人""奥巴马现身中国网吧"。打开一看,都是"疑似"或者空穴来风。简报要求提供的消息有事实依据,并且准确无误,既不夸大,也不缩小。

(5)专业与行业性

简报一般由某单位或者部门主办,专业性、行业性非常明显。如税务总局编的《税收工作简报》。

金庸(原名查良镛)先生为明报副刊所定的五字真言可以作为简报特点的有趣说明。金庸先生曾写下"副刊之五字真言",贴在编辑部供大家参考:短、趣、近、物、图。短:文字应短,简洁,不宜引经据典,不尚咬文嚼字。趣:新奇有趣,轻松活泼。近:时间之近,接近新闻,三十年前亦可用,三十年后亦可用者不欢迎。空间之近,地域上接近香港,文化上接近中国读者。物:言之有物,讲述一段故事,一件事务,令人读之有所得。大得小得,均无不可;一无所得,未免差劲。图:图片,照片,漫画,均图片也;文字生动,有戏剧舞台感,亦广义之图。

3.7.2　阅读与分析

【例文3.11】

三林桥路工程简报

第八期

上海浦东新区三林桥路工程有限公司

中环线浦东段新建工程项目部　　编印　　　　　　　二○○八年六月十六日

中环线浦东段开工简报

一、千呼万唤始开工

冬去春来,寒暑更替,经过大半年的辛勤备战,在中环线浦东段指挥部的致力斡旋下,绿化搬迁基本上已经全部完成,临电业已接进。在六月十二日这天,在各方密切关注之下,中环线浦东段新建工程项目终于开工了。这是一个阳光灿烂的日子,一个令人欢欣鼓舞的日子,所有的等待终于在这一天有了结果。一时间,爆竹彻野,礼炮横空,掌鸣不息,群声雷动。公司领导张伟欣、陆志刚代表三林公司主持了开工典礼,并进行致辞。向为中环线浦东段新建工程作开工准备的各方业主、监理和各位奋战在一线的劳动者们表示最衷心、最诚挚的感谢。也希望大家前仆后继,矢志不移地完成工作任务。上午九时十八分,四台桩机进行了试成孔的开钻,由此时此刻开始,便进入了二十四小时不间断施工的阶段,所有管理人员不分昼夜轮流进行现场值班,力求把安全隐患扼杀在襁褓之中,把安全事故降至最低,把工程工期缩短,把工程质量提高。

二、试钻成孔　灌之以砼

六月十三日下午,质检站的测孔小队对二号桥墩的试成孔进行了检测,隔天在合格的报告报出之后,四台桩机便进行了正式钻孔的施工,按监理要求,有序进行钢筋笼的焊接与下放。十四日晚,第一批混凝土到场,截至十六日早上,完成工作量。

三、开工宣言

"不积跬步,无以至千里;不积小流,无以成江海。"每一个巨大工程的背后总是由一个个小工程所组成。平地高楼,荒原长路,沧海灯塔,没有一样是一蹴而就的东西,也没有一样是生来就完美的东西。所以,一切从实际出发,一切从基础做起,一切向质量看齐,一切向完美走近。这便是我们的宣言。我们会同心同德、全力以赴、矢志不移、优质高效地完成中环线浦东段新建工程二标的建设任务,也有信心、有决心、有能力、有实力去为中环线的建设交出一份满意的答卷,为上海的交通基础设施建设添砖加瓦,为上海世博盛会增光添彩!

抄送:中环线浦东段建设指挥部

内发:三林桥路公司、监理公司、项目部各科室

评析:

该简报用叙述的方式报道了三林桥路工程项目开工情况,先写开工的准备和开工的时

间、地点和仪式,接着报道开工的进度和宣言,最后以希望和号召式的句子作为结尾。

【例文3.12】

工作简报

第三期

市物业管理局　　　　　　　　　　　　　　　　　　　　2004年3月15日

团结一条心　邻里一家亲

——新村205号被评为"全国文明楼栋"

近日,在北京人民大会堂召开的第四届全国"五好家庭"表彰大会上,作为全国5个文明楼栋的代表之一的江苏无锡市新村205号楼的代表,怀着激动的心情走上领奖台,接过"全国文明楼栋"金色奖牌。这块来之不易的奖牌,凝聚着205号这个温馨大家庭居民持之以恒创建的汗水。

搞创建:团结一条心

新村205号楼由18户人家、46位居民组成。大楼的创建活动是从20世纪90年代开始的。由楼组居民民主推荐选出的民调、卫生、治保、文教、宣传等6大员组成的楼组委,长年坚持安排好楼组创建工作。居民们一起制定了文明居民行为规范、值日、活动及五好文明家庭评比等6项制度,楼道内设置了宣传栏、读报栏、好人好事表扬栏、特色家庭窗口栏等墙报,在第一时间内让党的方针、政策、社区各方面任务和身边的好人好事宣传到户,有效地凝聚了人心。多年来,凡涉及"大家庭"的事,从未有人袖手旁观,公益事业一呼百应。从1996年开始,大家动手,每星期共两次拖地、擦洗楼梯扶手,每层楼面放上盆栽植物已成为大楼雷打不动的规矩。尤其是去年"防非"的日子里,居民们建立了宣传教育、外来人员跟踪及消毒等6项制度,自发组成了一道坚固防线。

大家庭:邻里一家亲

大楼常年开展文明楼栋创建活动,10多年来邻里之间没红过一次脸。"大家庭"里定下了这样的"家规":18户人家的电话号码相互交换;每年两次慰问80岁以上的老人;"六一"节向"家"里的小朋友祝贺节日;"家庭成员"中有人生病住院,楼组委必定派人前去探望;有人乔迁,大伙聚在一起开个欢送会等。居民们关心"大家庭"的事,就像关心自家事一样。2003年4月的一天,大楼突然停水,年轻人都在上班,在家的多数是老人,没水怎么办?家住101室的共产党员陈忠拿出自己清晨从惠山背回的泉水,挨家挨户送水,解了燃眉之急。该楼102室住着一位88岁的退休老教师朱德清,由于子女不在身边,老人的生活常遇到一些困难,于是楼组长熊利就主动承担起照料朱老人的差事。许多居民深情地说:"我们205号大楼,关起门来是小家,打开门来是大家,生活在这里无限温馨和幸福。"

创新路:更上一层楼

大楼居民自发开展"社会公德大家谈""我为大楼添光彩""两个率先争贡献"等教育实践活动,进一步提高了"大家庭"成员的道德素质。几年来,205号大楼居民积极参加社区各类扶贫帮困活动,先后捐献现金2 000多元,御寒衣被1 000多件。他们还自发捐款1 000多元,资助山西贫困地区的两名孩子读完小学。前不久,居民们又为陕西省延安市洛川县百益乡一所希望小学寄去100本新书。2003年,205号楼被评为无锡市的科普文明楼。

报：××××；×××××；××××

送：××××；×××××；××××

（共印××份）

评析：

这是一篇会议简报。标题采用新闻式标题，简洁明了，主题突出。正文开头用一段话概括了主要内容，开门见山。主体采用分条列项形式，分为三层，层次清楚，内容具体明确。

【例文3.13】

全省建筑工程安全质量巡查情况简报

根据今年监督计划工作安排，房建监督组从4月1日开始对全省公路附属房建工程开展开工、复工检查工作。由省公路质监站主管房建副站长带队，房建监督组相关人员参加。这次大检查改变以往监督单一的模式，随机对227个建筑工地实体质量、施工安全、质量保证资料等方面进行全面检查。检查人员严格按照检查标准和规范，对不符合标准规范规定的地方提出整改要求，对情节严重的现场进行处罚，并责令限期整改。

从检查情况来看，总体情况不容乐观，仍然存在部分参建单位履行质量、安全责任不到位，安全文明施工意识不强，工程实体局部质量缺陷，技术资料管理不规范等问题。

在责任主体履职到岗方面：个别项目经理、总监不在施工现场，项目经理、总监变更后未见书面通知，个别项目存在公司未对项目部安全质量情况进行监管。

在安全施工方面：各项目部均已建立安全工程师、安全员、安全协管员的安全管理体系，但在施工中对日常的安全管理工作不到位，施工现场存在一些安全隐患。部分项目临边、洞口防护不严或没有及时恢复，破损的安全网没有及时更换，有些脚手架水平防护搭设不合规范，脚手架存在连墙件不足，有的脚手架建渣没有及时清理。在机械设备管理方面，有的未办理相关检验手续，塔机人员配备不足，有个别开关箱设备、配电箱设置不合规范。

在工程实体质量方面的总体情况不好，存在许多质量缺陷，有的悬墙端漏设构造柱，有的构造柱箍筋漏设，有的现浇板在未凝结前遭人为踩坏，现浇板面局部有蜂窝、漏浆、脱模、抹补等现象，门上过梁支座长度不符合规范要求，砌体与框架柱之间无可靠连接等。监督组使用多种先进检测仪器对现场各主体工程进行混凝土强度、保护层厚度、楼板厚度等12项检查指标进行全面系统的检测分析，切实做到用数据说话。

对于在检查中发现的问题，房建监督组及时通知并要求各参建单位对"问题项目"加强监管，为保证2013年的房建工程顺利交工提供可靠保证。

××省公路工程质量监督站
2013年5月25日

评析：

这是一份建筑工程安全质量巡查情况简报，这里只选取了正文，正文内容先概况工程质量巡查的总体状况，然后就突出工程责任、安全施工及工程实体质量这三个方面指出问题所在。最后是提出建议和作出部署。

3.7.3 病文修改

"厉行勤俭节约,反对铺张浪费"

为大力弘扬中华民族优良传统,认真贯彻落实《中共中央办公厅印发习近平同志关于厉行勤俭节约 反对铺张浪费重要批示的通知》和我公司《勤俭节约倡议书》的精神,值此学习雷锋精神之际,我公司组织各部门、车间开展了"厉行勤俭节约,反对铺张浪费"的主题班会。

活动中,各部门从正反两面全面讲解,有的部门通过触目惊心的图片给同事们展示浪费现象;有的部门通过播放视频让同事们知道我们应该从哪些方面着手节约;有的部门针对身边的浪费现象开展激烈的讨论,同事们纷纷表示以后会从点滴做起,发扬勤俭节约的美德;还有一些部门、员工针对自身讨论总结出了许多切合实际的节约方法,比如"光盘"行动、废物利用、随手关灯关水等。

历来"成由勤俭败由奢",我公司员工不仅深刻理解了勤俭节约的重要意义,更以此为新的起点,给了以后的生活更多启示,增强了节俭的意识。相信以后我们身边的浪费现象会有极大的改善,为构建节约型公司、节约型社会贡献微薄之力。

评析:

简报的名称一般开门见山,直接写明会议简报或者工程情况简报,不宜用描述式的、态度式的题目。这份简报结尾处没有落单位名称和日期;另外,文中第一段并未写明活动开展的确切时间与地点。

物业管理公司一周工作简报

单位名称:物业管理公司　　　　　　　　　　　　　　　　　　第 12 周

一、友谊物业分公司工作概要:

1.本周三,集团召开关于物业契约化创甲方案及地热水停供前后的服务措施诊断会,就如何优化工作流程、提升服务质量进行了研究,对创甲等提出了进一步完善的要求。关于地热水停供后的服务措施目前正在落实当中。

2.地热部召开了全体员工大会,对地热水停水前期工作进行布置,要求尽最大努力做好未停供前的各项服务,保障服务工作平稳运行。为强化安全管理,对浴室一层男部更衣柜门锁进行统一更换。5 月 14 日,西安市节水型社会建设领导小组组织水务局、市人大代表对我校一卡通节水设施进行检查。继续做好对室外管网的巡查工作,确保维修的及时性。

3.学生公寓部对需要修整的 7 舍、21 舍、25 舍的室内家具、门窗玻璃、门锁及上下水管道等进行检查登记,发现问题,及时报修。认真做好期末阶段的各项公寓服务工作,严格控制门禁制度,增加对公寓内卫生间的保洁次数,认真检查班组条例的落实和班组记录情况,做好学生毕业前的各项服务工作。

二、新校区友谊物业分公司工作概要:

由于原工程质量遗留问题,导致多处楼顶和雨水管处漏雨,各楼宇管理员组织员工对漏点进行检查、统计和报修。加强对各楼内重点实验室及计算机教室的巡查,保障服务工作平稳运行。

三、一周大事：针对雨天及时启动防汛预案，随时巡查和疏通积水处。

四、下周工作计划：

1. 继续做好契约化考核材料的准备工作；

2. 组织各部员工加强对"两个条例"的贯彻落实；

3. 做好校园雨后的绿地补种补栽及树木病虫害防治等工作；

4. 按时完成集团交办的其他工作任务。

物业管理服务中心

××××年×月×日

评析：

1. 报身部分缺少标题。

2. 主体部分详略分布不均。

3. 应删掉落款的单位和时间。

4. 没有报尾。

3.7.4　简报的结构和写法

简报一般由报头、报身、报尾三大部分构成。

1）报头

简报一般都有固定的报头，包括简报的名称、期号、编发单位和发行日期。

（1）简报名称

简报名称印在简报第一页上方的正中处，为了醒目起见，字号宜大，尽可能用套红印刷。

（2）期号

期号位置在简报名称的正下方，一般按年度依次排列期号，有的还可以标出累计的总期号。属于"增刊"的期号，要单独编排，不能与"正刊"期号混编。

（3）编发单位

编发单位应标明全称，位置在期号的左下方。

（4）发行日期

发行日期以领导签发日期为准，应标明具体的年、月、日，位置在期号的右下方。

报头部分与报身部分用横线隔开。

2）报身

报身就是简报所刊发的文章，一般有按语、标题、正文、责任编辑和签收发人几个部分。

（1）按语

按语又叫编者按，对简报所报道内容的意义进行简要评价。

（2）标题

大多用单行标题，也有双行标题，即在主标题之外加引题或副题。简报标题要求准确、简练、醒目。

（3）正文

正文由开头、主体、结尾组成。

①开头。这是简报的开头语,和新闻导语一样,要用最简明的文字概括报道的主要内容。形式可以多种多样,有用直叙式导语的,让读者对报道内容和主旨有一个总体把握;也可以是提问式,以引起读者的注意。

②主体。这一部分是对导语提出的问题用典型的材料进行具体的阐述,是导语内容的细化和具体化。一般有横式和纵式两种结构。横式结构,按材料的性质或逻辑关系分成几个并列部分作横向展开;纵式结构,以时间为线索,以事件发展过程的先后顺序来安排材料。

③结尾。简报结尾通常用一句话或一段话对全文所述内容加以归纳、概括,进一步点明深化主题。

3）报尾

报尾主要用于标注报送的对象和印制的份数。

3.7.5　简报撰写的注意事项

简报的写作要注意以下两点:

（1）真实准确

简报反映的事实一定是不夸大不缩小的事实,是不打折扣的事实。报道的主要细节要真实。如具体的时间、地点、人物、数字及程度的介绍都要实事求是。在细节方面任何人为的修饰与加工均不大合适。

（2）简明扼要,生动活泼

千字以内。内容高度概括,例子与细节一个就可以了。要生动活泼,语言要接地气。如报机关工作的语言"脸难看、门难进、话难听、事难办";写野蛮拆迁的如"拆人家民房,踩死人家小强";写赶进度施工后果的如"大干快干,返工倒算",等等。

3.7.6　情景写作训练

2014 年 × 月 × 日,重庆 × × × × 职业学院为庆祝五四青年节举行了游园活动,活动的承办方为学校学生处和团委,活动邀请了学校领导、院系领导及部分教师参加。活动中,同学们和领导及老师共同完成各项趣味体育活动,共同绕校园跑步数圈。活动主题为"青春无限"。活动从下午一点半开始,到下午四点半结束。

请为这次活动写一份简报。

模块4 建筑工程专业文书

知识目标:
● 掌握常用建筑工程专用文书写作的基本格式和写作方法。
● 具备撰写邀标函、投标书、招标书、房地产广告文案等工程专用文书写作的基本能力。

能力目标:
● 能在具体工作中正确选用邀标函、招标书。
● 能撰写规范的邀标函、投标书、招标书和房地产广告文案。

重点与难点

● 工程专用文书写作的基本格式。
● 邀标函、投标书和房地产广告文案的写法。

4.1 邀标书

问题思考:

某公司因建设项目需要开展招投标活动,拟向具备投标条件的有关单位发出投标邀请书,该如何编写投标邀请书?写作中有哪些注意事项?

4.1.1 基础知识

1)邀标书的含义

邀标书是指邀标单位向潜在投标单位发出邀请投标的一种告知性文书。邀标书又称邀标函、招标邀请函、投标邀请函等。

2）邀标书的作用

邀标书的作用主要体现在以下四个方面：

①告知潜在投标单位邀标的标的情况。

②告知潜在投标单位递交投标书的程序。

③告知投标评定准则以及订立合同的条件等。

④邀标书既是潜在投标单位编制投标文件的依据，又是邀标单位与中标单位商定合同的基础，因此它对邀标机构与潜在投标单位、邀标单位与中标单位都具有约束力，对整个邀标过程的顺利进行起着重要的指导作用。

3）邀标书的种类

按照不同的标准，邀标书可以分成不同的类型。

按时间分，可分为长期邀标书、短期邀标书。

按范围分，可分为国内邀标书、国际邀标书。

按内容分，可分为工程建设邀标书、企业租赁邀标书、大宗商品交易邀标书、选聘企业经营者邀标书、企业承包邀标书、劳务邀标书、技术引进或转让邀标书。本节主要介绍工程建设类邀标书。工程建设邀标书是邀标方就工程建设项目择优选定建筑企业承包方的文书。

4）邀标书的特点

（1）针对性

邀标书是一种针对性很强的文种，它主要针对潜在投标单位发出邀请投标，而不像广告一样，借助大众传播手段公开告知有关邀标的内容，吸引很多的投标单位投标。

（2）规范性

邀标书是经济活动中非常重要的一个内容。要使招、投标活动顺利进行，必须有一个规范的操作模式。邀标单位发出的邀标书，条款内容必须合法、明确、周全。

（3）具体性

邀标单位应对邀标的有关事项和要求作出具体明确的解释和说明，以便于潜在投标单位编制投标文件、中标单位与邀标单位商议合同。

（4）竞争性

邀标的目的就是利用潜在投标单位之间的竞争来达到优选投标单位。邀标书充分利用了竞争手段，以竞标的方式吸引投标者加入。因此，邀标书发出之后，很可能招来众多的投标者，这在客观上使投标单位之间形成了激烈的竞争。邀标单位通过邀标这种激烈的竞争，优胜劣汰，从而实现优选投标单位的目的。

4.1.2 阅读与分析

【例文4.1】

"福禄坊"项目三期上部工程招标邀请函

××××:

本工程招标采用议标的方式,特邀请贵单位参加本工程投标,投标单位必须按照议标文件的各项条款编制投标书。每个投标单位只能投递一套投标书(一式叁份)。投标单位递交标书的截止日期为××××年×月×日10:00时,对于在截止时间以后递交的投标书或未按要求密封的投标书,将被视为废标。

一、概况

1. 工程名称:"福禄坊"项目工程2—5,8,9号楼。

2. 建设地点:闽侯县上街镇金屿村工贸路3号。

3. 结构质式:4层现浇钢筋混凝土框架结构。

4. 施工条件:水源、电源已接到"福禄坊"项目区内,区外道路畅通,施工场地基本平整,区内施工道路中标单位应根据施工的需要自行平整夯实。

5. 建筑面积:建筑面积经双方核定(详见附件二,略),确认为:2号楼约3 939.79平方米,3号楼约3 196.45平方米,4号楼约3 165.1平方米,5号楼约3 324.84平方米,8号楼约3 359.78平方米,9号楼约2 834.01平方米,建筑面积总计约:219 068平方米,幢数总计:6幢。

6. 招标工程范围:"福禄坊"项目工程2,3,4,5,8,9号楼的土建工程(含基础工程、土方工程、防水工程、上部主体工程、屋面工程、建筑装修工程、建筑构配件工程),水电设备安装工程(含给排水工程,暖通工程,强、弱电系统,管盒箱预埋),消防工程(含土建部分的),安防工程设计施工图中的所有内容。(具体详见三期施工图纸、设计修改通知单及预算编制说明)。

二、投标须知

1. 参加议标的施工单位必须具备二级以上施工企业资质。

2. 施工单位项目经理必须是国家二级以上项目经理,且近几年内承建过累计10万平方米以上框架或轻框结构形式的项目,并且所承建的项目达到优良工程。中标单位所委派负责本工程的项目经理必须与投标时所报的项目经理一致。

3. 参加议标的施工单位应对上部工程进行预算标底编制。

4. 在领取议标文件及有关图纸时,应缴纳投标保证金人民币壹万元。

5. 定标后立即通知各有关单位,未中标单位接到通知后一周内到建设单位退还全部图纸及有关文件的同时取回投标保证金人民币壹万元。中标单位接到中标通知后3天内到建设单位签订施工合同,若选定的中标单位未能在规定时间内进场办妥相关的手续,建设单位有权另行选定施工单位,已签订的合同作废,并且保证金不予退还。

6. 建设单位对未中标的原因均不作任何解释,也不退还未中标单位报送的有关本工程的投标资料。

7. 不论中标与否,投标单位编制预算和投标文件的所有费用均由投标单位自行负责。

8.中标单位应在建设单位将《建筑工程规划许可证》送达中标单位后 15 天内办理好《建设工程施工许可证》,并承担办理《施工许可证》所发生的所有费用。若因选定的中标单位未能在规定的时间内办妥建设工程施工许可证,建设单位有权另行选定单位,已签订的合同作废,并且合同保证金不予退还。

三、工期

1.工期从桩基验收通过之日开始计算,至工程竣工验收合格交付建设单位使用之日止,总工期为 137 天。投标单位也可自行申报总工期时限。

2.除战争或本地区发生 5 级以上地震(依据地震局发布的地震公告)并经甲方确认实际造成无法施工,以及若因甲方《建设工程规划许可证》未办理而造成政府责令停工,经双方共同签认后,工期将予以顺延外,由其他原因引起的工期延误均不予以顺延工期。

四、工程质量的管理

1.质量要求:中标单位在施工过程中,应严格按照国家的有关《规范》、省市的有关规定和设计图纸要求组织施工。工程质量等级应在合格以上,其中主体工程、外墙、屋面应达到优良评定标准(按建筑安装工程质量检验评定统一标准测定,以建设单位、监理、施工单位现场实测评定的结果为依据)。若因质量问题造成购房者退房或提出经济赔偿等,施工单位应承担由此产生的一切经济及法律责任。

2.对于建设单位管理人员、监理人员提出的问题,施工单位应在规定的期限内落实整改措施,经复检合格后,方可进入下一道工序的施工;若施工单位无法在规定的期限内落实整改措施,或分项工程、中间验收、竣工验收无法达到本合同规定的质量标准时,视为施工单位严重违约,应承担违约责任,建设单位有权单方面终止合同。

3.工程主材:

(1)用建福牌或炼石牌水泥现场拌制砼。

(2)钢筋采用三钢圆钢、福泰螺纹钢。

(3)面砖采用附件中的规格。投标时应附上水泥、钢筋、面砖等相应的规格与单价。

4.中标单位在签订承包协议前必须按合同附件中的单价(除钢筋、水泥外),如铝合金门窗及配件、外墙涂料、面砖、成品车库门、金属防盗门、防滑地砖、镀锌钢管、水龙头等与 3 家以上厂家签订好本工程的材料供应合同。中标单位用于本工程的所有材料、半成品、成品、设备的品牌、规格、型号(详见附件)必须按有关规定提供厂家的产品质量合格证,并经抽检合格(中标单位方提交送检报告)且经建设单位和监理单位认可后才能使用(签字认可程序:施工单位负责人—技术总监—监理总监—建设单位工程部副经理—工程部经理—审计部经理—分管工程副总—项目总经理),抽检合格且经签字齐全的样品封存建设单位(设专柜封存,便于检查),钥匙由建设单位审计经理和分管工程副总各保管一把,物业移交时建设单位将封存齐全的材料品牌样品一并移交物业公司。若中标单位在施工中使用的设备、材料质量不符合要求(不合格、不符合样品要求或假材料),建设单位有权要求中标单位将不合格的材料一律予以拆除,并承担由此造成的所有经济和法律责任。

5.在保修期内,施工单位必须认真履行保修义务,当发生维修事宜时,建设单位以电话或书面形式(特快专递)通知施工单位承建负责人,施工单位必须在接到通知后 24 小时内到场安排人员进行维修。如施工单位在规定时间不到场维修或是到场后不积极配合进行整改,建设单位有权另派施工人员进行维修,所产生的一切费用由施工单位承担,并直接从质保金中扣除。

6.施工单位应确保通过质检站的综合验收,如综合验收过程中质检部门提出修改,施工单位应及时整改,整改费用由施工单位承担。

五、工程价款及支付

1.工程总价款

本工程施工承包形式以包工、包料、包机械一次性含税包干(包工程质量、包工期、包安全、包内业资料、包验收通过等),以建筑面积每平方米造价(含税、含管理费)包干,今后不作任何调整。

以上包干价包括:土建、装饰、水电、防水、渣土管理费及卸点费、基础土方开挖、回填、桩承台施工、抽水台班、排水、降水、夜间施工费用、排污费、噪声污染费、占道费、大型机具进出场费、赶工费、临时设施费(含临时施工用水、用电费用)、安全文明施工增加费、扬尘整治费、破除地下障碍物、环境评估费、空气检测、土壤检测、防雷检测费、新型建筑材料专项基金、散装水泥专项资金、劳保费(施工单位应缴部分)、民工工资保险金(施工单位应缴部分)、沉降观测费、税金、利润、管理费及施工单位该向政府部门缴纳的各项费用等承包工程内容的一切费用。

桩基工程及场地回填砂工程等由建设单位另行发包,施工单位应给予配合,不得收取配合费。

2.付款方式

(1)工程款支付方式为转账支付;施工单位需提供正式建安税务发票为支付凭证。

(2)待主体工程最后一栋四层顶板混凝土浇筑完毕后经建设单位和监理单位确认后10个工作日内建设单位支付上部工程总价款的20%。

(3)待最后一栋工程脚手架落架完成后经建设单位和监理单位确认后的10个工作日内,建设单位支付上部工程总价款的20%。

(4)待办理好经建设单位、监理、设计、质监、施工单位等签章的单体《工程竣工验收证书》,并完成内业资料(含有效的隐蔽签证等)的移交归档工作,将按备案制要求所需的全部资料提供给建设单位,并且办理好决算。且施工单位所有人员、机具、设备全部退场,所有临时设施全部拆除且建渣清理完毕,并将建筑物及房屋全部交付物业后的10个工作日内,建设单位向施工单位支付上部工程总价款的20%。

(5)待项目综合验收通过并交付已销售住宅的业主使用后一周内支付合同总造价的20%(竣工验收合格后两个月内)。

(6)交付业主使用3个月后(最迟不超过竣工验收后6个月)且经小区物业公司和售后服务公司确认无质量问题后,10个工作日内建设单位支付上部工程总价款的17%。

(7)预留工程总价款的3%作为工程保修金(保修金不计息)。若无工程质量问题,且能依约履行保修责任,且经小区物业公司和售后服务公司确认后书面确认盖章送审计督察处审批。分管审计督察处在收到确认书后,协同策划部负责人现场检查,确认无工程质量问题或隐患后,策划部负责人、审计督察处负责人签字确认备案后,按政府规定安装工程、装修工程、土建工程保修期两年满后10个工作日内支付上部工程总价款的1%;在屋面防水工程、有防水的卫生间、房间和外墙面的防渗漏 5 年保修期满后 10 个工作日内支付上部工程总价款的 2%。

六、参加议标单位应承诺的条件

施工单位在接到中标通知书、签订合同之前必须向建设单位缴纳合同履约保证金 ¥1 200 000 元(大写:壹仟贰佰万元整),待施工至二层顶板时无息退还合同履约保证金的 50%,四层顶板时无息退回剩余的合同履约保证金。

七、编制标函依据和内容

1. 本工程采用投标预算报价代结算方法,根据投标预算和优惠报价及施工技术力量评分确定是否入选。投标单位应认真编制预算,不要漏项编制,如发生漏项视为投标单位作为优惠条件之一,今后不再作调整。

2. 本工程按×××版《××省建筑工程预算定额》;××××版《××省建筑装饰工程预算定额》;《全国统一安装工程预算定额》×××年第×期《××工程造价信息》××市区建设工程材料价格;三材及特殊贵重材料的市场价格按投标预算价中所定价格计算。

3. 有关预算编制说明:"水电工程预算编制统一要求""土建工程预算编制统一要求"等议标文件在各投标单位向我司索取议标文件时提供。

4. 参加议标单位如有其他方面对工程的优惠措施,应同时在投标函中说明。

5. 投标单位的投标文件应包括下列内容:

(1)投标承诺书(承诺内容:工期、造价、付款方式、质量等)。

(2)投标承诺书附录(包括具体负责承建施工的项目经理、技术负责人、现场管理人员名单、职称证书、业绩和身份证复印件)。

(3)法定代表人资格证书(法定代表人不到的情况下出具授权委托书)。

(4)营业执照复印件、资质证书复印件(加盖公章)。

(5)施工组织设计,工期、质量的保证措施等。

(6)报价汇总表、工程造价预算书、工程量计算式、三材及特殊材料用量。

(7)辅助资料表。

八、评标原则及方法

本工程评标办法采用综合因素评标(总分 100 分):

1. 报价:总分 25 分,报价最低者得分最高。

2. 工期及组织设计:总分 25 分,根据投标单位报送的工期,工期最短的得分最高。

3. 付款:总分 15 分,投标单位报送的工程垫付款金额越大,得分就越高,反之越低。

4. 工程质量及企业信誉实力:总分 25 分,工程质量根据投标单位及承包单位已完工的工程质量进行评定,以项目公司对投标单位建设的已交房的楼盘质量进行现场实地考察作为评分的依据,同时对投标单位所取得的质量评定证书进行评定;根据投标单位的经济实力等因素进行综合评分。

5. 售后服务:总分 10 分,根据投标单位在完工后现场派留的工程人员个数、一次保修完工时限及保修金的数额来评定,人数越多、保修快或保修金预留得越多评分就越高。

以上五项最后以综合评分最高的投标单位中标。

九、发标、收标时间及地点

1. 发标时间:×××× 年×月×日

2. 收标时间:×××× 年×月×日×时

3. 收标地点:福禄坊项目办公室

4. 开标时间:××××年×月×日(时间如有变动将另行通知)

联系人:×××　　联系电话:0591-22×××××

十、其他说明

1. 中标单位需负责缴纳土壤检测费、防雷检测费、室内空气检测费、散装水泥办公室的保证金、新型建筑材料基金、民工工资保证金等政府规费。

2. 参加议标单位在议标期间不得串通,哄抬标价,不得向建设单位了解标底情况,违者取消其参加本工程的议标资格。

3. 参加议标单位应提供营业执照、资质证书、法人资料证书(原件核验后退还)且应提交近两年在承建类似本工程的两个项目(已竣工或在建均可)的工程质量评定情况资料的复印件一份,以供议标时参考。

4. 中标单位在接到中标通知后 3 天内到××兴元房地产开发有限公司"福禄坊"项目部办公室领取工程委托施工函件并与建设单位签订工程施工合同,逾期按放弃中标处理,议标保证金不予退还。

5. 中标单位在组织施工过程中,工程必须由中标单位自营,不得转包,违者,建设单位有权终止施工合同,中标单位应赔偿一切经济损失。

6. 施工承包合同主要条款附后,请认真了解,有何意见请及时反馈,今后该承包合同及本邀请函的全部内容将作为双方签订本项目施工承包合同的主要条款。

7. 本工程为内部议标,解释权归××兴元房地产开发有限公司所有。

附件:

1. 三期工程施工图纸

2. 上部施工合同预算编制说明及材料品牌

3. 上部施工补充合同

××房地产开发有限公司"福禄坊"项目部

××××年×月× 日

评析:

这是××房地产开发有限公司"福禄坊"项目部发布的邀标书。标题简洁明了,称谓写明了潜在投标单位。正文前言部分开门见山提出邀标项目名称,主体运用分条列写形式将邀标的内容完整、详细、清晰地罗列出来,用语严谨、表述清楚,以便于潜在投标单位编制投标文件,中标单位与邀标单位商议合同。结尾部分公布项目查询联系单位、联系方式,便于潜在投标单位查询。落款规范、完整。

4.1.3 病文修改

绿化养护邀标书

因前一轮绿化养护管理期即将到期,根据××职业技术学院绿化现状和需要,我院将对太湖校区绿化地块的管理养护权进行新一轮招标。

一、绿化地块概况

1.管理养护地块:××职业技术学院太湖校区内建成的绿化地块。

2.管理养护地点:××职业技术学院太湖校区内(××××西路1600号)。

3.鉴于学院正在创建节水型校园,校园绿化灌溉用水一律使用窨井或校内河道之水。所需设备、管道均由中标单位自理。

4.校园绿化草坪主要是高羊茅和马尼拉。

二、招标部门及形式

1.招标单位:××职业技术学院。

2.招标形式:采用平方米养护管理报价制进行公开招标,招标组将依据投标单位的资质、养护方案和平方米报价从中择优选定中标单位。

三、招标养护要求

1.苗木成活率高。

2.草坪除草纯度在95%以上,杂草随长随除,每年打孔松土两次并追肥两次。

3.树木生长健壮,绿篱、色块植物整齐、无残缺。乔灌木、绿篱及色块植物经常修剪,线条流畅,无残缺,保持树冠完善,无死树、枯树枝,花木生长旺盛。

4.养护期内,普遍施肥4次以上,冬季树木刷白,做好防冻保暖工作。

5.治虫、喷药及时,施用的药剂浓度用量合理,喷洒均匀且严格按操作规程进行,无明显病虫害。

6.修剪后的树,叶、花及时清理,大风、台风天气及时扶正支撑,无倒伏现象。

7.死亡植物品种应报批,及时更换。

8.及时抗旱、适时浇水。

四、招标内容

1.养护方案(包括草坪和草坪内种植的乔灌木、花草、竹子等所有植物的管理养护方案)。

2.养护标准。

3.管理方式。

4.服务承诺。

5.养护报价(养护报价以每平方米草坪面积为计价单位,应包括草坪内种植的乔灌木、花草、竹子等所有植物的管理养护包含的一口价。投标单位要充分考虑市场风险,在合同期内价格不作调整)。

五、付款方式

在管理养护范围内的所有植物生长良好,死亡植物能及时补栽。养护管理费每半年结算一次。

六、投标文件内容

1. 投标书。

2. 法人单位代表授权书。

3. 营业执照和税务登记证复印件。

4. 投标单位简介。

5. 投标单位的工程业绩表。

6. 投标报价单(元/平方米)。

7. 详细的服务承诺书。

8. 投标单位认为有必要的其他文件。

七、投标时间和地点

投标单位必须于×××年12月15日将投标书送达××职业技术学院后勤基建处 J1-102(地点:××西路1600号),过期作自动放弃处理。

联系单位:××××××

电话:023-×××××××

××学院后勤基建处

评析:

1. 无称谓,没有写明本邀标书发给的潜在投标单位。可改为:致××××(潜在投标单位)。

2. 正文部分语言表述不明确,如:

(1)管理养护地块面积不明确,不便于投标单位决定是否投标,可改为如"约10万余平方米"。

(2)"苗木成活率高"标准不具体,可改为如"苗木成活率100%"。

(3)"养护期内"时限不明确,可改为如"一年养护期内"。

(4)"及时抗旱、适时浇水"标准不明确,可改为如"及时抗旱、适时浇水,无干黄现象"。

(5)缺少"投标单位的条件"。对投标单位的条件可从资格、资质、管理经验等方面提出要求。可改为如:"资质要求,投标单位具有独立的法人单位资格及具备三级以上资质;有良好的信誉,有完善的管理组织和一定的管理能力;有过同类绿地管理养护经验。"

(6)"养护管理费每半年结算一次"付款时间不具体。可加"养护管理费每半年结算一次,在每年6月20日、12月20日各付费一次"。

(7)投标时间不具体,可改为"投标单位必须于×××年12月15日上午10:30前将投标书送达××职业技术学院后勤基建处J1-102(地点:××西路1600号)"。

3. 落款不规范,无具体日期,可改为"×××年12月8日"。

4.1.4 邀标书的结构和写法

邀标书的结构一般由标题、称谓、正文、落款四部分组成。

1)标题

通常有以下四种写法:

①邀标单位名称 + 文种,如《××建筑工程有限责任公司邀标书》。

②邀标项目名称 + 文种,如《绿化养护邀标书》。

③邀标单位名称 + 邀标项目 + 文种,如《××水电·首郡项目招标邀标书》。

④邀标单位名称 + 事由 + 文种,如《××建筑工程有限责任关于××项目安装工程公开邀标的公告》。

2)称谓

这是邀标单位对潜在投标单位的称呼,直接写单位名称。

3)正文

邀标书的正文结构通常由前言、主体、结尾三部分组成。

(1)前言

前言介绍邀标单位的基本情况和邀标的背景、目的、根据或缘由等。如:因前一轮绿化养护管理期即将到期,根据××职业技术学院绿化现状和需要,我院将对太湖校区绿化地块的管理养护权进行新一轮招标。写明了原因、依据和事由。

(2)主体

①文件编号。

②邀标项目。包括名称、地址、各项技术指标、总工程量或物资名称、数量、质量、时间要求等。

③邀标范围。包括投标者应具备的条件,投标者的资格审核,中标者的义务、责任和权利等。

④招投标方法。主要有:招投标的手续、标书的售价、投标步骤及要求、开标具体办法等。

⑤投标时限。主要有:招投标的起止时间、发售投标文件的日期、开标时间等。

⑥投标地点。主要有:发售投标文件的地点、开标地点等。

(3)结尾

结尾包括邀标单位的名称、地址、联系单位、电话号码、传真等。

如果主体部分已有邀标联系方式,可以不写结尾。如有附件,需写明附件名称。

4)落款

①写明邀标单位名称和盖章,如果结尾部分已有邀标单位名称,此处就不必重复写,只需盖章即可。

②成文日期。写明邀标书的发布日期。

4.1.5　邀标书的写作注意事项

1)内容要明确具体

邀标书是潜在投标单位编制投标文件、中标单位与邀标单位签订合同的依据,是一种具有法律效力的文书。因而,邀标项目、要求、邀标程序、投标须知、相关数据等内容必须明确具体,不能有遗漏,否则,会影响邀标工作进程。

2)表述要严谨周密

邀标书表述要求做到严谨周密,避免多余的条款。相关的问题和主题应该集中在一起进行阐述,在一份邀标书中,一个条款和问题应该只被阐述一次,这样可以避免由于在一份邀标书中的不同地方对某项条款的阐述差异而引起理解上的差异,从而保证招投标的顺利进行。

4.1.6 情景写作训练

下面是一份项目邀标书,请指出其中的错误,并进行修改。

××水电·首郡项目招标邀请书

我公司现采取国内邀请招标方式,对××水电·首郡项目一期及示范区景观建设工程进行密封招标。

一、本次招标的编号及内容如下:

招标内容:××水电·首郡项目一期及示范区景观建设工程;招标编号:TS-029。

二、本次招标文件领取时间及地点:投标单位于(北京时间)2011 年 7 月 18 日,在××水电建设集团(××)房地产开发有限公司招标采购部领取招标文件。

三、投标保证金:

1.投标单位应出具投标保证金,金额为:人民币壹万元(￥10 000.00 元)。

2.投标保证金是为了保护招标单位免遭因投标单位的行为而蒙受损失,招标单位因投标单位的行为受到损害时可以没收投标单位的投标保证金。

3.投标保证:投标方将投标保证金打到我公司账户,经我公司核实后,出具收款收据。结算单位:××水电建设集团(××)房地产开发有限公司。

开户银行:建行××住房城建支行账号:××××1622208050502965。

4.投标单位必须在领招标文件时将投标保证金提交给招标单位。

5.对于未能按要求提交投标保证金的投标,招标单位将视为非实质性响应招标文件的要求而予以拒绝,即为无效投标。

6.投标保证金截止时间为投标有效期满日。

7.非中标候选单位的投标单位的投标保证金将在合同签订后给予退还(无息)。

8.中标候选单位的投标保证金,在签署合同生效后,予以退还(无息)。

9.如投标单位有下列情况,投标保证金不予退还:

(1)投标单位在投标截止期后撤回其投标文件的。

(2)中标单位在中标后无正当理由不与招标单位在规定期限内签订合同的。

(3)拒绝履行合同义务的。

四、本次递交投标文件截止时间:(北京时间)2011 年 7 月 21 日。

五、递交投标文件地点:

收件单位:××水电建设集团(××)房地产开发有限公司招标采购部

地　　址:河北省××市火炬路126号

六、其他事项:请贵司在收到本邀请书后于(北京时间)2011年7月17日11:30前以书面或传真方式回函是否参与本次投标。

七、有关此次招标之事宜,可按以下方式向招标单位查询:(略)。

××水电建设集团(××)房地产开发有限公司

附:

投标邀请函

_____(拟邀请投标单位名称):

我公司拟对_____进行公开招标,诚邀请贵单位前来投标。

1.采购项目:_____

2.采购方式:_____

3.定标方式:_____

4.招标文件获取方式:

(1)电子邮件发送;

(2)邮寄快递;

(3)网站下载,下载地址:_____

招标文件编号:_____

5.投标截止时间:××××年×月×日×时×分前

6.开标时间:××××年×月×日×时×分

7.投标方式:邮寄、传真或直接送达方式递交。

8.开评标地点:_____

9.咨询联系:对本次招标提出询问的,请于××××年××月××日前与下列人员联系:

姓名1:_____　　　　　传真:_____

姓名2:_____　　　　　传真:_____

10.投标文件递交地址:_____

邮编:_____　　　传真:_____

联系人:_____　　　邮箱:_____

11.投诉电话:_____

附件:《投标确认函》

_____公司(盖章)
年　　月　　日

投标确认函

_____公司:

贵公司发来的关于_____的投标邀请函(共×页)及编号为
(_____)的招标文件,内容清晰、完整,我公司已收悉。经研究,我公司决定
以□现场投标　□传真投标　□邮递方式　□参加　□不参加贵公司《×××》的招标活

119

动。按招标文件规定的招标时间递交投标文件。

此复

联系电话：　　　　传真：

受邀单位：（盖章）

年　　月　　日

4.2　招标书

4.2.1　基础知识

1)招标书的含义及适用范围

招标书是招标者按照规定条件发文，邀请投标人投标，在投标人中选择最理想合作伙伴的一种方式，是一种告知性的文书。又称招标说明书、招标通知书、招标广告、招标公告、招标启事等。

招标书是招标过程中介绍情况、指导工作，履行一定程序所使用的一种专用文书。招标书是将招标主要事项和要求公告于世，从而招使众多的合作者前来投标。招标书属于邀约的范畴，一般都通过报刊、广播、网络、电视等公开传播媒介发表。

对采购商来说，招标是国内外经济活动中经常采用的、按法律程序进行的一种竞争性很强的交易方式。在交易过程中，一般大宗商品的采购、大型项目的建设以及科研技术的开发等业务的合作，都按规定的条件对外公开招标，然后由招标人从中选择价格和条件较合适的投标与其签订合同。

2)招标书的特点

①广告性。招标是利用投标者之间的竞争达到优选合作者的目的，它一般通过大众传媒公开，也称招标广告，具有广告性。

②公开性。招标应本着公开、公平、公正的原则进行，招标文件要公开发布或向所有投标者提供，整个过程具有透明性和公开性。在招标过程中，是唯一具有周知性的文件。

③具体性。招标书既是投标人编制文件的依据，又是招标人与中标人商定合同的基础，因此，招标人应对招标的有关事项和要求作出具体明确的解释和说明。

④规范性。招标文书制作过程和基本内容要符合《中华人民共和国招标投标法》的规定

和要求。

3）招标书的种类

①按时间划分,可分为长期招标书和短期招标书。

②按内容及性质划分,可分为企业承包招标书、工程建设招标书、大宗商品交易招标书、技术引进或转让招标书、劳务招标书等。

③按招标的范围分,可分为国际招标书和国内招标书。

4）招标书的作用

①招标书是招标程序中至关重要的一个环节。

②招标书是告知投标评定准则及订立合同的条件。

③招标书是投标商编制投标书的依据。

④招标书是采购人与中标商签订合同的基础。

4.2.2　阅读与分析

【例文4.2】

仪器设备招标书

因工作需要,××学校,需配备高频信号发生器等仪器设备。为确保设备质量优良,价格合理,现面向社会公开招标,欢迎各生产企业、经销公司参加投标。

一、招标项目

序号	设备名称	规格要求	数量
1	高频信号发生器	采用 DDS 直接数字合成技术,双路独立输出,中文菜单;两路信号频率范围:1 mHz～20 MHz;每路输出波形:正弦波、方波、三角波、脉冲波、TTL 电平、调频、扫频、调幅、调相等,最大输出 20 Vpp,小信号优于 1 mV;具有频率、幅度、相位调制功能,并且有外调幅功能;具有频率、幅度、相位键控功能,双路信号可以相互调制;具有存储、自校准及多种保护功能,标准接口。	24
2	扫频仪	频率范围:1～300 MHz 连续可调,扫频宽度:全扫 1～300 MHz,窄扫:最大频偏≥100 MHz,最小频偏≤1 MHz;点频:扫频范围内连续可调,输出正弦波;输出电压:0.5 V(3.33 mV)±10%,输出衰减器:0～70 dB,1 dB 步进,输出阻抗:75 Ω,输出平坦度:0 dB,衰减时全频段优于±0.25 dB,扫频非线性:不大于1:1.2,频率标记:50 MHz、10 MHz、1 MHz复合及外接,外接频标灵敏度优于 250 mV;示波管显示,带自校功能。	12

二、投标人的资质要求

1. 具有法人资格。

2. 具有投标产品厂家授权委托书。

3. 具有营业执照。

4. 企业经营业绩（业绩列表）良好，在以往销售经营中无任何不良记录。

5. 企业注册资金要求在 50 万元以上。

三、投标文件组成

1. 法人授权委托书（原件）。

2. 营业执照、税务登记证（复印件）。

3. 企业资质证明（产品授权代理证明）。

4. 服务响应情况。

5. 报价单（表）：投标商应在投标文件报价表中写明投标设备的单价和总价，投标报价应包括产品的包装费、运费、施工、安全安装、调试费、所需附件、辅材单价及税费等一切费用。

6. 请投标商提供的样品送至学校教务处（所在地行政办公楼 210 室）。

四、质量要求及售后服务

1. 本次采购的商品必须为规定型号的正宗产品，必须符合国家有关标准及质检部门的质量要求。

2. 投标人应按有关规定承诺对具体采购的产品、售后服务具体措施及保修期限有文字说明。

五、投标时间：2013 年 3 月 9 日 9:00 前。

六、标书接受部门

学校教务处。各投标商请于规定投标时间内，将投标文件用文件袋封口并在封口处盖上单位公章后送达我校教务处。

七、供货时间

合同签订后 10 天内到位安装完毕。

八、付款方式

本次中标单位在与我院签订合同后没有预付款。合同期内货到我院安装完毕，验收合格后，60 天内付合同款的 90%；余下 10% 合同款作为质保金，待 12 个月后无质量问题及其他违约事项一次付清。

九、评判原则

我院评标小组将本着公平、公正、公开原则，对投标标的质量、报价、服务、交货期、投标商的信誉以及其他各方面因素综合评定。

1. 投标文件必须符合招标文件要求。

2. 报价合理。

3. 投标商具有履约能力。

4. 能够提供最佳服务，保证质量。

十、相关说明

1. 投标文件一律不退，请投标商自留底稿。

2. 经本校研究确定中标单位后,对其他未中标单位将予以通知,但未中标的原因不予解释。

3. 投标商向学校提交标书,即表明响应我校招标文件中的各项规定。交纳200元人民币报名费(该费用一律不退),同时还要交纳2 000元人民币投标保证金,开标后,未中标的,可立即办理保证金退款手续;中标的,在验收合格后退回。

4. 接到中标通知后中标单位必须在3个工作日内前来我校签订合同,若发生中标商拒绝按规定时间签订合同,我校将其视作该中标商放弃此次中标权,该中标商所交纳的投标保证金不予退还,我校有权决定第二中标单位或重新组织招标。

5. 投标商为投标所发生的一切费用均由投标商承担,包括投标书的编制、送标书等费用。

十一、无效的投标

1. 超时送达。

2. 投标文件未密封。

3 投标文件未按规定加盖本单位印章。

4. 在投标文件中未明确规格、型号、技术参数和类别。

5. 开标时,参加投标的授权代表未能对投标疑点给予澄清,在这种情况下,评标小组将视作投标商自动弃权。

6. 近3年中曾为我院供应产品存在不合格的不良企业。

7. 没有提供有关资质证明等证件。

8. 其他不符合招标文件要求的投标。

单位名称:××

法人代表:××

地址:××××

联系人及电话:张×× 0517-6543217

评析:

1. 该例文内容合理合法,全面、明确、具体,结构周密严谨。对招标项目在用文字表述比较复杂的情况下,用了表格形式表示,让投标单位一目了然。

2. 语言简洁清晰,对招标内容作了简洁介绍,重点突出,逻辑性强。

3. 落款详细具体。

4.2.3 病文修改

××集团公司修建计算中心大楼招标书

本集团公司将修建一栋计算中心大楼,由××市城市建设委员会批准,建筑工程实行公开招标,现将招标有关事项公告如下:

一、工程名称:××集团公司计算中心大楼

二、建筑面积:××××平方米

三、设计及要求:见附件

四、承包方式:实行全部包工包料

123

五、索标书时间：投标人请于 2013 年 6 月 5 日前来人索取招标文书，逾期不予办理。

投标人请将投标文书及上级主管部门的有关签证等，密封投寄或派员直接送本集团公司基建处。收件至 2013 年 7 月 5 日截止。开标日期定于 2013 年×月×日，在××市公证处公证下启封开标，地点在本集团公司绿湖楼第一会议室。

报告挂号：××××

电话：××××××××

联系人：×××

××集团公司招标办公室

2013 年 5 月 5 日

评析：

1. 内容不够全面、具体、严密，日后容易发生纠纷。

2. 本文缺写施工地点、投票条件和招标单位地址等。

3. 格式不正确，落款不标准。

4.2.4 招标书的结构与写法

招标书一般由标题、正文、结尾三部分组成。

1）标题

标题写在第一行的中间。常见写法有三种：

①招标单位名称＋内容＋文种。如《重庆市菜园坝大桥工程招标书》。

②只写文种名称，如"招标书"。

③广告性标题，如"谁来承包××食堂"。

2）正文

正文由引言、主体两部分组成。

引言部分主要交代招标单位的基本情况、招标的背景、目的、依据、原因等。

主体部分要翔实交代招标方式（公开招标、内部招标、邀请招标）、招标范围、招标程序、招标条件和要求、双方签订合同的原则、招标过程中的权利和义务、组织领导、其他注意事项等内容。主要包括：

①文件编号。

②招标项目。包括名称、地址、各项技术指标、总工程量或物资名称、数量、质量、时间要求等。

③招标范围。包括投标者应具备的条件，投标者的资格审核，中标者的义务、责任和权利等。

④招投标方法。主要有：招投标的手续、标书的售价、投标步骤及要求、开标具体办法等。

⑤招标时限。主要有：招投标的起止时间、发售招标文件的日期、开标时间等。

⑥招标地点。主要有：发售招标文件的地点、开标地点等。

3)结尾

①招标单位的名称。

②地址。

③法人代表。

④联系人。

⑤电话、传真邮箱等。

⑥成文日期。

4.2.5　招标书的写作要求

①方案和内容合理合法,并且要做到周密严谨。招标书不但是一种"广告",而且也是签订合同的依据,因而是一种具有法律效力的文件。

②内容真实、全面、具体、严密,以免日后发生纠纷。

③语言简明、准确、清晰。对技术规格、质量要求的表述要绝对准确、无误。招标书没有必要长篇大论,只要把所要讲的内容简要介绍,突出重点即可,切忌没完没了地胡乱罗列、堆砌。技术要求、相关图纸等可作为招标相关文件处理。

4.2.6　写作情景训练

某大学决定投资 5 000 万元,兴建一幢现代化的图书馆。其中土建工程采用公开招标的方式选定施工单位,但招标文件对市内的投标人与市外的投标人提出了不同的要求,也明确了投标保证金的数额。该校委托某建筑事务所为该项工程编制标底。2010 年 10 月 6 日招标公告发出后,共有 A,B,C,D,E,F 等 6 家省内的建筑单位参加了投标。投标文件规定2010 年 10 月 30 日为提交投标文件的截止时间,2010 年 11 月 13 日举行开标会。其中,E 单位在 2010 年 10 月 30 日提交了投标文件,但 2010 年 11 月 1 日才提交投标保证金。开标会由该市建委主持。结果,其所编制的标底高达4 200多万元,与其中的 A,B,C,D 等 4 个投标人的投标报价均在3 200万元以下,与标底相差1 000万余元,引起了投标人的异议。这 4 家投标单位向该市建委投诉,称某建筑事务所擅自更改招标文件中的有关规定,多计漏算多项材料价格。为此,该校请求市建委对原标底进行复核。2011 年 1 月 28 日,被指定进行标底复核的市建设工程造价总站(以下简称总站)拿出了复核报告,证明某建筑事务所在编制标底的过程中确实存在这 4 家投标单位所提出的问题,复核标底额与原标底额相差近1 000万元。由于上述问题久拖不决,导致中标书在开标 3 个月后一直未能发出。为了能早日开工,该校在获得了市建委的同意后,更改了中标金额和工程结算方式,确定某省公司为中标单位。

问题:

1.上述招标程序中,有哪些不妥之处? 请说明理由。

2.问题久拖不决后,某大学能否要求重新招标? 为什么?

3.如果重新招标,给投标人造成的损失能否要求该大学赔偿? 为什么?

4.3 投标书

　　某房地产公司计划在北京开发某住宅项目，采用公开招标的形式，有 A，B，C，D，E 5 家施工单位领取了招标文件。本工程招标文件规定 2013 年 1 月 20 日上午 10：30 为投标文件接收终止时间。在提交投标文件的同时，需投标单位提供投标保证金 20 万元。

　　在 2013 年 1 月 20 日，A，B，C，D 4 家投标单位在上午 10：30 前将投标文件送达，E 单位在上午 11：00 送达。各单位均按招标文件的规定提供了投标保证金。

　　在上午 10：25 时，B 单位向招标人递交了一份投标价格下降 5% 的书面说明。

　　在开标过程中，招标人发现 C 单位的标袋密封处仅有投标单位公章，没有法定代表人印章或签字。

　　请问：你觉得 B 单位向招标人递交的书面说明是否有效？

4.3.1 基础知识

1）投标书的含义及适用范围

投标书是对招标书的回应。它是投标者根据招标书中提出的条件和要求，向招标者提出自己的投标意向，提交报价并填具标单的专用文书。

对承包商来说，投标是国内外经济活动中经常采用的、按法律程序进行的一种竞争性很强的交易方式。在交易过程中，一般大宗商品的采购、大型项目的建设以及科研技术的开发等业务的合作，都按规定的条件对外公开邀请符合条件的国内外企业竞争投标，然后由招标人从中选择价格和条件较合适的投标与其签订合同。

2）投标书的特点

①竞争性。投标的目的是参与市场竞争，投标书不仅要按照招标书提出的项目、要求、条件，结合自身实际，有针对性地进行写作，有时还要预测竞争者，考虑竞争者的情况。

②针对性。拟制投标书的目的就是争取与招标单位订立合同。因此，投标内容是针对招标项目、条件和要求而写的，具有很强的针对性。

③求实性。在投标书中，投标人的信誉度主要体现在内容的求实性。投标书应对投标项目进行客观的分析，实事求是说明己方的优势和特点，实事求是介绍己方的投标方案，以利合作。求实性是投标书最基本的特点，也是中标的生命线。

④约束性。投标书所承诺的各项内容具有严格的法律约束力。如果中标，必须履行承诺，严格遵守，否则要承担法律责任。

⑤保密性。投标书在没开标之前属于秘密,任何一方不能提前解密。制作好的招标书要求密封后邮寄或派专人送到招标单位。

3)投标书的分类

①按投标的范围可分为:国际投标书和国内投标书。

②按照时间可分为:长期投标书、短期投标书。

③按招标的标的物划分,可分为三大类:货物投标书、工程投标书、服务投标书。根据具体标的物的不同,还可以进一步细分。如工程类进一步可分为施工工程、装饰工程、水利工程、道路工程、化学工程等。每一种具体工程的标书内容差异非常大。货物标书也一样,简单的货物如粮食、石油;复杂的货物如机床、计算机网络。标书的差异也非常大。

4)投标书的作用

①有利于鼓励企业公平竞争的作用。

②投标书是保证工程质量的依据。

③有利于形成由市场定价的价格体制,使工程造价更加趋于合理。

④有利于供求双方更好地相互选择,使工程造价更加符合价值基础。

⑤有利于规范价格行为,使公开、公平、公正的原则得以贯彻。

4.3.2 阅读与分析

【例文4.3】

建设工程投标书

××大学:

1.根据已收到的招标编号为××的××工程的招标文件,遵照《工程施工招标投标管理办法》的规定,我单位经考察现场和研究上述工程招标文件的投标须知、合同条件、技术规范、图纸、工程量清单和其他有关文件后,我方愿以人民币××元的总价,按上述合同条件、技术规范、图纸、工程量清单的条件承包上述工程的施工、竣工和保修。

2.一旦我方中标,我方保证在2013年3月1日开工,2013年9月1日竣工,即181天(日历日)内竣工并移交整个工程。

3.如果我方中标,我方将按照规定提交上述总价5%的银行保函或上述总价10%的由具有独立法人资格的经济实体企业出具的履约担保书,作为履约保证金,共同地和分别地承担责任。

4.我方同意所递交的投标文件在投标须知第11条规定的投标有效期有效,在此期间内我方的投标有可能中标,我方将受此约束。

5.除非另外达成协议并生效,你方的中标通知书和本投标文件将构成约束我们双方的合同。

6.我方金额为人民币××元的投标保证金与本投标书同时递交。

单位名称：××建筑集团公司（盖章）

单位地址：××市××路××号

法定代表人（签字）：××

邮政编码：×××××

电　　话：×× ×××××××

传　　真：×××××××××

开户银行：××银行

账号：×××××××××××××

日期：2013 年 2 月 11 日

评析：

1. 内容针对性强，紧扣招标书的要求，报价体现了自身综合实力，做到了全面考虑，合情、合理、合法。

2. 语言表述明确、具体、周密，具有可行性和可操作性，避免了中标后可能发生的不必要的纠纷。

3. 具有时效性，按照招标书的时限要求，送达投标书。

4.3.3 病文修改

××××公司投标书

××××总公司

诸位先生：

研究了招标文件 IMLRC—LCB9001 号，对集通铁路项目所需货物我们愿意投标，并授权下述签名人×××、×××，代表我们提交下列文件正本一份，副本四份。

1）投标报价表。

2）货物清单。

3）技术差异修订表。

4）资格审查文件。

签名人兹宣布同意下列各点：

1）所附投标报价表所列拟供货物的投标总价为×××美元。

2）投标人将根据招标文件的规定履行合同的责任和义务。

3）投标人已详细审查了全部招标文件的内容，包括修改条款和所有供参阅的资料及附件，投标人放弃要求对招标文件作进一步解释的权利。

4）本投标书自开标之日起 90 天内有效。

5）如果在开标之后的投标有效期撤标，则投标保证金由贵公司没收。

6）我们理解你们并不限于接受最低价和你可以接受任何标书。

投标单位名称：中国广州×××公司（公章）

地　　址：中国广州××区××街××号

电　　话：×××××××××

授权代表：×××

×××年×月×日

评析：

1. 文章的结构内容不符合投标书的要求。投标书的正文一般要根据招标书提出的目标、要求，介绍投标企业的现状、说明具备投标的条件，提出标价（常用表格表示）、完成招标项目的时间，明确质量承诺和应标经营措施；此外，根据招标者提出的有关要求，填写标单等。而本文虽有引言，但写作内容不规范。对本企业的介绍本是十分重要的内容，但本文却未能重视而展开，仅停留在"资格审查文件"上。对己方的质量承诺、应标措施等更是缺乏陈述。结尾也没写法人代表。

2. 存在多余的话。如"6）我们理解你们并不限于接受最低价和你可以接受任何标书"。

3. 序码不规范。

4. 语言存在不明确、不具体、不准确现象。如"资格审查文件"，是谁的资格审查文件？

5. 投标书只能给招标单位，而不能给"诸位先生"。

4.3.4　投标书的结构与写法

投标书一般由标题、正文、结尾三部分组成。

1）标题

标题主要有四种形式：

①投标单位＋投标项目名称＋文种。如《××公司承包××学校学生宿舍改造工程投标书》。

②投标项目＋文种。如《××项目投标书》。

③投标单位＋文种。如《××建筑工程公司投标书》。

④文种。如《投标书》。

2）正文

正文主要介绍投标方的基本情况以及表明投标的意愿，具体写明本次投标的项目名称、数量、规格、技术要求、报价、交货（或完成）的日期、质量保证等内容。投标书的内容应真实、详细，注意突出本单位的优势，但不得夸大其词、虚构或瞒报本单位的基本情况。投标书的写作应遵守招标程序和各项责任、义务，确认在规定的投标有效期内送达投标书。投标期限具有约束力。

（1）送达单位

送达单位即招标单位，居左顶格书写。

（2）前言（引言）

前言说明投标的依据、目的、投标方名称、投标意愿等。

（3）主体

主体部分应充分展示投标者的实力，使自己在众多投标者中脱颖而出。

①写明投标的具体指标：具体指标应明确质量承诺和应标经营措施，拟定标的，提出标价（可用表格表示），完成招标项目的时间，填写标单等。

②说明投标书的有效期限。

③说明投标方的保证，即保证按照招标书的要求提交银行担保书与履约保证金。

3)结尾

签署投标单位及法人代表名称或姓名，并写明日期。另外，一般还要附上投标保证文件、合同条件、设计规范、投标企业资质文件等。投标保证文件是投标有效的必检文件。保证文件一般采用三种形式：支票、投标保证金和银行保函。合同条件是招标书的一项重要内容。此部分内容是双方经济关系的法律基础，因此对招投标方都很重要。有的设备需要设计规范，如通信系统、输电设备，是确保设备质量的重要文件，应列入招标附件中。技术规范应对施工工艺、工程质量、检验标准作出较为详尽的保证，也是避免发生纠纷的前提。技术规范包括：总纲，工程概况，分期工程对材料、设备和施工技术、质量的要求，必要时写清各分期工程量计算规则等。投标企业资格文件主要是要求提供企业生产该产品的许可证及其他资格文件，如 ISO 9001、ISO 9002 证书等。另外还要求提供业绩。

4.3.5　投标书的写作要求

①内容的针对性要强，必须紧扣招标书的要求，报价要综合自身实力、竞争对手情况，全面考虑，做到合情、合理、合法。

②语言表述要明确、具体、周密，具有可行性和可操作性，实事求是说明己方优势、特点，以避免中标后发生不必要的纠纷。

③内容要合理合法，承诺的内容，须明确、具体、全面、周密。

④注意时效性，务必按照招标书的时限要求，送达投标书。

4.3.6　情景写作训练

根据课本招标书例文内容，虚拟情景，写一份设备投标书。

4.4　房地产广告文案

问题思考：

"万科·魅力之城"是万科集团××××年的主打楼盘。为更好地宣传该楼盘，公司决定策划一份广告文案。主管张先生将楼盘资料交给了文员夏小姐。夏小姐决定好好学习一下房地产广告文案的写法。

4.4.1　基础知识

1)房地产广告文案的概念

房地产广告文案是以房地产为主要信息诉诸文字的过程，是一个运用语言文字与目标受众沟通的过程,它可以为房地产进行更好的宣传,带来更大的社会效益和经济效益。

2)房地产广告文案的分类

根据经济效益和社会效益来划分,房地产广告文案可以分为商业广告文案和非商业广告文案。

根据不同目标,房地产广告文案可分为促销广告文案、形象广告文案和观念广告文案。

根据发布的媒介不同,房地产广告文案可分为印刷媒体广告文案、电波媒体广告文案、户外广告文案、销售现场广告文案、网络广告文案等。

根据广告文案的结构,房地产广告文案可分为单则广告文案和系列广告文案等。

4.4.2　阅读与分析

【例文4.4】

精品社区　荷花湖畔

前　言

××地产倾力打造的精品社区,荷花湖畔。本项目糅合了中国古典徽派建筑风格与江南水乡的小桥流水,纯粹、简洁、律动的设计风格,注重与周围自然环境的和谐统一。追求生态、健康、生活、人文,将家庭的健康温馨和生活的安逸和谐作为建设的首要目标,成就××城北理想的生活坐标,打造理想的宜居家园。(插图略)

倾力打造　精品住宅

荷花湖畔被誉为××区首席生态社区,立体绿化;抗震性能优越的全框架结构;通透实用的经典户型;优越的地理位置及完善的生活配套;临近自然水体,水岸环绕;优质诚信的物业管理;完备时尚的商业氛围;充足的泊车位;都将使这里缔造完美的人居环境,演绎上层的生活氛围。88～144平方米,一个不算大的户型,承载了我们家的全部内涵,温馨与浪漫,追求回归自然的另一种时尚,让家在最原始的概念中诠释着人性的真善美! 14万平方米的小区总占地面积,35.6%的绿化率,绿化交叉错落,自然水体在小区内的蜿蜒流淌,移步换景,清新宜人,给人带来舒适宽敞的居家环境! 2 509平方米的绿地面积,高指标的绿化环境,在自然的鸟语花香里尽情地舒展身心,生活的足迹是绿色满载着的希望和生机! 寻寻觅觅,走走停停,荷花湖畔! (插图略)

让家驻足,让心靠岸

在疲于奔命的日子里,飘零用于灵魂,流浪用于身心。累了,想休息了,就来荷花湖畔吧,在一种纯粹的生命,一种自然而奔放的伟岸,它昭示着我们心中对真善美的永恒的渴望,面对荷花,我们时常静思无语,因为荷花本身就是语言的生命,就是生命的本体,就是生活的回归。谁能无视这种自然造化给我们的恩赐呢? (插图略)

家住湖城,生命有了不可缺少的滋润

湖是大地的眼睛,湖是一种流动的深情;湖是生活中没有被剥夺的一点奇妙;湖是一种美丽,是一种情意。为了陆地不那么干枯,为了人的生活不那么疲劳,为了把凶恶的海控制起来,把生硬的地面活泼起来,为了你的眼睛与天上的月亮——你不觉得看到地面上的一个湖泊就像看到天上的月亮一样令人欣喜么,为了短暂的焦渴的生命中不能或缺的滋润,于是有了湖。漫步在旖旎的荷花湖畔,心如止水般平静。夕阳落到湖面时,似乎就不再坠落。阳光把这幅景致定格,昏黄是永恒的经典。我们在尘世中为各种欲望奔波劳累,早已淡忘了在休闲时品一杯绿茶那种清香的味道,早已不再牵着爸爸妈妈的手在林间漫步说心事,大千世界,何不留一颗平静、清纯、淡雅的心? 心如湖水,波澜不惊,闲庭信步看荷花柳絮飞!(插图略)

自然的浪漫,自在的优雅

浪漫,是奢侈的必需,也是简约的极致。然而真正的优雅,是灵魂的浪漫,给心情一个偷懒的机会。或许浪漫会悄然而至,溪边、河边、水池边,茵茵青草,曲晨幽径,谁说浪漫不能随处可得。

优雅,是生活的升华,也是心灵的致远。然而真正的优雅,是灵魂的恬淡靠岸,从遥远的白色走来,闪耀着灰色的无限运动张力。最自由的颜色,最丰富的视觉享受,给你一个星期五的家,让心灵靠岸,人性回归。(插图略)

中国印象,不只是典雅

白墙灰瓦幢幢,一派祥和的中国院落社区,徜徉湖畔,处处洋溢着尚古之情,荷塘月色下的诗意,满载生活的浪漫,是岁月筛选的真!

四季变换,佳景尽致

春(插图略)

冰雪初融

夏(插图略)

溪水潺潺

秋(插图略)

凉风习习

冬(插图略)

北国飞雪

封存的鹅卵石小径直通房前檐下

结束语

居所的精神内涵和文化氛围已逐步走入大众的关注视野,寻寻觅觅走走停停,找寻属于自己可以停靠的灵魂之岸,来荷花湖畔吧;西夏故都的回乡风情和中国水墨画的完美结合,徽派建筑与江南水乡的浑然一体,别具特色的文化韵味,向大众诠释了一个全新的生活社区。健康、和谐、人文得以充分的体现。步入荷花湖畔,无疑是步入一种时尚和追求!

评析:

这则楼盘广告文案标题醒目、新颖,有感染力,主体以富有想象的创意、优美的文字将荷花湖畔楼盘的设计风格、建筑风格和生态、健康、生活、人文的设计理念等进行了详尽的阐述。该广告文案以消费者的利益为出发点,能够引起大众的关注,很好地体现了广告文案的主题,同时也实现了广告文案的价值。

【例文4.5】

如何在欲望迷城里对自己好一点？

——要追逐自己的方向很多，我只要一个站台的温柔！

"我把自己弄丢了。"电话那头，传来她啜泣的声音。

不知道怎样回答才好，我只能沉默，仿佛全世界的雨淋湿了全世界的鸽子。

这座充满欲望的城市里，我们不停奋斗，在追逐事业中，却忘记了要的究竟是什么样的生活，只好用啤酒、商场、KTV和迪斯科来追求快乐和享受。

"在欲望中受伤，不知道如何善待自己"。沉默良久，我拿起听筒，"幸好，还有一种极品生活值得拥有，比如在花园露台种大盆大盆的龙舌兰，比如在南山图书馆借用托尔斯泰和黑泽明做餐具，比如在沃尔玛展示自己的经济美学，比如在晾晒温柔阳光的客厅里和你一起品尝有笑容的咖啡，比如在南山交通枢纽站，下班总是比别人早一步回家。""还有，别忘了，我们的约会，在钰龙园。"

南头站，极品生活，下一秒，我一定在那里。

评析：

这则楼盘广告非常具有创意，一改传统广告文案死板的做法，而采用文学小说体裁，叙述了一个离而又合的爱情故事。此则楼盘广告抓住现代快节奏的生活下人们容易被压迫和迷茫的情况，强调了家是情感的港湾，是充满温馨与恣意放松的地方，然后通过主人公的嘴勾勒出楼盘所创设的环境、楼盘的位置及楼盘的名称，从而实现了最初宣传的目的。

4.4.3　病文修改

窗户一开，和海风抱起了一个满怀——蔚蓝海岸2期的户型理念

依据蔚蓝海岸的谚语：人在风景中，你在风景里——窗外是风景，窗内是阳光，清新的气流擦在窗边人脸上，通透的建筑——人在风景中，你装饰了别人的眼界，蔚蓝海岸的户型设计追求室内室外空间的和谐，充分满足住户室内生活的需要，完全根据住户的身心需要行为模式设计，将室内和室外有机地结合，每个窗口都是一个独特的视觉系统，春夏秋冬，四时八节，晨昏日暮，从窗口望出去都会有不同感受，设计师以精细的感觉，捕捉微妙的关系，分辨细微的差别，结合所有的元素与细节，门、窗、廊、柱、点、线、面、色彩、材质、环境，造成一个总体和谐又不失变化之美的状态。

在风经过的地方，就设计一扇窗去迎接，在朝海向湖的地方，就设计一座大阳台去亲近，在阳光经过的地方，就设计一道回廊和它拥抱。

评析：

1. 缺少标题。

2. 尽管语言优美，也着重突显了靠海的特点，但太概括，且楼盘与户型整体理念显得非常不充分。

4.4.4　房地产广告文案的结构和写法

从广告内容看，房地产广告文案一般包括标题、正文、附文和插图四部分。

1）标题

广告标题也称标语,它是广告文稿的精髓。标题要开门见山,用简洁明快的表现形式体现广告主题,同时要注意表现消费者利益,诱发受众好奇。

标题要安排在醒目位置上,标题的字体要区别开副题和正文的字体,一般用大号字为宜。要把标题与图画视为一个整体,力求两者相互起陪衬和烘托作用,以增强整个广告的效果。如深圳大世界商城"好地段 + 低价格 = 投资上选",广州奥林匹克花园"运动就在家门口"。

2）正文

房地产广告文案正文是指广告文案的主体部分,主要解释或说明广告主题,将在广告标题中引出的广告信息进行较详细的介绍,如房地产设计理念、设计风格等,使受众在正文的阅读中建立起对产品了解的兴趣和信任,并产生强烈的购买欲望,促进购买行为的发生。

3）房地产广告附文

广告附文一般居于正文之后,也称随文、尾文。房地产广告附文的具体表现内容大致分为:品牌名称,企业名称,企业标志或品牌标志,企业地址、电话、邮编、联系人;购买商品或获得服务的途径和方式;权威机构证明标志;特殊信息,如奖励的品种、数量、赠送的品种、数量和方法等;如需要反馈,还可运用表格的形式。

4）插图

插图是对文字内容的补充与注释,具有很强的心理暗示作用。房地产广告文案可以根据正文内容的需要,选择具有突出主题设计创意的插图设计,或抽象,或鲜明、醒目。插图的风格与色彩要尽量保持一致,形成统一、和谐的整体设计。

4.4.5 房地产广告文案撰写的注意事项

1）简洁生动,自然流畅

文案通常是越简洁越有效,最好仅有一个或两个主要构思;文案从头至尾要自然流畅、相互呼应。广告风格在产品的生命周期过程中不应有大幅度的变化。

2）注重宣传,扩大影响

根据不同的传播媒介,注重宣传手段及效果,如印刷广告正文必须详细准确,具有可读性和趣味性。电视广告文案可以充分利用视觉特性,使用表演、特写等手段。广播文案要注重通过声音、音响效果及音乐的组合将听众带入一个想象的境界,激发广告文字不能引起的感情。

4.4.6 情景写作训练

××市××房地产开发有限公司投资建设的"××茗园",地处我市政治、经济、文化中心的白塔区,东临中国电信,南邻黄河大街,北邻新华大街,小区整体规划建设用地26.5万平方米,总建筑面积近32万平方米。

"××茗园"的园林景观设计及施工聘请了国内著名的景观绿化公司——××省园林绿化工程有限公司担纲。小区的园林景观设计注重"以人为本",确定了以绿为主体,以水为线条,以休闲为主题的作画造景原则,园区绿化率高达33.5%;近万平方米的现代欧式中庭休闲广场,数万平方米的绿和几千平方米的水创造出了步换景移、形色生香的人文生态自然景观,充分体现了建筑的艺术性和实用性的完美结合。

"××茗园"的社区配套极为成熟,××高中、××中学、××小学及省林业学院、××师范大学等名院名校皆坐落于此,是一个富含文化底蕴的高尚社区,堪称××市的文化区。

"××茗园"所处地域的城市交通网四通八达。小区的"东华门"沿爱民路至"青年大街"仅咫尺之遥;另外,6路、8路、12路、20路公交车环城而行,至第三人民医院、国美电器、人民体育馆等医疗、文体、商贸中心,交通极为便利。

请你根据以上资料,为"××茗园"撰写一份广告文案。

模块 5 经济文书

学习目标

知识目标：
● 了解合同、营销策划书、市场调查报告、市场预测报告、资产评估报告、经济纠纷起诉状等文种基础知识。
● 了解合同、资产评估报告写作的基础与前提。

能力目标：
● 能熟练书写合同、市场调查、资产评估等应用文种。

重点与难点

● 合同写作的原则。

5.1 合 同

问题思考：

　　建设工程合同是承包人进行工程建设，发包人支付价款的合同。建设工程合同包括工程勘察、设计、施工合同。工程建设纷繁复杂，很容易产生纠纷，合同对保证签约各方的权利至关重要，是保证工程实施的基本要素之一。合同在这些经济交往活动中主要起什么作用？建设工程合同主要条款有哪些？建设工程合同与买卖合同及加工定做合同有什么区别？建设工程合同实施中应注意哪些方面？

5.1.1 基础知识

1）合同的含义、作用和特点

《中华人民共和国合同法》（以下简称《合同法》）规定，合同是平等主体的自然人、法人和其他组织之间设立、变更、终止民事权利义务关系的协议。合同的当事人可以是自然人，也可以是法人、其他组织。

签订合同是一种法律行为。其主要作用：一是有利于维护合同当事人的合法权益和明确当事人的权利、义务；二是有利于依法管理经济，维护社会经济秩序；三是有利于社会经济的协作，促进社会经济的繁荣。

合同主要有以下特点：

（1）合法性

《合同法》第七条规定，"当事人订立、履行合同，应当遵守法律、行政法规，尊重社会公德，不得扰乱社会经济秩序，损害社会公共利益"。当事人订立经济合同的目的，是为了实现一定的生产经营目的或完成一定的工作任务。经济合同是商务活动组织之间明确权利义务关系的协议，必须依法生效，否则，即使是当事人双方协商一致的经济合同，仍然没有法律效力。

（2）规范性

具有两层含义，一是指依法成立的经济合同对各方当事人具有法律约束力；二是指当事人双方订立的合同从形式到内容都是合乎规范的。合同的规范能确保合同当事人各方的合法权益落到实处。

（3）一致性

经济合同是双方或多方的法律行为，体现当事人一致的意见。经济合同的成立必须具有两个或两个以上的当事人作出意思表示，且意思真实、一致。违背了某一方当事人意志的经济合同条款都不具有法律效力。

2）合同的主要类型

《中华人民共和国合同法》（1999 年 3 月 15 日通过）规定了 15 类合同，包括：

①买卖合同：是出卖人转移标的物的所有权于买受人，买受人支付价款的合同。

②供用电（水、气、热力）合同：是供方向用方供电（水、气、热力），用方支付费用的合同。

③赠与合同：是赠与人将自己的财产无偿给予受赠人，受赠人表示接受赠与的合同。

④借款合同：是借款人向贷款人借款，到期返还借款并支付利息的合同。

⑤租赁合同：是出租人将租赁物交付承租人使用、收益，承租人支付租金的合同。

⑥融资租赁合同：是出租人根据承租人对出卖人、租赁物的选择，向出卖人购买租赁物，提供给承租人使用，承租人支付租金的合同。

⑦承揽合同：是承揽人按照定做人的要求完成工作，交付工作成果，定做人给付报酬的合同。

⑧建设工程合同：是承包人进行工程建设，发包人支付价款的合同。

⑨运输合同：是承运人将旅客或者货物从起运地点运输到约定地点，旅客、托运人或者收货人支付票款或者运输费用的合同。

⑩技术合同：是当事人就技术开发、转让、咨询或者服务订立的确立相互之间权利和义务的合同。

⑪保管合同：是保管人保管寄存人交付的保管物，并返还该物的合同。

⑫仓储合同：是保管人储存存货人交付的仓储物，存货人支付仓储费的合同。

⑬委托合同:是委托人和受托人约定,由受托人处理委托人事务的合同。

⑭行纪合同:是行纪人以自己的名义为委托人从事贸易活动,委托人支付报酬的合同。

⑮居间合同:是居间人向委托人报告订立合同的机会或者提供订立合同的媒介服务,委托人支付报酬的合同。

3)建设工程合同

建设工程合同也称建设工程承发包合同,是指由承包人进行工程建设,发包人支付价款的合同。按照《中华人民共和国合同法》的规定,建设工程合同包括三种,即建设工程勘察合同、建设工程设计合同、建设工程施工合同。

(1)建设工程勘察合同

建设工程勘察合同是承包方进行工程勘察,发包人支付价款的合同。建设工程勘察单位称为承包方,建设单位或者有关单位称为发包方(也称为委托方)。

建设工程勘察合同的标的是为建设工程需要而作的勘察成果。工程勘察是工程建设的第一个环节,也是保证建设工程质量的基础环节。为了确保工程勘察的质量,勘察合同的承包方必须是经国家或省级主管机关批准,持有《勘察许可证》,具有法人资格的勘察单位。

建设工程勘察合同必须符合国家规定的基本建设程序,勘察合同由建设单位或有关单位提出委托,经与勘察部门协商,双方取得一致意见,即可签订,任何违反国家规定的建设程序的勘察合同均是无效的。

(2)建设工程设计合同

建设工程设计合同是承包方进行工程设计,委托方支付价款的合同。建设单位或有关单位为委托方,建设工程设计单位为承包方。

建设工程设计合同的标的是为建设工程需要而作的设计成果。工程设计是工程建设的第二个环节,是保证建设工程质量的重要环节。工程设计合同的承包方必须是经国家或省级主要机关批准,持有《设计许可证》,具有法人资格的设计单位。只有具备了上级批准的设计任务书,建设工程设计合同才能订立;小型单项工程必须具有上级机关批准的文件方能订立。如果单独委托施工图设计任务,应当同时具有经有关部门批准的初步设计文件方能订立。

(3)建设工程施工合同

建设工程施工合同是工程建设单位与施工单位,也就是发包方与承包方以完成商定的建设工程为目的,明确双方相互权利义务的协议。建设工程施工合同的发包方可以是法人,也可以是依法成立的其他组织或公民,而承包方必须是法人。

5.1.2 阅读与分析

【例文5.1】

买卖合同

订立合同双方:

买方:＿＿＿＿＿＿＿＿＿＿＿＿＿＿＿＿　　(下称甲方)

地址:＿＿＿＿＿＿＿＿＿＿＿＿＿＿＿　　邮编:＿＿＿＿＿＿＿

电话:_____ 传真:_____
电子邮箱:_____

卖方:_____ (下称乙方)
地址:_____ 邮编:_____
电话:_____ 传真:_____
电子邮箱:_____
甲乙双方经充分协商,本着自愿及平等互利的原则,订立本合同。
第一条 名称、品种、规格和质量
1.名称、品种、规格:
_____(应注明产品的牌号或商标)。
2.质量,按下列第( )项执行:
(1)按照_____标准执行(须注明按国家标准或部颁或企业具体标准,如标准代号、编号和标准名称等)。
(2)按样本,样本作为合同的附件(应注明样本封存及保管方式)。
(3)按双方商定要求执行,具体为:
_____(应具体约定产品质量要求)。
第二条 数量和计量单位、计量方法
1.数量:_____。
2.计量单位和方法:_____。
3.交货数量的正负尾差、合理磅差和在途自然增(减)量规定及计算方法:_____。
第三条 包装方式和包装品的处理:
_____(应尽可能注明所采用的包装标准是否是国家或主管部门标准,自行约定包装标准应具体可行,包装材料由谁供应,包装费用由谁负担)。
第四条 交货方式:
1.交货时间:_____。
2.交货地点:_____。
3.运输方式:_____(注明由谁负责代办运输)。
4.保险:_____(按情况约定由谁负责投保并具体规定投保金额和投保险种)。
5.与买卖相关的单证的转移:_____。
第五条 验收:
1.验收时间:_____。
2.验收方式:
_____(如采用抽样检验,应注明抽样标准或方法和比例)。
3.验收如发生争议,由_____检验机构按_____检验标准和方法,对产品进行检验。

第六条　价格与货款支付：

1. 单价：_____；总价：_____（明确币种及大写）。

2. 货款支付：

货款的支付时间：_____；

货款的支付方式：_____；

运杂费和其他费用的支付时间及方式：_____。

3. 预付货款：_____（根据需要决定是否需要预付货款及金额、预付时间）。

第七条　提出异议的时间和方法：

1. 甲方在验收中如发现货物的品种、型号、规格、花色和质量不合规定或约定，应在妥为保管货物的同时，自收到货物后_____日内向乙方提出书面异议；在托收承付期间，甲方有权拒付不符合合同规定部分的货款。甲方未及时提出异议或者自收到货物之日起_____日内未通知乙方的，视为货物合乎规定。

2. 甲方因使用、保管、保养不善等造成产品质量下降的，不得提出异议。

3. 乙方在接到甲方书面异议后，应在_____日内负责处理并通知甲方处理情况，否则，即视为默认甲方提出的异议和处理意见。

第八条　甲方违约责任：

1. 甲方中途退货的，应向乙方赔偿退货部分货款的_____%违约金。

2. 甲方未按合同约定的时间和要求提供有关技术资料、包装物的，除交货日期得以顺延外，应按顺延交货部分货款金额每日万分之_____计算，向乙方支付违约金；如_____日内仍不能提供的，按中途退货处理。

3. 甲方自提产品未按乙方通知的日期或合同约定日期提货的，应按逾期提货部分货款金额每日万分之_____计算，向乙方支付逾期提货的违约金，并承担乙方实际支付的代为保管、保养的费用。

4. 甲方逾期付款的，应按逾期货款金额每日万分之_____计算，向乙方支付逾期付款的违约金。

5. 甲方违反合同规定拒绝接受货物的，应承担因此给乙方造成的损失。

6. 甲方如错填到货的地点、接货人，或对乙方提出错误异议，应承担乙方因此所受到的实际损失。

7. 其他约定：_____。

第九条　乙方的违约责任：

1. 乙方不能交货的，向甲方偿付不能交货部分货款_____%的违约金。

2. 乙方所交货物品种、型号、规格、花色、质量不符合合同规定的，如甲方同意利用，应按质论价；甲方不能利用的，应根据具体情况，由乙方负责包换或包修，并承担修理、调换或退货而支付的实际费用。

3. 乙方因货物包装不符合合同规定，须返修或重新包装的，乙方负责返修或重新包装，并承担因此支出的费用。甲方不要求返修或重新包装而要求赔偿损失的，乙方应赔偿甲方该不合格包装物低于合格物的差价部分。因包装不当造成货物损坏或灭失的，由乙方负责赔偿。

4. 乙方逾期交货的,应按照逾期交货金额每日万分之_____计算,向甲方支付逾期交货的违约金,并赔偿甲方因此所遭受的损失。如逾期超过_____日,甲方有权终止合同并可就遭受的损失向乙方索赔。

5. 乙方提前交的货物、多交的货物,如其品种、型号、规格、花色、质量不符合约定,甲方在代保管期间实际支付的保管、保养等费用以及非因甲方保管不善而发生的损失,均应由乙方承担。

6. 货物错发到货地点或接货人的,乙方除应负责运到合同规定的到货地点或接货人外,还应承担甲方因此多支付的实际合理费用和逾期交货的违约金。

7. 乙方提前交货的,甲方接到货物后,仍可按合同约定的付款时间付款;合同约定自提的,甲方可拒绝提货。乙方逾期交货的,乙方应在发货前与甲方协商,甲方仍需要货物的,乙方应按数补交,并承担逾期交货责任;甲方不再需要货物的,应在接到乙方通知后_____日内通知乙方,办理解除合同手续,逾期不答复的,视为同意乙方发货。

8. 其他:_____。

第十条　不可抗力:

任何一方由于不可抗力原因不能履行合同时,应在不可抗力事件结束后_____日内向对方通报,以减轻可能给对方造成的损失,在取得有关机构的不可抗力证明后,允许延期履行、部分履行或者不履行合同,并根据情况可部分或全部免予承担违约责任。

第十一条　争议解决:

凡因本合同引起的或与本合同有关的任何争议,如双方不能通过友好协商解决,均应提交中国国际经济贸易仲裁委员会深圳分会,按照申请仲裁时该会实行的仲裁规则进行仲裁。仲裁裁决是终局的,对双方均有约束力。

第十二条　附加条款:

1. _____。

2. _____。

3. _____。

第十三条　其他事项:

1. 按本合同规定应付的违约金、赔偿金、保管保养费和各种经济损失,应当在明确责任后_____日内,按银行规定的结算办法付清,否则按逾期付款处理。

2. 约定的违约金,视为违约的损失赔偿。双方没有约定违约金或预先赔偿额的计算方法的,损失赔偿额应当相当于违约所造成的损失,包括合同履行后可获得的利益,但不得超过违反合同一方订立合同时应当预见到的因违反合同可能造成的损失。

3. 本合同自_____年_____月_____日起生效,合同有效期内,除非经过对方同意,或者另有法定理由,任何一方不得变更或解除合同。

4. 合同如有未尽事宜,须经双方共同协商,作出补充规定,补充规定与本合同具有同等效力。

5. 双方来往函件,按照合同规定的地址或传真号码以_____方式送达对方。如一方地址、电话、传真号码有变更,应在变更后的_____日内书面通知对方,否则,应承担相应责任。

6.本合同正本一式＿＿＿＿＿份，双方各执＿＿＿＿＿份；合同副本一式＿＿＿＿＿份，分送
＿＿＿＿＿＿＿＿等单位。

甲方：＿＿＿＿＿＿＿＿＿＿＿（签章）　乙方：＿＿＿＿＿＿＿＿＿＿＿＿（签章）
受权代表：（签字）＿＿＿＿＿＿＿＿　受权　代表：（签字）＿＿＿＿＿＿＿＿
委托代理人：（签字）＿＿＿＿＿＿＿
本合同于＿＿＿＿年＿＿＿＿月＿＿＿＿日订立于＿＿＿＿（地点）。

评析：

这是一般商品买卖格式合同。作为经济生活中常见的交易形式，商品买卖合同在经济
活动中是非常常见的一种。标题采用了文种式标题，醒目。内容结合买卖合同的基本要素
采用分条列项的方式写作，包含了买方、卖方、商品、价格、金额等主要方面，条款清晰、严谨、
全面，双方的权利义务关系明确。措词准确、周密。整个合同相当规范。

【例文5.2】

加工定做合同

定做方（甲方）：＿＿＿＿＿＿＿
承揽方（乙方）：＿＿＿＿＿＿＿
签订地点：　　　　　签订时间：　年　月　日
一、品名或项目、规格型号、数量、单价、金额、交货期限
定做物品＿＿＿＿＿＿＿＿＿＿＿
价款或酬金＿＿＿＿＿＿＿＿＿＿＿
交货数量及交货期限＿＿＿＿＿＿＿＿＿＿＿
规格型号＿＿＿＿　计量单位＿＿＿＿　数量＿＿＿＿　单价＿＿＿　总金额＿＿＿
二、定做方带料

＿＿＿＿＿＿＿＿＿＿＿＿＿＿＿＿＿＿＿＿＿＿＿＿＿＿＿＿＿＿＿＿＿＿＿＿＿＿＿

|材料名称|规格型号|计量单位|数量|质量|提供日期|消耗定额|单价|总金额|
三、质量要求、技术标准
四、承揽方对质量负责的条件及期限
五、技术资料、图纸提供办法及保密要求
六、验收标准、方法和期限
七、包装要求及费用负担
八、交（提）货方式及地点
九、交付定金预付款数额及时间
十、结算方式及期限
十一、违约责任
十二、如需提供担保，另立合同担保书，作为本合同附件
十三、解决合同纠纷的方式：执行本合同发生争议，由当事人双方协商解决。协商不成，
可向人民法院起诉
十四、双方协商的其他条款

定做方：　　　　　　　　　　承揽方：

单位名称(章)：　　　　　　　单位名称(章)：

单位地址：　　　　　　　　　单位地址：

法定代表人：　　　　　　　　法定代表人：

授权委托人：　　　　　　　　授权委托人：

电话：　　　　　　　　　　　电话：

地址：　　　　　　　　　　　地址：

　　年 月 日　　　　　　　　　　年 月 日

评析：

　　这是一则加工定做合同。工程建设中许多产品为专用产品，与普通民用产品有本质区别，产品注注具有排他性，必须定做或特制。加工定做合同的主要条款包括项目名称、数量、质量、包装和加工方法；原材料的供应以及规格、数量、质量、验收方式；价款或酬金；履行地和期限、方式；验收标准和方式；结算方式、支付方式；违约责任等。订立加工定做合同应注意的问题有：①加工定做物的数量和质量标准必须明确具体，如果是按来样加工的，应当明确封存样品，便于验收。②定做物交付期限和地点要约定清楚。提前交付定做物的应证得定做方的同意。③定做方提供原材料的数量、质量和期限应当明确，如果是承揽方自行采购原材料的，则应写明规格、质量标准，以免发生质量纠纷。

5.1.3　病文修改

合　同

甲方：××食品公司第一车间

乙方：××第二建筑工程公司生产科

　　　××食品公司第一车间拟建东厂房，经双方协商，订立本合同。

1. 由乙方全面负责建筑。

2. 甲方委托乙方建造东厂房一座。全部建造费用 120 万元。

3. 甲方在订立合同后先交一部分建造费用，其余建成后抓紧归还所欠部分。

4. 工程期待乙方筹备就绪后立即开始，力争 3 月中旬开工，力争 11 月份左右完成。

5. 建筑材料由乙方全面负责筹备。

6. 本合同一式四份，双方各执一份，各自上级单位备案一份。

甲方：　　　　　　　　　　乙方：

××食品公司第四车间　　　××第二建筑公司生产科

主任：　　　　　　　　　　科长：

评析：

1. 从内容来看，这是一份建设工程合同。其标题改为"工程承包合同"比较恰当。

2. 经济合同的主体必须明确，"第一车间"及"生产科"非独立法人，不应构成合同签约的主体。合同主体最好为"××食品公司"及"××第二建筑工程公司"。

3. 经济合同的条款应当完备、严密、明确,以免造成纠纷,带来不必要的损失。如:

（1）甲方委托乙方实施的工程内容不具体,如厂房位置、厂房面积、设计图纸、质量要求等。

（2）付款方式及结算期限不明确,不受法律保护。可改为:本合同签订后 7 日内甲方向乙方支付工程预付款 30 万元,厂房封顶后 7 日内支付工程款 50 万元,全部工程结束经甲方验收合格后 7 内付清所有工程款。

（3）双方权利及义务不明确。

（4）无违约责任约定。

（5）无纠纷处理办法约定。

4. 经济合同的语言上务必做到准确、严谨、周密。合同付款方式条款中"甲方在订立合同后先交一部分建造费用,其余建成后抓紧归还所欠部分"中的"先交一部分""抓紧",及工期条款中"工程期待乙方筹备就绪后立即开始,力争 3 月中旬开工,力争 11 月份左右完成"中"期待""力争""左右"等词语模棱两可,无法律约束力。

5. 合同尾部对签订时间未注明。

5.1.4 合同的结构和写法

1)合同的基本内容

根据《合同法》的规定,合同的条款包括以下八个方面的内容:

（1）当事人的名称或姓名和住所

写明签订合同的当事人的基本情况。

（2）标的

标的是合同当事人权利义务所共同指向的对象,是合同当事人之间法律关系的客体。任何合同都必须有标的,否则无法履行,合同也无存在的实际意义。

（3）数量

数量指的是标的物量的规定,是经济合同的重要内容之一。合同中应明确表示出标的的数量及计量单位和方法。

（4）质量

质量是区别这一标的与另一标的的具体特征,是检验标的内在素质和外观形态优劣的标志。质量的技术要求和标准应力求统一化、标准化。

（5）价款或酬金

当事人一方取得标的物或者接受劳务后支付给对方当事人的代价,是合同价值的货币表现,是当事人之间经济关系的标志。撰写时应注意写清标的价款或报酬的计算标准及总金额。

（6）履行期限、地点和方式

这是合同就标的运动的时间、空间与形式所作出的规定。当事人订立合同的目的就是为了实际履行,具体规定履行期限、地点和方式,有利于合同的履行。需要指出的是,履行期限不明确则可能意味着合同失去意义。

（7）违约责任

通过对不履行合同义务或履行合同义务不当的一方当事人的违约责任的追究,为合同的全面、适当履行提供了法律保障。

（8）解决争议的方法

这是指合同当事人约定的解决合同纠纷的具体形式。这有利于在发生争议后能迅速、及时地解决,保障当事人双方的权益。条款中应订明出现纠纷时,是采用诉讼还是仲裁,以及诉讼或制裁的管辖机关等。

2)合同的写法

（1）首部

首部包含标题和当事人的基本情况。

标题写明经济合同的名称。如买卖合同、借款合同、租赁合同等。多从经济合同的性质、内容、种类等方面冠名,结构是:事由 + 合同,如《应用软件买卖合同》《合伙型联营合同》等。

当事人基本情况居标题之下,正文之上。当事人基本情况包括合同的各方,应是平等主体的自然人、法人或其他组织。

（2）正文

正文是合同最为重要的部分。主要包含订立合同的原因与目的、当事人各方的权利与义务、合同内容、合同的份数和保存、说明事项等。作为核心内容部分,务必详尽具体、意思明确,具有可操作性。

（3）尾部

尾部一般写明:当事人单位全称和法定代表人姓名,并签名盖章;合同订立的时间、地点,时间注意采用大写形式;是否办理公证。

当事人订立合同,可以参照各类合同的示范文本。

5.1.5　合同撰写的注意事项

①应遵循合法、平等、自愿、协商一致、公平、诚实守信等原则。

②熟悉与合同相关的政策、法律、法规及专业知识。

订立合同必须慎重,一旦订立生效后,对当事人即具有法律约束力,要求写作者应熟悉相关的政策、法律、法规及专业知识,掌握市场动态。

③条款要完备、严密、明确,防止造成隐患,更要防止出现欺诈行为。

④语言做到精确、严谨、周密,明白无误。

拟写合同务必持严肃认真的态度,其语言应当精确、严谨、周密,明白无误,防止由于措词产生歧义、多义、含混而造成纠纷。

5.1.6　情景写作训练

××大学拟对多媒体教研室进行装修,面积 150 平方米,工期 3 个月,装修费用 85 万元。经公开招标,由××装饰公司中标。

假设你是××装饰公司的一名营销人员,公司委托你代表公司与××大学进行合同谈判并签约,请你草拟一份《装修合同》。

5.2 营销策划书

问题思考:

当今常见滴眼露有珍视明、珍珠明目液、润洁、仁和等产品;而清见在滴眼露市场可谓是一个初出茅庐的新产品,为此,清见公司特针对学生群体进行产品销售。请你为清见公司拟写一份清见滴眼露的营销策划书。

5.2.1 基础知识

1)营销策划书的概念

营销策划书,是企业进行营销策划的方案,是围绕企业及企业产品等生产经营要素,为达到预定的生产、经营目标或解决现实存在的生产经营问题,通过科学的调研方法和营销组织,创新营销行为,分析、制订、落实、评估和完善切实可行的营销方案的理性思维活动的方案。

简单地说,营销策划书是企业根据市场变化和企业自身实力,对企业的产品、资源及产品所指向的市场进行整体规划的计划性书面材料。

2)营销策划书的作用

(1)准确、完整地表现营销策划的内容

策划书的内容是否能够准确地传达策划者的真实意图,是营销策划书最为重要的关注点。

(2)充分、有效地说服决策者

作为一份合格的营销策划书,首先要做到使阅读者相信;在此基础上再使阅读者认同。对于一个策划者来说,首先追求的是:决策者能采纳营销策划中的意见,并按营销策划的内容去实施营销方案。

3)营销策划书的特点

为了提高营销策划书的可行性和提案的成功率,营销策划书应具备以下特点:

(1)逻辑性

营销策划的目的在于解决企业营销中的问题,其写作通常按照逻辑性原则来构思,围绕"提出问题—分析问题—解决问题"的路线展开。首先是交代策划背景,分析市场现状,把策划目的和盘托出;接着详细阐述营销策划内容;最后提出营销效果评估的方法与途径。在严谨的逻辑思维中,以事实为依据,反映事物发展的内在规律,并说明资料来源,使整个策划方案令人信服。

（2）预见性

营销策划书的本质,就是在把握市场变化趋势的基础上,通过对营销活动的设计与安排,实现市场营销的目标。企业的发展离不开市场,而市场又是变化莫测的。营销策略的制定,营销活动中每一个细节的安排与布置,都基于对未来市场的科学预见;营销策划书的内容,要体现企业应对未来市场的策略。所以,营销策略书不仅要回顾过去,分析现在,更要推断未来。

（3）可读性

营销策划书主要以文字和图表的形式表述,以劝服营销客户为核心目的,因而策划书应突出重点,围绕核心问题进行深入分析,要让人一下子抓住策划书的主要内容,并一目了然,特别是营销客户不甚熟悉和了解的部分。此外,策划书应尽量简明,不可过多使用专业术语,不可长篇大论,所有隐晦的表达、杂乱的陈述、多余的问题都必须删除;再者,有时文字表达只能给人理性的概念认知,需要运用可视化的手段加以配合,这样有利于对策划书的理解和记忆。例如,媒介计划、广告预算等内容可绘制成图表或流程图,营销创意部分可配以平面设计或分镜头脚本。

4）营销策划书的分类

营销策划书一般根据策划书呈报对象的不同,分为内部营销策划书和外部营销策划书。

内部营销策划书是指呈报给企业的各级领导,供其作为决策依据的策划书。内部营销策划书是绝密级的,要求在以下六个方面有详细的说明,并对外严格保密:①策划实施上的人际关系对策;②策划实施上的相关组织与团体对策;③策划实施的阻碍因素及消除对策;④策划实施中的传播媒介关系对策;⑤与策划实施有关的政府机构对策;⑥与策划实施有关的法律问题。

外部营销策划书是指承包给企业的顾客或经营伙伴等与企业经营相关的个人、组织或政府机构的策划书。外部营销策划书是非绝密文件(但对一般公众仍旧保密)。在外部营销策划书中应做到:①把握好保密的"度"。在外部策划书中不能透露策划的核心机密,但又必须让外围参与者对策划产生兴趣,明确自己在这项活动中的职责与行动方案。②站在对方立场上,使语言、思路都让对方满意。③强调策划给接受方带来的利益。

5.2.2 阅读与分析

【例文 5.3】

楼盘销售策划方案

一、项目简介

1.项目基本情况

总建筑面积:28 798.84 平方米。

住宅面积:18 835.80 平方米。

商铺面积:5 470.49平方米。

可销售机动车位:地下113个(4 054.33平方米)。

建筑密度:29.75%。

绿地面积:2 985.52平方米。

绿地率:30.49%。

容积率:2.61。

总户数:320户。

主力面积:39～59平方米。

占地14.69亩,地块呈条状弧形。

2.项目其他情况

本项目位于××路与××路交汇处,三环路××立交桥内侧,处于目前房地产开发较火爆的××区。项目西北面临三环路10 000平方米市政绿化带,周边现状除部分拆迁安置房外,空置土地目前已相继开发(××生活馆、××花园、××城)。

交通:靠三环路,交通方便,1千米范围内有8条公交线路:13路,17路,32路,35路,78路,84路,309路,512路。

治安状况:项目紧临××乡派出所,治安状况良好。

购物与娱乐:项目500米内有大型农贸市场和××超市,2 000米范围内××超市以及××建材市场;××体育公园,××公园,××艺术公园,××运动休闲广场。

医疗卫生:××医院,××区第三人民医院,××市疗养院。

学校教育:××师范大学舞蹈学院,××行政学院,××财经大学,××区实验小学,××中学分校,××职中,××小学。

金融服务:项目1千米范围内有中国工商银行,中国建设银行,中国银行,××市商业银行,城郊信用联社等。

结论:本项目位置属于××市上风上水区域,空气质量好,利于居住。两面临路,未来的餐饮一条街,具有较强的商业价值。目前××市房地产业所处宏观市场背景是近年来最为有利的;同时,随着城市发展进程的推进,小户型房地产作为一种新的房地产类型正面临着空前的市场机遇与开发前景。××小户型房地产将面临巨大的市场机会。

二、市场定位

(一)住宅

1.自住型消费群(90%)

年龄结构:

25～30岁的单身贵族(30%);

25～35岁的二人世界(60%);

退休的二人世界(10%)。

职业结构:企业中、低层工作人员。

购买用途:短期过渡。

购买状况:一、二次置业。

习惯描述:对户型设计和交通状况有较高要求,对小区环境无较高要求,习惯在本区域工作、生活;注重条件重要性排序为:价格水平、户型设计、配套设施及场所、物业管理、居住氛围。

2.投资型消费群(10%)

年龄结构:35岁以上。

职业结构:企业白领及个体户、中层公务员及退市股民。

购买用途:偶尔居住,主要用于投资。

购买状况:二次置业。

习惯描述:注重位置、周边配套及发展状况;注重条件重要性排序:投资总额、升值潜力、收益的稳定性。

3.基本数据测算

(1)以39平方米户型为例:

若选择7成20年银行按揭贷款,年利率5.508%;单价3 850元/平方米;总价款150 150元,首付款45 150元,按揭贷款105 000元,月供款722.715元。

(2)以64平方米户型为例:

若选择7成20年银行按揭贷款,年利率5.508%;单价3 600元/平方米;总价款230 400元,首付款69 400元,按揭贷款161 000元,月供款1 108.163元。

(二)商铺

1.定位分析

项目定位为"××酒吧、餐饮、娱乐一条街",建筑从外观形态设计体现出现代都市时尚气息。一、二楼铺面为4.2米层高,面积50～289平方米不等,可随意组合。

商铺投资者目标客户定位:选择定位在中小客户,因为社区未来客流量大、现状商业较少,而周边房地产发展空间很大,并且该住宅底商的售价处在住宅售价的2～3倍。住宅底商作为市场基础最成熟的商业房地产类型,很适合个人投资者。一方面,只要售价合理,投资风险相对比较低,空租率比较低,租金收益可以得到保证;另一方面,如果住宅项目规模大,居住人口消费能力强,其投资收益可以得到很好保证。

2.投资分析

以50平方米一层铺面为例:

若选择5成10年银行按揭贷款,年利率6.12%;单价8 000元/平方米;总价款400 000元;首付款200 000元;按揭贷款200 000元;月供款2 232.4元;租金40元/平方米(目前该片区底商租金价);投资回报率:约6%。

三、销售计划

1.价格制订计划

①低开高走

②平稳增长

③扫尾期做盘

④力争短平快

2.阶段

计划销售(××套)

所占百分比(××%)

住宅厨卫装修均价(××元/平方米)

3.优惠

第一阶段内部认购期(略)

第二阶段公开发售期

第三阶段强销期

第四阶段持销期

第五阶段扫尾期

铺面销售进度和住宅尽量相同。

需根据以上销售计划及策略制订资金回笼计划及进度,预计销售期限为5～7个月。

四、广告宣传

1.报纸广告

优点:报纸媒体传播的信息理性全面,可以传播较复杂的信息;发行量大,覆盖面宽;时间性强,信息传递迅速;灵活性高,它可以根据广告整体策略的要求,选择不同的地域进行促销宣传,而且版面大小可按要求选择,可用整版、半版、1/4版或通栏版面;享有信誉,报纸由于新闻报道的客观性,因而报道准确、真实,受到社会的普遍信赖,报纸便于受众收藏。缺点:宣传费用高,有效时间短;报纸覆盖面虽大,但读者的不确定因素使市场目标不明确。

鉴于报纸的特点,在报纸上投放广告最好采用重拳出击的方式,即周期性的上主流报纸广告,且遇到重大事件可抓住机会,推出新闻。本地一些主流杂志的广告宣传,如《居》周刊的封面形象宣传,内页配合详尽项目分析。

2.公交站台广告

目前大多数销售成功的楼盘项目都借助了这一广告宣传形式,它的广告覆盖面大,持续周期长,能够使客户脑中产生深刻印象,吸引客户上门咨询,也能做到人们相互的口碑宣传,拓宽项目的影响力。

3.工地围墙宣传画

主要以楼盘工地围墙墙面作为广告画面载体,不仅美化工地周边环境,而且也能吸引路人的注意。建议××项目工地围墙广告宣传设计围布,应突出××的整体VI特点,加强LOGO、色彩、文案的视觉冲击。

4.条幅广告

悬挂在楼盘脚手架或现房建筑物墙壁上的横幅或直幅,幅面较大,此类条幅面积可达100平方米以上,以电脑喷绘为主。特别是××靠三环外墙的条幅展示宣传,能够清楚展示给三环开车路过的客户,同时也辐射到对面××区的居民。

5.网络宣传

申请空间建立项目网站,也可与一些知名的专业网站联系,通过其平台推广产品,如搜房网、焦点网等,其资金投入相对较低。但网络有一定的局限性,它限制了不上网的客户。

6.楼书设计

楼书又称售楼书或房地产样本。它指多页装订的整体反映楼盘情况的广告画册。

五、销售模式

1.传统销售模式

传统销售模式即坐销的形式,通过广告的宣传吸引客户电话来访、上门来访,销售员通过讲解介绍促使下单。销售员应认真对待每一位来现场的客户,为其介绍项目的基本信息情况,并突出项目卖点,对项目同类产品进行举例对比;针对投资的客户应引导其投资分析,为客户分析投资前景、本区域的发展规划、产品的优势、回报率,消除客户异议,建立信任关系,促成交易。

2.直销模式

印制宣传单,通过两种形式发送:第一,对筛选目标客户如茶楼、写字楼、洗车场、会所等,以直投或邮寄的形式发送宣传资料。销售员对有把握的目标客户还应该进行上门拜访进行深入沟通。第二,销售员可自行领取资料定点发送宣传资料,如在以项目为中心为半径1 000米的周边辐射区域,人口密集的位置进行资料发送(××乡、××厂、××区)。

3.好邻居模式

通过客户途径促使新客户购房,即老客户每介绍一位新客户下单,即给予老客户已购房款1%的返点优惠,老客户多介绍则多优惠。

4.买房中空调

通过广告媒体宣传买房中空调的有奖促销活动,吸引客户上门看房并促使下单。本活动计划每月召集已购房客户30户进行抽空调活动,中空调奖名额为10户,另外20户送纪念奖;抽奖当天现场安排促销活动及文艺表演,营造购房气氛,促使新来客户下单。

六、销售监控

1.对每月阶段销售量进行监控

2.目标客户群的跟踪分析,定位是否准确

3.对付款方式监控分析,对广告效果,包括创意、认知率、来访客户量进行监控

4.对广告创意、广告题材的反映进行监控

5.对价格进行监控,分析目标客户价格评价反映

6.对市场走势进行分析

7.对周围竞争楼盘进行分析,采取适度对策

七、具体工作实施内容及要求

1.市场调查及研究

①派出调研人员进行市场调查和问卷访问

②组织人员调查同类市场,进行同类物业比较分析

③数据汇编整理、分析

④撰写市场调查报告

2.市场定位

①项目概况书:由开发商提供

②产品定位:建筑、配套、结构、户型、绿化、道路、会所、商铺等

③产品文化定位:产品品质、建筑风格

④市场目标定位:客户群定位

⑤价格定位：成本因素、市场因素、环境因素

3.销售关系准备及建立

①销售面积确定

②按揭银行洽谈

③选定广告公司：实施策划思路，表现楼盘卖点

④选定礼仪公司：配合地盘包装、宣传

⑤选定装饰公司：售楼处及样板房装饰

⑥选定宣传媒体

⑦预售许可证

4.项目包装工作

①项目 VI 设计（建议采用"××××，终爱一生"标语）

②地盘外墙

③售楼处（建议采用在临近地段租用铺面装修或者钢构售楼处，成本预计，另行安排）

④地盘看板

售楼资料准备：

①售楼书

②买卖合同

③价格表

④销售流程及买房须知

⑤买房认购书

⑥投资置业指南

⑦物业管理及装修标准

5.销售物料准备

①楼盘模型

②全景喷绘图

③展板

④售楼处，办公用品

⑤售楼处保安选聘：代表日后物业管理形象

6.策划操作及人员培训

①新闻炒作：视市场动态进行宣传

②房地产展销会

③开盘典礼：开盘前一周内的包装活动

④人员培训（自我培训（周边市场感性认识）

讲座培训（售楼知识及方法）

操作培训（模拟交易）

上岗考虑（口试及笔试）

7.公开发售

①开盘典礼：展示物业形象，吸引客户入市

②报纸广告:介绍物业卖点,制造轰动效应

③售楼处管理:控制现场气氛,处理紧急事件

④工作总结及调整:确保销售符合市场实际

⑤展销会:集中销售,刺激购买

⑥咨询处开展:客户登记,沉积客户

项目强销:

①报纸广告:发布物业及时信息,艺术推介项目

②媒体评论:见解推介本项目

③客户酒会:进行客户酒会,树立口碑

④组织看房团:有效组织,制造利用团购效应

⑤媒体炒作:为促销活动推波助澜

⑥银行现场按揭会:壮大售楼处气势,利于炒作

⑦售楼处管理:控制售楼气氛,处理紧急事件

⑧工作总结及调整:确保销售符合市场及项目实际

8.项目持销

①看房团组织:群体看房,专家讲解

②保留单位推出:介绍物业卖点,展示物业形象

③售楼处管理:控制气氛,处理事故

④封顶仪式:渲染声势,增强信心

⑤新闻炒作:配合项目封顶炒作

⑥报纸广告:保持项目的时常持续性

⑦工作总结与调整:确保销售不与市场脱节

9.项目扫尾

①售楼处管理:控制售楼气氛,处理紧急事件

②交房典礼:广告宣传,树立品牌,以利剩余单位销售

③工作总结及调整

④项目销售总结

⑤项目开发总结

评析:

1.该楼盘营销策划通过调查分析市场现状,准确给产品定位,确立营销目标,提出理论依据,并对企业经营起到一个战略指导作用。

2.策划科学、有据,并且切合当时、当地的实际,比较有代表性。

5.2.3 营销策划书的结构和写法

从营销策划活动的一般规律来看,营销策划书的基本结构有:

1)封面

封面包括策划书的名称、被策划的客户、策划机构或策划人的名称、策划完成日期及本

策划使用时间段。因为营销策划具有一定时间性,不同时间段上市场的状况不同,营销执行效果也不一样。

2)正文部分

(1)前言部分

简要说明制定本策划书的缘由、企业的概况、企业的处境或面临的问题,希望通过策划能解决问题,或者简单提示策划的总体构想,使客户未深入审阅策划书之前能有个概括的了解。

(2)市场分析

主要包括三个方面:①背景资料,即与被策划企业的产品有关的市场情况;②目前同类产品情况,即目前国内市场中进口、国产的同类产品的几种主要牌号以及这几种主要牌号的知名度与美誉度如何。③同类产品的竞争状况,可分为国内市场与国际市场分析。

(3)产品分析

主要分析被策划产品的优越性及其不利因素,包括分析产品的工艺、成分、用途、性能、生命周期状况等产品特点,还对国内及进口同类产品的优劣进行比较。

(4)销售分析

销售是市场营销的重要组成部分,透彻地了解同类产品的销售状况,将为广告促销工作提供重要的依据。销售状况分析有下列内容:①地域分析,即同类产品的地域分布与地点;②竞争对手销售状况,主要分析主要竞争对手的销售手法与策略;③优劣比较,通过分析比较,找好本策划产品最有利的销售网络与重点地区。

(5)企业目标

企业目标分为短期和长期两种。短期目标以一年为度,可具体定出增加销售或提高知名度的百分比;长期目标是三年至五年,广告策划中提到企业目标,可以说明广告策划是怎样支持市场营销计划,并帮助达到销售和盈利目标。

(6)企业市场战略

为了实现企业的经营目标,企业在市场总战略上必须采取全方位的策略,这些包括如下几点:

①战略诉求点:如何提高产品知名度和市场占有率,产品宣传中是以事实诉求为主还是以情感诉求为主。

②产品定位:可以选择高档、中档、低档定位中的一种。

③销售对象:分析产品的主要购买对象,越具体越好,包括人口因素各方面,如年龄、性别、收入、文化程度、职业、家庭结构等,说明他们的需求特征和心理特征,以及生活方式和消费方式等。

④包装策略:包装的基调、标准色,包装材料的质量,包装物的传播,设计重点(文字、标志、色彩)等。

⑤零售点战略:零售网点的设立与分布是促销的重要手段,广告应配合零售网点策略扩大宣传影响。

（7）阻碍分析

根据上面对市场、产品、销售、企业目标、市场战略等的研究分析,已可以顺理成章地找出本企业产品在市场销售中的"难"点。排除这些障碍,就是下一步广告战略与策略的主要目的。

（8）广告战略

①竞争广告宣传分析。分析主要竞争对手的广告诉求点、广告表现形式、广告号、广告攻势的强弱等。

②广告目标。依据前面企业经营目标,确定广告在提高知名度、美誉度、市场占有率方面应达到的目标。

③广告对象。依据销售分析和定位研究,可大略计算出广告对象的人数或户数,并根据数量、人口因素、心理因素等说明这一部分人为什么是广告的最好对象。

④广告创意。确定广告总体的表现构思,如广告口号,使用的模特儿或象征物,广告的诉求点或突出表现某种观念、倾向等。

⑤广告创作策略,即向目标市场传播什么内容。按照电视、报刊、广播、POP 等不同媒介的情况,分别提出有特色的、能准确传递信息的创作意图。

（9）公关战略

公关活动旨在树立良好的企业形象和声誉,沟通企业与公众的关系,增进消费者对企业的好感。公关战略要与广告战略密切配合,通过举办一系列具有社会影响力的活动达到上述目的。

（10）媒介战略

根据广告的目标与对象,可达到最佳效果的媒介方式如下:

①媒介的选择与组合:以哪种媒介为主,哪种媒介为辅。

②媒介使用的地区:配合产品的营销需要进行,分重点与非重点地区。

③媒介的频率:在一年中可分为重点期和保持期,每种媒介每周或每月使用的次数安排。

④媒介的位置、版面:电台、电视台选择哪一种传播时机最好,报刊选择什么日期、版面等。

⑤媒介预算分配:组合媒介所需的费用进行预算。

（11）广告预算及分配

必须把年度内所有广告费用列出来,包括调研策划费、广告制作费、媒介使用费、促销费、管理费和机动费等。

（12）广告统一设计

根据上述各项综合要求,分别设计出报纸、杂志、广播、电视、POP 广告的设计稿或脚本,以供年度内广告制作的统一设计作参考或依据。

（13）广告效果预测

预计广告策划可以达到的目标或效果反馈。

5.2.4　营销策划书撰写的注意事项

1)具有指导性

广告策划是对广告整体活动的策划,策划的结果就成为广告活动的蓝图,所有广告策划对整体广告活动均具有指导性,它指导广告活动中各个环节的工作以及各个环节的关系处理。

2)具有整体性

广告策划作为一个整体,是由若干相互联系和相互作用的要素所构成的有机系统,它涉及广告活动的方方面面,策划时要考虑周到。

3)具有可操作性

编制的策划书要用于指导广告营销活动,其指导性涉及广告营销活动中每个人的工作及各环节关系的处理,因此其可操作性非常重要。不能操作的策划书再好也无任何价值,不好操作的策划书也必然浪费大量的人力、物力、财力,而且管理复杂、效率低下。

4)具有事前性

从广告程序上看,广告策划是在广告活动开始之前进行的。广告活动中所涉及的广告目标、对象、媒介、预算、设计、制作等都必须事前确定。因此,在进行广告策划时要考虑到各方面的因素,特别要注意做好调查研究工作,对企业生产与营销、市场环境与机会、竞争对手的状况,都要心中有数,确保广告策划的主观性与客观性相一致。

5.2.5　情景写作训练

根据下面材料,撰写一份营销策划书。

由北京××房地产开发公司开发并销售的××新城位于××高速与北五环××交汇处××桥西北角,东临××高速西侧辅路,南依××河北岸,西至社会福利院,北至××北路。

××新城占地23万平方米,总建筑面积80万平方米,其中综合商业面积近20万平方米,是集高档住宅、商务办公、大型商场、主题街区(餐饮、娱乐、运动、休闲、文化)为一体的综合性社区,社区由18栋高层板楼与1栋综合楼组成,楼间距最高达到103米,楼间绿化组团面积均达到了2万平方米以上,其中最大组团的园林绿化面积达到了29 000平方米,绿化率达到了40%,是迄今为止城市中轴线北部××沿线,建筑规模最大的房地产开发项目,成为进出首都市中心的北大门。

××地产在××新城项目的开发建造上本着高标准、高品质、高科技、高性价比的开发宗旨,提出了"生态、节能、环保、人性"的高档建筑理念。为了确保建筑品质的提升,多次组织建筑专家对项目中应用的多项高科技技术进行论证。××新城抛开传统建筑理念,全面先导城市新型住宅。为了保证社区的完整性和动静功能分区,项目多投资1.7亿元建造了总面积8万余平方米的高地平台花园。既减少尾气、光源、噪声的污染,又完全实现了人车分流,保障了出行的安全。高品质铝板外墙、低辐射三玻双中空外窗、永磁无齿轮高速低噪声智能化电梯等材料、设施的配置,在京城独树一帜,带动了建筑产品品质的升级换代。

5.3 市场调查报告

问题思考:

一个英国人和一个美国人都到非洲的一个小岛上推销鞋子,当他们来到这个小岛上的时候,发现这里的人根本就不穿鞋。面对这种情况,英国人作出的分析判断是鞋子在这里没有市场,回去了;而美国人却从这里看到了巨大的商机,他先给岛上的酋长、首领们送鞋子穿,而等到老百姓想穿,就需要买了。

阅读上述材料,你得到了什么启示?

5.3.1 基础知识

1)市场调查报告的概念

市场调查报告就是对市场的运营情况或重要的经济现象进行调查后,经过科学的分析、研究后写成的报告性文书,它反映了对市场进行调查研究和分析的结果,是经济领导部门和企业的决策者作出经营决策、制订计划的重要依据,是记录市场调查成果的一种经济应用文。

市场调查就是运用科学的方法,有目的、有计划地搜集、整理、分析和研究市场,获取商品的信息,探求市场运营的规律性,把握产品的营销现状和发展态势,为市场预测和经营决策提供重要依据。

2)市场调查报告的作用

(1)能及时地反映市场信息,为企业生产适销对路产品指示方向

市场调查报告是以消费需求作为调查的主要对象,使企业及时了解社会购买力及其资金投向;根据消费需求,研制、生产或开发适销对路的产品,定出合理的产品价格,选择正确的销售渠道,拟定科学的市场营销战略。因此,市场调查报告对企业生产的产品,具有明显的指导意义。

(2)为决策者制定经营决策提供科学依据,改善企业经营管理

市场供求情况是企业决策者制订经营计划和管理决策的必要依据。通过市场调查报告,使企业了解到国内外政治、经济、科学、技术的发展水平和发展动向,了解市场供求状况和发展趋势,了解和把握党和国家的有关方针、政策、法规、制定的精神,提高经营决策的及时性和预见性,并作出科学的分析,为企业决策者制订生产计划、经营决策提供信息和依据,

使企业决策具有科学性和权威性。

（3）促进企业生产发展，增强企业竞争能力

市场调查报告可以帮助企业及时了解产品的销售现状，了解同行竞争对手的产品销售信息及经营管理经验（如质量、价格、销售手段等），以便及时制定合理的营销策略，充分改善现有条件，降低生产成本和造价，从而提高产品的竞争能力，促进企业生产发展。

3）市场调查报告的特点

市场调查报告是调查报告的一个分支，它是以了解市场情况，反映商品供求及企业发展状况，总结经验、揭示矛盾、指导工作为目的的专业性调查报告，其主要特点有：

（1）真实性

市场调查报告的调查目的，主要是为了了解市场真实情况，为企业决策提供可靠的依据。因此，必须如实地、客观地反映市场真实情况，不夸大，不缩小，报告中所用的事实与数据都真实、准确无误。只有这样，才能增强市场调查报告的可信度和说服力。

（2）针对性

市场调查报告是为了研究、分析市场存在的问题、经验。因此，市场调查报告的写作要有明确的目的性和针对性，如有关市场的生产、经营、需求状况，有关市场行情等急需解决的问题。在深入市场调查之前，目的越明确，针对性越强，撰写的市场调查报告作用越明显，其价值也越高。

（3）时效性

市场调查的目的是反映市场信息。在经济活动中，市场形式瞬息万变，对任何一个企业，时间就是金钱和利益，任何过时的信息与报告，都会失去其应用价值。所以，市场调查报告的写作必须讲求实效，调查要及时，报告要迅速。

（4）指导性

市场调查报告是应企业的生产与经营管理的需要而产生的，它不只是客观事实的叙述，更重要的在于它是对事实的分析和概括，对事实的内在规律的探求，反映经济活动中出现的问题，对经济工作实践具有很强的指导意义和实用价值。

4）市场调查报告的种类

市场调查报告属于专业性调查报告。依据调查的内容和作用，可分为：

（1）市场产品情况调查报告

以产品调查为主，重点介绍市场对产品的数量、规格、型号、品种、性能、价格、技术服务、劳动力、外围工程、环境保护、运输条件等方面的评价、建议和要求，从而了解产品的市场地位及其占有率等信息。

（2）市场销售情况调查报告

突出介绍产品市场的分布、消费入口构成、销售规模、销售渠道、销售能力、仓储运输成本、广告费用及效果等。

（3）市场竞争情况调查报告

以调查市场竞争情况为主，具体说明市场上同类产品在质量、价格、品种、交货期限、零

配件供应、经营推销方式、服务特点等方面的情况。

5.3.2 阅读与分析

【例文 5.4】

改革城建投资体制　加强基础设施建设
——××县城市建设情况调查

　　××县位于××省西部,××地区南部,是湘、桂、黔三省交界地区十二县的交通枢纽和边界商品集散地,是我省西南的重镇,也是向大西南经济辐射的窗口之一。县城××镇,是一座有890多年历史的古城,建成区现有总面积4.7平方千米,规划面积为8 507平方千米,城市人口6.4万人,其中城市居民3.5万人。

　　××县县委、政府对城市基础设施建设非常重视。近几年来,他们认真贯彻党的基本路线,紧紧抓住机遇,把大力加强市政基础设施建设作为促进经济发展的硬环境来抓,市政基础设施总投资800万元,完成城市建设各类工程项目22项,房屋和道路总投资40余万平方米。通过加强市政基础设施建设,不仅治理了城市"脏、乱、差"现象,而且为招商引资,促进该县经济加速发展和社会进步起到了强大的推动作用,收到了较好的效果。他们的主要做法是:

　　一、适应社会主义市场经济的发展,大力加强市政基础设施建设

　　该县过去城市建设历史欠账多,基础设施严重短缺。为了适应改革的需要,尽快改变县城建设的落后面貌,他们坚持"为经济服务,为改革服务,为人民服务"的方针;克服资金缺口大等困难,在群众关注的热点上搞突破,加快建设步伐。着重抓了九个方面的建设:一是抓道路建设。几年来,他们共计投资1 210万元用于道路建设。新修了全长1 561米、路面宽34米的××道,拓宽改造了全长1 851米、路面宽为24米的东西正街,把过去坎坷不平的街道改造成机动车道14米宽、人行道各5米宽的沥青混凝土路面、人行道铺装防滑板的街道,建成城市桥梁3座。此外,全长830米、280米、550米、500米,路面宽28米、15米、34米、34米的××路、××路、××西路、××路四条道路正在新建之中。由于加强了道路建设,城市总体规划得到了实施,城市格局基本形成,交通不畅矛盾得到缓解,改变了昔日"晴天灰尘扬,下雨泥水淌"的状况。二是抓城市供水建设。……三是抓市场建设。……四是抓路灯、排水建设。……五是抓城市园林绿化建设。……六是抓环卫设施建设。……七是进行房地产开发建设。……八是抓邮电通信建设。……九是投资××风景旅游区的建设。目前,××风景旅游区的总体规划已全部完成,而且还修了盘山公路5千米,并正在修复古迹。

　　上述九个市政基础设施建设项目的建成,为该县两个文明建设的发展起到了极大的推动作用。2007年全县国民生产总值达3.06亿元,比上年增长14.8%。工农业总产值达4.59亿元,比上年增长16.9%。随着市政基础设施建设的加快,私营个体经济发展更快,1993年私营个体化达到8 766户,私营业主24户,从业人数16 100人,总产值达到9 774万元。

　　二、改革城建投资体制,不断拓宽资金渠道

　　该县每年的城市维护费只有40多万元,单靠这点资金,连维护都不够,哪有资金搞建设?因此,他们改革投资体制和建设体制,在市政基础设施建设中引入市场机制。通过国家

投资和社会集资等多种方式筹措建设资金,千方百计广辟财源,积极拓宽融资渠道,较好地缓解了建设资金紧缺的矛盾,从而加快了市政基础设施建设步伐。主要采取以下措施:一是走改革开放之路,靠用活政策筹集建设资金。他们采取解决户口等一系列优惠政策吸引农民和外地人员来××城建房务工经商。近两年来,有1 700多户、2 800多人迁居到××,自筹建设资金1 100万元,新建住宅经营门面房112栋,建筑面积达41 112平方米。二是采取"谁出钱谁建谁受益"的办法。××中药材市场建设,坚持走群众路线,实行政府出面组织、统一征地建设、统一规划设计、统一施工管理,个人全额集资,房屋产权到户,分户自主经营的形式,整个工程建设国家没有投资一分钱。三是采取政府投资与受益单位或个人集资共建的办法,他们的街道整修都是采取这种办法集资建设的。两年来,共集资240万元,其中已到位186万元。四是采取公开拍卖土地使用权和协议出让土地,以地生财等筹集建设资金。为了广辟资金,根据城市总体规划,把一些利用价值较高的土地由规划和国土部门统一征地、统一规划,然后计算好地价向社会公开拍卖或协议转让,将这部分资金投入市政基础设施。到目前为止,共拍卖土地18亩,协议出让12亩,筹集建设资金350万元。五是财政挤出部分资金搞建设。这几年县财政在经费十分困难的情况下,仍然保证建设资金到位,每年都保持在70多万元的投入。六是城建资金专款专用。他们按照有关政策规定收到的各种建设费用和下放下拨的资金,不挪作他用,严格控制在使用范围之内,对于城建不相关的项目开支,一律不开经费口子,而是全部投入城建使用。七是向国家贷款。通过采取上述措施,基本解决了建设资金短缺的问题,保证了市政基础设施建设的顺利进行,促进了该县城市基础设施建设超常规发展。

评析:

这是反映基本情况的调查报告。××县具有地理位置优势,近几年来,××县把市政基础设施建设作为促进经济发展的硬环境来抓,在治理环境、促进经济加速发展和社会进步等方面收到了较好的效果。

该报告调查总结出××县着重九个方面大力加强市政基础设施建设:道路建设、城市供水建设、市场建设、路灯排水建设、城市园林绿化建设、环卫设施建设、房地产开发建设、邮电通信建设、××风景旅游区建设等,并总结了××县改革城建投资体制、不断拓宽资金渠道的方法和途径。该报告列举了大量事实和数据,真实、客观,为有关部门了解情况、制定政策提供了依据和参考,也为其他地区提供了学习和借鉴的宝贵经验。

5.3.3 病文修改

某市关于旧城改造情况的调查报告

为推动城市拆迁改造工作的顺利进行,最近,市人大常委会组成调查组,通过听取汇报、座谈研讨、实地考察,对我市旧城改造情况进行了一次专题调查。现将这次调查的有关情况报告如下:

近几年来,我市在城区范围开展了一项规模浩大、反响巨大、意义重大——在××城建史上具有里程碑、划时代意义的旧城改造工程,给整个城市面貌带来了空前的重大变化,现在走在城区可看见或感受到:一座座建筑规圆矩方,一条条大道绿荫成行,一处处景观赏心悦目,一块块游园鸟语花香,一个个市民豪情满怀,一户户新居喜气洋洋。通过旧城改造,城区面貌焕然一新,城市功能配套进一步完善,城市人居环境进一步优化,城市品位进一步提升。巨变是有目共睹的、众所公认的,而发生巨变的原因却不是每个人思考过的。我们认为,这次旧城改造之所以能取得重大成效,有从上到下、从内到外各个层面的因素。具体地讲,可以归纳为"五高"。

（一）决策思路境界高。……

（二）干群参与热情高。……

（三）部门协调程度高。……

（四）规划设计起点高。……

（五）建设工程标准高。……

整个旧城改造工程的经验应当认真加以总结,使之成为鼓舞人心、激励斗志、实现"又快又好谋发展,进位争先建强市"的实践典范。

二、直面困难与挑战,剖因析果论根源

近几年我市旧城改造步伐明显加快,成绩显著,但也面临着一些困难和问题,主要表现在"难""乱""散""软""慢"五个方面。

……

提出问题的目的在于解决问题。在困难和挑战面前,我们既要有正视问题的勇气,又要有克服问题的能力,更要拿出解决问题的办法。

评析：

1. 未拿出旧城改造成功的具体数据,从而使内容有"假大空"之嫌。

2. 最后一段未指出解决问题的具体措施。

5.3.4　市场调查报告的结构和写法

市场调查报告的格式一般由标题、前言、正文和结尾四部分构成。

1)标题

市场调查报告的标题没有固定的格式,可以根据市场调查的目的、内容、范围及结论来确定。从形式上看,可分为以下两类:

（1）公文式标题

通常由调查范围、对象、内容和文种几个要素组成,前面加上引导词"关于"。如《关于××园林设计在北京房地产市场作用的调查》。这类标题简单明了,但过于平淡,缺乏生动性。

（2）新闻式标题

采用新闻式标题的拟题方法,将调查报告的中心内容简明扼要地揭示出来。这种写法分为单标题和双标题两种。单标题如《红富士苹果在西安市场畅销》;双标题如《传统商业走向现代商业的探索——北京市连锁商业调查》。

2)前言

前言是市场调查报告的开头部分。它主要概括介绍调查的时间、地点、对象、内容、范围、目的以及所采用的调查办法等,也可以简略介绍调查的结论。写法上一般是点到为止,不需要详细说明。有的调查报告也可以不写前言,而把它放在正文部分。

3)正文

正文是市场调查报告的主体。正文主要是根据调查所获得资料的性质和内在联系,集中反映调查的成果,对分析预测及所提建议等加以详尽阐述。从内容上看,正文一般包括三部分:

（1）情况介绍

对调查对象作进一步的阐述和分析,一般是以文字说明为主,必要时也以图表及数字进行补充说明。

（2）分析与结论

通过运用科学的分析方法,在充分占有翔实的材料、准确的数据、典型的事例的基础上,全面剖析、综合衡量,以得出正确的调查结论。市场调查报告虽不以预测为重点,但也往往对市场的变化趋势有所展望。分析内容包括产品需求量、新产品的开发、消费习惯的变化、市场走向等。

（3）对策与措施

对市场调查中发现的各种矛盾,各种不稳定因素和各种不利条件,提出有针对性的、切实可行的措施和办法,为企业管理者制定决策提供可靠依据和参考意见。

4)结尾

结尾是全文的终结,通常与前言相照应,起到概括结论、强调主旨、加深印象以及呼应开头的作用。有的市场调查报告的结尾部分在主体部分已阐述,可以略写或省去。

市场调查报告的结构形式要为市场调查报告的内容服务,要从实际出发,灵活运用,没必要也不可能按一个固定的模式来写市场调查报告。

5.3.5　市场调查报告撰写的注意事项

1)调研方法结论要产生于调查研究之后

调查报告的写作应在认真调查之后,根据调查研究的结果,提炼观点,进行写作,不能颠倒了主、客观关系,违背实事求是的精神。

2)要深入调查,充分占有材料

材料是调查报告的写作依据,必须对调查的对象进行深入、细致的调查,才能获得充分的材料,写作的调查报告才能扎实、深刻。

3)要研究材料,找出规律,概括观点

调查报告不是罗列大量事实材料,而是要从对材料的分析研究中,找出能反映事物本质的规律性的东西来,这样写出来的调查报告才具有一定的理论价值和指导意义。

4）要点面结合，注意结构的层次性

调查报告要反映事物的一般规律，既要有一般材料，也要有典型的材料，这样内容既不会空泛，也不会是个例，写出来的调查报告才能深度和广度都具备。这就要求处理好结构层次，要按照一定的层次把内容组织好、表达好。

5.3.6　情景写作训练

某房地产公司计划进军×市投资房地产建设，但需对×市的整体房地产现状进行了解，请你为其写一份《×市房地产调查报告》。

5.4　市场预测报告

问题思考：

钱××是×有限公司赵总经理的秘书。赵总想上马一个新的汽车产品，这种汽车产品的款型要消费较多的钢材，需要对钢材的价格走势进行调研、评估。赵总要钱秘书进行钢材方面的市场调研，判断其发展趋势，并上交一份书面报告。

请问：钱秘书该如何执行赵总交代的工作？

5.4.1　基础知识

1）市场预测报告的概念

市场预测报告是反映市场预测过程及其预测成果的一种书面报告，是根据市场调查得到的信息、资料，运用科学方法，对未来市场的需求变化作出分析、推测和判断，并把这一分析、推测和判断的过程及发现的规律用书面形式反映出来，为企业计划和经营决策者提供依据。

2）市场预测报告的作用

（1）科学决策的向导

市场预测报告是建立在市场调查和市场分析的基础之上的合理推论，是经济理论与经营实践有机结合的成果。通过对市场经济充分、准确的分析和预测，有助于经营管理的决策者把握市场的变化规律，洞察业内的动态走势，明了未来的经营方向。可以说，准确的经济预测，往往能规避失误，提高决策的正确性。

（2）经营管理的动力

未来的市场是动态的、变化的。市场预测报告往往能提示市场需求倾向和变动趋势，使企业经营管理提前明确发展思路,拟定产销规划,抢占市场先机,从而提高企业的科学化、现代化管理水平,提高企业的市场适应能力和竞争能力。

（3）资源优化的参谋

企业的生存必须适应市场的变化。企业的发展总是以最少的资源博取最大的效益。市场预测报告对市场发展变化的合理推断,为企业的人力资源、产业规划、产品结构、产销安排、原料采配、成本控制、能源配给和资金运作等资源的运用,提供了应变、调整的依据。企业通过这些资源优化,科学整合,不仅为企业、为社会节约了大量的宝贵资源,为企业、为社会增加了财富,而且还为企业、国家的经济创造了可持续发展的强劲动力。

3）市场预测报告的特点

（1）预见性

市场预测报告的最大特点是对事物未来发展方向和特点的事前预测。这就要求市场预测必须通过充分的调查研究,运用有关的经济学理论和方法,正确地分析研究有关的数据资料,作出准确预测。

（2）科学性

客观的经济现象在各个发展阶段上往往具有一定的内在联系。市场预测就是通过对经济现象的历史和现状的分析,掌握内在联系,揭示发展规律,并推测未来的发展趋势。市场预测不只凭借实践经验来进行,更要依据科学的方法加以分析研究,力戒主观盲目,在占有详尽的信息资料的基础上,经过严密的推理和科学的运算,得出准确结论,从而保证预测结果的科学性和精确度。

（3）时效性

市场预测报告必须及时对市场和产品的发展方向作出预测,并且及时将预测信息传递给有关部门,使企业及时准确地把握市场的现状和未来的发展趋势,在竞争中掌握主动。

4）市场预测报告的种类

（1）按预测的范围分

①宏观预测报告。对国际、国家以及地区市场经济的市场情况、发展趋势所作的战略性预测。

②中观预测报告。对某领域、某行业、某类产品或商品在国内外市场总体供需量和发展方向的预测,如对金融业、股市、房地产、IT行业市场和某种营销方式的预测等。

③微观预测报告。对某一品牌产品或商品在某一地区的产销前景的预测。

（2）按预测的内容分

①市场发展趋势预测报告。主要对各个时限内的市场前景进行定性分析预测。如对通货膨胀与通货紧缩的预测,对股票市场熊市或牛市的预测,对国民经济过热或过冷的预测等。

②市场供求预测报告。针对未来市场对商品可能的需求,预测商品的增减更替状况,提高市场对商品的产量和生产能力的配合。

③市场营销预测报告。营销是企业的生产线。对重大的、新创的营销模式进行预测,有

利于现代企业的科学化管理,也可以起到战斗演习、沙盘演练般的良好效果。

④新产品市场预测报告。根据对市场的购买动机、购买心理、消费习惯、广告方式等因素的分析,预测新产品在同一市场或不同市场的可认知与可接受的程度,引导企业有的放矢,适销对路。

(3)按预测期限分

①近期市场预测报告。一般以1年内的市场发展为预测对象,包括月度、季度、年度的预测分析。

②中期市场预测报告。预测时间一般为1年以上,5年以内。

③远期市场预测报告。预测时间为5年以上。此类预测报告又被称为战略性预测报告。

5.4.2 阅读与分析

【例文5.5】

水泥市场需求预测

一、××省水泥产需现状和预测

××省2008年全省水泥总产量×××万吨,占全国水泥总产量的41.8%,其中高标号旋窑水泥×××万吨,占产量的19.5%,全省水泥企业平均规模仅×××万吨,低于全国大水泥平均所占比例的25%,产品结构也不合理。

××省水泥销售市场十分广阔。"九五"期间全省水泥产量×××万吨,年平均生产水泥×××万吨,其中有×××万吨本省消耗,而省内年实际需要量达×××万吨以上,致使省内水泥市场供需矛盾大,长期处于紧张状态,水泥根本无法向农村供应。"十五"期间,水泥产量×××万吨,扣除外销部分外,本省内平均每年消耗水泥×××万吨,平均每年销往外省水泥为×××万吨。2005年全省出口水泥达×××万吨,治理整顿期间建材市场出现暂时的疲软现象,但建材产品仍保持一个持续、稳定的增长趋势,其市场潜力是很大的,对××省2015年水泥的省内需求量,国家建材局规划院2001年7月的预测值为×××万吨,××省工程咨询公司2002年7月的预测值为×××万吨。

据××省经济发展规划,在2015年以前,××湖防洪工程总投资××亿元,××梯级水电站总投资××亿元;×××、×××、×××国道和"××"公路总投资约××亿元;2011年,××申站正式开工,××高速公路××段600千米,省内固定资产投资要达到××亿元,技改投资××亿元,"300项"重点技改和"10条龙"配套开发改造项目今年进入建设高峰期,××、×××铁路建设要加快,四大水利工程建设要加快,这些工程都是高耗水泥的工程,而且需要高标号水泥。综合几种方法的预测数据,较保守的数值为:××省2010年需水泥×××万吨,其中高标号旋窑水泥×××万吨;2015年需水泥×××万吨,其中高标号水泥×××万吨。

同时,××省水泥外销,出口具有一定优势。在外销方面,××省水泥在两广、湖北、江浙沿海等地具有一定市场和良好的声誉,外销市场潜力很大。在水泥出口创汇方面,"十一五"期间计划在××建立一个水泥出口基地,现正在建设中,计划到2010年出口水泥达××××万吨,2015年预计出口水泥达×××万吨以上。

经采用传统方法和现代方法进行预测,至2010年,省内水泥需要量为×××万吨;加上外销,出口共需×××万吨,其中高标号水泥需要量达×××万吨。

××省2003年水泥总产量×××万吨,其中高标号水泥×××万吨,这就要求我省在这7年内新增×××万吨水泥的生产能力,其中高标号水泥新增×××万吨/年的生产能力,才能满足××省国民经济发展的需要。

二、××市水泥产需现状

××市现有水泥生产能力×××万吨,2003年实际产量×××万吨,均为立窑水泥厂生产。全市由于全部采用机立窑(乡镇企业部分采用普立窑)生产,所以高标号水泥十分缺乏,每年需从××、××等地调进。

三、××市水泥市场需求预测

××市位于××省中北部,××湖西南侧,××中下游,辖××、××、××三县,××、××二区,××、××、××、××、××五个国营农场,总面积12 144平方千米,人口438万。随着工业生产的蓬勃发展,水泥已是供不应求,全市人平水泥274千克,低于全国人均300千克的水平。

××市水泥市场需求按以下几个方面预测:

1. 按××市经济发展前景预测

根据××市国民经济和社会发展十年规划和"十一五"计划纲要,至2010年全市工农业总产值×××亿元,年递增速度为8.4%,到2015年全市工农业总产值达×××亿元,年递增速度为××%。按上述发展规划,预测水泥需要量如下:

	2010年	2015年
固定资产投资需水泥(万吨)		
固定资产维修需水泥(万吨)	××	××
农田水利及个人建设水泥(万吨)	××	××
重点建设工程需水泥(万吨)	××	××
合 计(万吨)	×××	×××

2. 按类比法预测

××省2010年需水泥××××万吨,2015年需水泥××××万吨,××市工农业总产值占全省7.25%,人口占全省7.13%,××市属本省中等发展水平的地区,全市水泥需要量若按全省水泥需要量的×××%计算,则:

2010年需水泥=×××(万吨) 2015年需水泥=×××(万吨)

3. 按人口消耗水平预测

××市现有人口438万,人口自然增长率若按1.2%计算,到2010年人口数为459万,2015年人口总数为488万,按全国每人每年水泥消耗××千克计算,则:

2010年需水泥=×××(万吨) 2015年需水泥=×××(万吨)

4. 按弹性系数法预测

××市工农业总产值增长速度为8.4%,2000年××市水泥消耗量约为100万吨,取弹性系数××,则:

2010年需水泥=×××(万吨) 2015年需水泥=×××(万吨)

通过以上四种不同的方法预测,得出不同的结果,各种方法均有优缺点,取四种方法所

得结果的平均值,预测××市水泥市场需求量如下:

　　2010 年需水泥 = ×××(万吨)　　2015 年需水泥 = ×××(万吨)

　　××市目前水泥生产能力为××××万吨,年实际产量××××万吨,从产量上看,缺口较大,全部为立窑水泥,产品档次不能满足市场需求;从发展的观点看,到 2010 年实际产量(主要是旋窑水泥)也还需要增加××万吨的能力,才能满足××市经济发展的需要。

　　四、××市水泥外销市场预测

　　××市水陆交通便利,沿石长线东接京广铁路,南达广西、贵州、广东,北达湖北,西接枝柳铁路,南北畅通,往东可达洞庭湖区。随着国民经济的发展,各地对高标号水泥的需求不断增加,与其邻近的××市、××市更是奇缺,全市每年外销水泥量达××万吨以上。

　　当前,国家已把水泥出口创汇提到了很重要的议程,××的大中型水泥企业必将肩负着出口重任,这就为我省在两广及海南水泥市场提供了更大的机遇。不仅如此,我省还正在进行××出口基地的建设。××市的水泥可经洞庭湖水运到××,销往海外。可预见在今后的 20 年内,××市调频水泥外销将有增无减,外销水泥增长速度若按每年递增 80% 计算,则 2010 年××市外销水泥量为××万吨,2015 年外销水泥可达××万吨。

　　基于上述市场预测结果,××市水泥市场 2010 年内销加外销水泥量为×××万吨,2015 年外销加内销为×××万吨,目前××市水泥总产量只有×××万吨,缺口很大,特别是旋窑水泥的缺口更大。

　　五、市场评价

　　综上所述,可以得出如下结论:

　　1. ××省目前水泥市场基本饱和,或缺口甚微,而优质高标号水泥(即旋窑水泥)供需矛盾日益突出,且大水泥分布极不合理。随着经济建设的发展,近十年内要求全省新增 970 万吨水泥的年生产能力,其中旋窑水泥需新增××××万吨以上的年生产能力。

　　2. ××市目前小水泥市场基本饱和,其生产能力也能满足需要,而旋窑水泥的需求量大,全市目前尚无一家旋窑水泥,所需水泥全部由外地调进,因而供需矛盾大,其产品的销售前景是广阔的。

评析:

　　这是一份市场预测报告。主体从××省、××市,以及外销市场对水泥需求进行预测,按照不同的科学方式进行计算,如按××市经济发展前景、类比法、人口消耗水平、弹性系数等科学的预测方法进行××市水泥市场需求预测分析,在提供大量数据的基础上,为科学预测做了充足的准备,最后提出对策建议。预测部分除了分析各种相关因素,还对预测的公式进行了说明,直观、清晰。

5.4.3　病文修改

钢材市场预测报告

　　根据国家信息中心提供的消息,国内有关人士认为,2003 年下半年至 2004 年,钢材市场供给将保持相对平稳且价格小幅度攀升的态势。但由于各地经济发展不平衡,以及运输到货等因素的影响,少数钢材品种在局部地区有可能发生较为明显的波动。现对下半年和明年的市场情况分析如下:

国际钢材市场仍将看好。在去年下半年西方工业国家经济复苏的带动下,出现了世界范围的钢材热,各国对钢材需求增长,出口量锐减。当今世界最大的钢材出口国——日本,因地震重建任务繁重,钢材出口量大幅下降,进口量迅速上升。世界上许多钢材厂都在寻找钢坯,以提高产品附加量。按这种趋势预算,今年至明年,国家钢材市场形势看好。国家钢材需求量增幅不大。据预测,今年钢材需求总量与去年相比,增幅不大,明年钢材的需求增长不会太大,供求会达到大体平衡。资源供给较为宽松。全年上半年,全球各钢材企业都在贯彻"限平、停滞、增畅"和"限平压率"的举措,下半年供求形势转向平衡,各钢材厂都会增加"高质量、多品种"的产品,以便占领市场,力争出口。今年仍然是这种趋势。明年钢材的供求总体将逐渐平衡,但线材等品种有过剩的可能。由于全球钢铁企业的线材生产能力普遍提高,可能会导致普碳材供大于求,从而在品种、质量、价格上展开激烈的竞争,加大钢铁企业的销售难度。而在短时期内"三板一片"的产量难以大幅度提高,供不应求的局面难以改观,价格仍将居高不下。

根据有关部门的预测,今年钢材资源量比去年有所下降。虽然今年资源供给少于需求,但由于有去年结转的大量库存,仍能实现供求平衡。明年钢材的资源量增幅不会大,但由于需求也不会太旺,也可以达到供求平衡,有的地区还会比较宽松。

市场价格小幅上升。去年下半年钢材价格总体平衡,今年可能会出现小幅度的波动,这种波动往往出现在一个地区,货紧时价格上涨,货到时价格又会下跌,但总的趋势是价格会在成本上升、出口价上升的推动下,小幅度上升,一般不会再次出现暴涨。

评析:

1. 这则市场预测报告对目前钢材需求与供给变动情况的分析与评估是定性或轮廓性的。

2. 评估缺乏起码的明确而具体的数据。

3. 预测可信度不强,参考价值也会受到大大影响。

5.4.4　市场预测报告的结构和写法

市场预测报告一般由标题、正文和结尾三部分组成。

1)标题

预测报告的标题要求做到简明、醒目,一般有两种形式:

(1)公文式标题

由预测范围、期限、对象和文种构成,如《我国特大城市20××年的粮食消费预测》。

(2)新闻式标题

有的是单标题,如《今冬取暖器市场旺中趋缓》;有的是双标题,如《今年电风扇市场发展趋向——讲究装饰,追求舒适》。

2)正文

正文一般由前言和主体两部分组成。

（1）前言

前言一般简单介绍写作动因或说明有关情况,如预测的范围、对象、主要内容、主要观点或数据等;有的前言部分简单介绍预测对象的现状,初步揭示预测的结论;也有的预测报告不写前言,而把它的内容放在主体部分加以说明。

（2）主体

主体是市场预测报告的核心部分,一般包括现状、预测和建议三部分:

①回顾历史,说明现状。根据经济现象的历史发展,用翔实、准确的信息资料和数据来说明市场的发展现状,这是分析预测的前提和基础。市场预测现状部分,一般主要反映市场需求情况、商品资源情况、市场行情情况、企业生产经营状况等。在写作之前,对历史和现状的材料和数据的收集要全面、充分,但在写作过程中,则要根据预测的目的和需要,有重点地加以取舍,抓住直接影响未来发展趋势的基本情况,突出主要矛盾和重点内容。

②分析事实,预测发展趋势。这是预测报告的核心内容,即根据上述各种现状,加以分析研究,总结规律,预测产品发展趋势,为企业产品的技术革新和发展提供依据。这一部分在写作上既要提出明确的预测结论,又要以充分的证据来论证预测结论;既要预测事物发展的总趋势,又要预测总趋势中会出现的某些变化;既要预测可见的、已出现的因素的影响,又要考虑潜在的、突变的因素的影响;既要考虑客观因素,又要考虑主观因素。

③提出建议和设想,为经营决策提供参考。市场预测报告的目的是预测市场发展趋势,使企业避免风险和危机,为企业的未来发展提供依据、建议或设想。如果说现状部分回答预测对象"现在怎么样",预测部分回答了预测对象"将来什么状况",那么建议部分则回答"最终怎么办"。建议部分的内容要尽量具体、切实,措施切实可行;切忌空洞记述,脱离现实。

市场预测报告三部分内容之间紧密相连,有着严密的逻辑关系,但在具体写作中,可以根据预测目的、资料占有情况的不同,适当调整先后顺序,恰当安排主体的结构布局。以上的先后顺序不是一个固定模式,可灵活调整。

3）结尾

结尾或归纳全文,以深化主题;或重申观点,以加深认识;也可只写上预测单位或个人姓名,并注明时间即可。

在写作过程中,上述内容可有所侧重或有所省略。如,有的预测报告没有前言;有的把主体部分的历史回顾与现状分析写得十分简略,或予以省略,只把预测结果陈述出来;有的报告不写建议,但分析、预测部分不可缺少,它是预测报告的核心和重点。

5.4.5　市场预测报告撰写的注意事项

1）深入调查,从实际出发

市场预测必须是在对市场的历史、现状进行深入细致的调查基础上进行的,这也是写好预测报告的前提。调查阶段所取得的资料不准确、不全面,不仅不能全面正确地把握市场变化的趋势和规律,而且很可能作出错误的结论,给生产和生活带来损失。因此,掌握市场历史与现状资料是写好预测报告的前提。

2）目标明确，突出重点

预测目标在市场预测报告的写作中具有重要作用。明确目标后，材料的收集、筛选、使用，报告的结构安排才能有依据。目标明确后要突出重点。一篇预测报告只能回答重点问题，不能面面俱到。

3）市场预测报告的撰写要掌握好有关经济决策

我国的市场营销活动主要是在党和国家的经济政策指导下进行的，不熟悉经济政策，单靠对市场现状的了解和运用预测方法，是搞不好市场预测的。同时，分析问题时更要从我国国情出发，充分考虑有关政策规定。

4）语言要求准确、简练

市场预测报告的价值，主要看预测的结论是否准确，建议是否切实可行。因此，撰写市场预测报告必须对采用的资料、采用的预测模型反复落实、推敲，语言的运用要准确、简洁，不必单纯追求语句的华丽和渲染。

5.4.6 市场预测报告和市场调查报告的关系

市场预测报告和市场调查报告各有侧重，它们之间既有联系又有区别。

（1）联系

①市场调查是市场预测的一种手段，是市场预测的第一步。

②市场调查报告和市场预测报告在实际应用中往往有些重合，出现以下两种情况：一是"调查＋预测"；二是单纯预测。两个文种可分可合，应根据实际需要而定。

（2）区别

①对象不同。市场调查的对象是过去和已经存在的经济现象，市场预测的对象是尚未形成的经济现象。

②目的不同。市场调查可以帮助进行市场预测，但偏重于对市场过去和现状的了解，总结经验，发现问题，掌握市场营销的发展变化规律；市场预测则偏重于将来，帮助企业预测市场商品供求的发展变化规律。

5.4.7 情景写作训练

分析下面市场预测报告中存在的问题。

××市劳保市场的发展趋势

随着我国改革开放形式的深入发展和人民群众着装条件的不断改善，××市劳保市场的商品正在向着美观化、多样化、高档化方向发展。

根据××市××统计局××××年对"××市劳保市场"的统计资料，我们可归结出以下的趋势：

1. 高级布料所制的劳保服装越来越受欢迎，昔日的纯棉劳保服装越来越受到冷遇。从劳保服装的色泽来看，深灰、浅灰、咖啡、湖蓝、橘红、米黄、大红等鲜艳色调正在日趋取代传统的黑、蓝、黄、白"老四色"。

2.新颖的青年式、人民式、中山式、西装式劳保服装的销售形势长年不衰,而传统的夹克式、三紧式等劳保服装销售形势却长年"疲软"。

3.档次较高的牛皮鞋、猪皮鞋、球式绝缘鞋、旅游鞋已成了热门货,而传统的劳保鞋,如棉大头鞋、棉胶鞋、解放鞋等却成了滞销品。

4.劳保防寒帽,如狗皮软胎棉帽、解放式棉帽等几乎无人问津。

5.高质量而美观的劳保手套,如虎皮手套、全皮手套、羊皮五指手套日趋成为"抢手货",而各种老式的布制手套、线制手套、布闷子式手套的销量日渐下降。

6.色彩艳丽的印花毛巾、提花毛巾、彩纹毛巾等,已成为毛巾类商品的主销品,而素白毛巾的销量不断减少。

5.5 资产评估报告

问题思考:

王芳是一名工程专业的大三学生,目前在一家评估机构实习。两天前她和同事张明、宋儒被安排去给某单位拟出售的一住宅区作评估。经过两天的现场勘查获得了如下信息,接下来他们该怎么做?

该住宅区信息:占地面积 2 000 平方米,包括一幢 1990 年建成的七层砖混结构住宅楼,建筑面积为 4 800 平方米;一幢 1992 年建成的一层临街铺面、门卫房,也为砖混结构,建筑面积为 180 平方米。该住宅区地处市城郊结合部,距环城路 500 米左右,南临××路,西临××东路,东临××路,北临××街。周围无环境污染,交通便利,环境优雅。

5.5.1 基础知识

1)资产评估报告的概念及作用

资产评估报告,也称"国有资产评估报告",是评估机构或评估人向委托单位报告资产评估工作结果的一种经济应用文。在企业经营机制转换及国有资产管理体制改革中,资产评估工作无疑具有重要意义。它是资产评估机构在完成评估项目后,向委托方出具的关于项目评估过程及其结果等基本情况的具有公正性的工作报告,是评估机构履行评估合同的成果,也是评估机构为资产评估项目承担法律责任的证明文件。

资产评估是一项非常复杂且有意义的工作,资产评估报告可以作为国有资产管理部门对所评估的资产作出处理决定的依据,也可以作为被评估单位进行产权交易、以现有资产入股经营等经济活动的依据;它提供的有关资料,对财政、税务、金融、工商及被评估单位的主管上级部门等了解现有资产价值状况,也有重要的参考价值。作用具体体现为:

（1）为被委托评估的资产提供作价意见

资产评估报告是经具有资产评估资格的机构根据委托评估资产的特点和要求，组织评估师及相应的专业人员组成的评估队伍，遵循评估原则和标准，按照法定程序，运用科学方法对被评估资产价值进行评定和估算后，通过报告书的形式提出作价的意见，该作价意见不代表任何当事人一方的利益，是一种独立专家估价的意见，具有较强的公正性与客观性，因而成为被委托评估资产作价的重要参考依据。

（2）资产评估报告是反映和体现资产评估工作情况，明确委托方、受托方及有关方面责任的依据

资产评估报告用文字的形式，对受托资产评估业务的目的、背景、范围、依据、程序、方法等过程和评定的结果进行说明和总结，体现了评估机构的工作成果。同时，资产评估报告也反映和体现受托的资产评估机构与执业人员的权利与义务，并以此来明确委托方、受托方有关方面的法律责任。资产评估报告书也是评估机构履行评估协议和向委托方或有关方面收取评估费用的依据。

（3）对资产评估报告进行审核，是管理部门完善资产评估管理的重要手段

资产评估报告是反映评估机构的评估人员职业道德、执业能力水平以及评估质量高低和机构内部管理机制完善程度的重要依据。有关管理部门通过审核资产评估报告，可以有效地对评估机构的业务开展情况进行监督和管理。

（4）资产评估报告是建立评估档案，集中评估档案资料的重要信息来源

评估机构和评估人员在完成资产评估任务之后，都必须按照档案管理的有关规定，将评估过程收集的资料、工作记录以及资产评估过程的有关工作底稿进行归档，以便进行评估档案的管理和使用。

2）资产评估报告的特点

（1）鲜明的目的性

资产评估报告是按委托单位的委托，有明确目的地进行的，又要针对不同的具体情况，采用不同的方法，有所侧重地评估。评估自始至终都有着明确的目的。

（2）科学的评估性

"评估"是建立在收集、掌握大量材料的基础上，针对材料进行去伪存真、由表及里的科学分析而得出的可靠结论。

3）资产评估报告的分类

国际上对资产评估报告有不同的分类，如美国将评估报告分为完整型评估报告、简明型评估报告、限制型评估报告、评估复核。当评估报告的使用者包括客户以外的其他方时，报告类型必须采用完整型评估报告或简明型评估报告；当评估报告的使用者不包括评估客户以外的其他方时，则报告类型可以选择限制型评估报告。这四种评估报告的显著区别在于报告所提供的内容和数据的繁简。

目前较为常见的资产评估报告书分类有以下几种：

①按资产评估的对象划分，资产评估报告可分为整体资产评估报告和单项资产评估报

告。凡是对整体资产进行评估所出具的资产评估报告称为整体资产评估报告书。整体资产评估报告的内容不仅包括资产,也包括负债和所有者权益。凡是仅对某一部分、某一项资产进行评估所出具的资产评估报告书称为单项资产评估报告书。

②按资产评估工作的内容划分,资产评估报告可分为正常的资产评估报告、评估复核报告和评估咨询报告。

③按评估报告所提供信息资料的内容详细程度划分,资产评估报告分为完整型评估报告、简明型评估报告和限制型评估报告。

④按评估项目的目的和作用不同,评估报告可分为追溯性评估报告、现值性评估报告和预期性评估报告。评估报告的使用有效期,通常要求评估基准日与经济行为实现日相距不超过一年。

5.5.2 阅读与分析

【例文5.6】

丹阳公路隧道房地产评估

一、评估对象概况

丹阳公路隧道工程位于××经济特区东部的××山下,隧道穿越××山南面部分,呈东西走向,隧道西口接丹阳公路,东口接丹阳公路,为沟通××市与东都玉泉镇、西溪港等地区的唯一通道。隧道宽9.6米,车行道宽7.5米。根据隧道工程实际总体方案分两期施工,隧道采用双管单向方式运行,一期工程按单管双向方式运行。经过两年施工,一期工程已于1994年9月建成通车,主要包括:老和山中行隧道2 257.69米,葛岭上行隧道218米,一级公路2 134米,管理房、变电所、配电房及隧道所需要的监控设备等。二期工程正在策划中。

隧道工程所占土地为行政划拨方式取得,总约200 000平方米。隧道工程由隧道主体工程、隧道公路工程、配套设施、设备工程(包括通风系统、变电供电系统、给排水系统、监控系统、照明系统、管理系统等)组成。

该隧道的通行彻底消除了原丹阳公路通行条件差对交通运输的严重制约,免除了过往车辆翻山越岭之苦,缩短行程3.5千米,大幅度降低了东部地区与某市区间的运输成本,促进了东部地区的开发建设。

二、评估目的

某市国有资产管理公司拟将丹阳公路隧道(国有资产)授权某市××实业有限公司经营管理,需确定评估对象在评估时点的价值。

三、评估基准日

评估基准日为2000年1月4日。

四、评估方法及过程

采用成本法评估该房地产的价格。

(一)重置价值计算

丹阳公路隧道工程的重置价值主要由前述工程总投资和市政府(代表国家)以划拨土地使用权方式投入的土地资本构成。

1. 工程部分的重置价值估算。一期工程决算总造价为8 080万元人民币。因为工程建设于 1992—1994 年,故采用 1994 年物价指数作为工程建设期的平均造价指数。又由于工程造价主要由建筑材料费、人工费、其他费用等三大部分构成,这三部分在工程造价中所占的比率分别约为 0.4,0.3,0.3,故取三者的价格指数的加权平均值作为工程造价的价格指数(表中价格指数均为虚拟,不作实际评估时的依据)。

历年建筑材料价格指数变动表(上年 = 100)

年份	1994 年	1995 年	1996 年	1997 年	1998 年	1999 年
指数	105.6	113.4	123.6	99.6	106.1	111.1

由此可知,1999 年建筑材料价格指数为 173.77(以 1994 年为 100)。

历年职工工资指数变动表(上年 = 100)

年份	1994 年	1995 年	1996 年	1997 年	1998 年	1999 年
指数	109.8	119.7	110.8	110.6	109.3	115.9

由此可知,1999 年职工工资指数为 204.03(以 1994 年为 100)。

历年零售物价指数变动表(上年 = 100)

年份	1994 年	1995 年	1996 年	1997 年	1998 年	1999 年
指数	109.8	119.7	110.8	110.6	109.3	115.9

由此可知,1999 年零售物价指数为 169.17(以 1994 年为 100),1999 年工程造价的价格指数 = （173.77 × 0.4 + 204.03 × 0.3 + 169.17 × 0.3）× 100% = 181.47%

工程部分的重置价值 = 8 080 × 181.47% = 14 663(万元)

2. 土地重置价值计算。估算土地重置价值(即政府所作的土地投资的评估时点价值)时基于以下几点:

根据某市政府关于城市土地等级范围及用地分类的规定,评估对象土地属五类城市用地分类中的第三类用地类别(交通运输),属 ×× 区范围内的二级地段。在评估时点时,政府划拨该类该等级土地收取的地价为每平方米 280 元。

评估对象土地由于已建成隧道,具有用途的不可变更性。

评估对象土地原有使用状态为简易道路、采石场、耕地等较低收益用途或荒地状态,由于公路隧道工程的占用,使其自然特性得以充分体现,其特定的地理位置是该公路隧道产生巨大效益的源泉。其经济价值就在于它独一无二的地理位置。

由于评估对象独特的地理位置,使其成为沟通某市区与东部地区唯一通道的建设用地,将市区与边境重镇玉泉镇连成一片。玉泉镇房地产价格在 1995—1999 年增长幅度达 4 ~ 7 倍,古荡区域的房地产市场价格也在市区与玉泉镇两头的带动下而逐年上升,使之成为隧道以西区域的一个重要的工业区。在上述两个区域房地产价格上升过程中,公路隧道工程所产生的推动效益是极其关键的,评估对象的土地价值也得到了较大的升值。

鉴于隧道两头区域的土地市场价格均不低于 2 000 元/平方米,故适当调整评估对象土地的价值是合理的,有助于国有资产经营单位对国有土地的正确认识。考虑到评估对象用地与一般的房地产开发用地不同及其所呈现的地理特征,我们认为:将评估对象土地的价值设定在 1 000 ~ 1 500 元/平方米是可以接受的,故取 1 250 元/平方米。这一价格是按 70 年使用期计算的。

由于土地使用年限为 70 年,现已使用 5 年,故土地重置价值为:

$$200\ 000 \times 1\ 250 \times 65/70 = 23\ 214(万元)$$

评估对象的完全重置成本为:

$$14\ 663 + 23\ 214 = 37\ 877(万元)$$

(二)价值减损

隧道按 70 年使用期算,截至评估时点已使用 5 年,按直线折旧法,残值为 0,价值减值为:

$$14\ 663 \times 5/70 = 1\ 047(万元)$$

(三)技术力量所节约的投资

由于采用纵向通风技术,省去风道吊顶板,使土建断面减少 6 平方米,相当于 14 万立方米的土石方工程,节省工程费用约 500 万元人民币。

(四)评估值的确定

综合(一)、(二)、(三),可得评估值为:

$$37\ 877 - 1\ 047 + 500 = 37\ 330(万元)$$

评析:

1. 本案例是对一宗十分特殊的房地产作评估,只依靠评估人员在掌握评估基本理论与方法的基础上灵活变通地进行评估。

2. 本案例对隧道工程重置价值的测算,采用了工程的原始成本,然后用价格指数进行修正。由于没有隧道工程的造价指数,因此评估人员先对隧道工程造价中各部分所占的比重进行分析,再分别测算各部分的价格指数,然后综合得出隧道工程的造价指数变化情况,进而得到隧道工程的重置价值。这实际上类似于投资估算时所采用的扩大指标估算法。

3. 本案例中的土地是一种有非常特殊的用途和特殊的使用形式的土地,又由于本案例的土地价值占到全部评估额的 62% 以上,所以土地价值评估是本案例的关键一环。对土地价值作了非常全面的分析,最终将地价定在 1 250 元/平方米,这一价位的确定有相当的难度。这也是这类用途单一的土地的一个特征,对某种使用目的而言是无价之宝,对别的使用目的而言则不值一文。

4. 成本法评估的结果是重新建造同样房地产的一般社会平均成本,如果评估对象在实际建造时由于采用某种新技术而使得它的实际成本低于社会平均成本,其实际成本与社会平均成本的差额将成为超额利润,而评估时仍要按社会平均成本计算,这也是本案例中在确定评估额时加上"技术力量所节约的投资"的理由。

5.5.3 病文修改

评估报告书

神州诚信评字〔2010〕第99号

海生精密仪器有限责任公司：

神州诚信资产评估有限责任公司(以下简称"本公司")接受贵单位的委托，根据有关法律、法规和资产评估准则、资产评估原则，采用收益法，按照必要的评估程序，对贵公司拟股权收购事宜所涉及的永生有限公司的股东全部权益在评估基准日2010年11月30日所表现的市场价值进行了评估。评估结果有效期为一年。通过评估我们认为，永生有限公司是一家信誉良好，资产质量优良，具有良好发展前景，具有良好的社会责任感的公司。现将资产评估结果揭示如下：

1. 委托方、被评估单位(或者产权持有单位)和业务约定书约定的其他评估报告使用者概况。

2. 评估目的：海生精密仪器有限责任公司股权收购事宜所涉及的永生有限公司的股东全部权益在评估基准日市场价值进行了评估。

3. 评估原则：根据国家国有资产管理及评估的有关法规，我所遵循独立性、科学性和客观性的评估工作原则，并以贡献原则、替代原则和预期原则为基础进行评估。

4. 评估对象和评估范围：根据本次评估目的，评估对象是永生有限公司的股东全部权益价值。评估范围是永生有限公司经审计后账面上列示的全部资产及相关负债(具体数据略)。

5. 价值类型及其定义：根据评估目的和委估资产的特点，考虑市场条件及评估对象的使用等并无特别限制和要求，因此确定本次评估结论的价值类型为市场价值。市场价值是指自愿买方和自愿卖方，在各自理性行事且未受任何强迫的情况下，评估对象在评估基准日进行正常公平交易的价值估计数额。

6. 评估基准日：本次评估的评估基准日为2010年11月30日。

7. 评估依据：

(1)委托方提供的资产清单及其他资料。

(2)有关资产的产权证明及相关资料。

(3)委托方提供的有关会计凭证、会计报表及其他会计资料。

(4)与委托方资产取得、销售业务相关的各项合同及其他资料。

8. 评估方法：根据委托方的评估目的和评估对象，此次评估方法采用成本法和市场法两种方法，成本法价格标准为重置成本标准。最后取两种评估方法下评估结果的加权平均值为评估结果。

9. 评估程序实施过程和情况：

货币资金账面价值421 588元，其中现金21 325元，银行存款400 263元，考虑到货币资金即为现值不需折现，经总账明细账与日记账核实一致并对现金盘点无误后，按账面值确认。

其他内容(略)。

10. 评估假设(略)。

11. 评估结论:在实施了上述评估程序和评估方法后,贵公司截至评估基准日的资产、负债和所有者权益价值为:资产总额 41 504 342 元;负债总额 22 722 000 元,净资产价值18 782 342 元。

12. 特别事项说明(略)。

13. 评估报告使用限制说明:

(1)评估报告只能用于评估报告载明的评估目的和用途。

(2)评估报告只能由评估报告载明的评估报告使用者使用。

(3)未征得出具评估报告的评估机构同意,评估报告的内容不得被摘抄、引用或披露于公开媒体,法律、法规规定以及相关当事方另有约定的除外。

(4)当政策调整对评估结论产生重大影响时,应当重新确定评估基准日进行评估。

(5)本评估报告自评估基准日 2010 年 11 月 30 日起一年内使用有效,超过一年,需要酌情使用本报告。

14. 评估报告日:

本评估报告于 2011 年 12 月 8 日出具。

15. 签字盖章:

中国注册资产评估师:李伟(签字盖章)

神州诚信资产评估有限责任公司(盖章)

2011 年 12 月 8 日

评析:

1. "通过评估我们认为,永生有限公司是一家信誉良好,资产质量优良,具有良好发展前景,具有良好的社会责任感的公司。"语言表达违背了文字表达上的要求,不得带有任何诱导、恭维和推荐性的陈述。

2. 评估报告内容不包含评估原则。

3. 评估依据不充分,缺评估法规依据、经济行为和取价依据。

4. 评估方法与评估目的不匹配,应首选收益法,成本法只能够作为辅助方法;不能够将其评估结果和市场法的结果平均。

5. 货币资金评估缺银行对账单核实或函证。

6. 评估报告有效期部分,超过一年,需重新进行资产评估。

7. 资产评估报告出具日超过了报告的有效日期。

8. 仅有一个注册资产评估师签字。

9. 缺法人代表签字。

5.5.4 资产评估报告的结构和写法

资产评估报告通常由标题、致送单位、正文、附件、落款五部分组成。

1)标题

标题一般应由被评估单位名称、评估项目名称和文种(即资产评估报告)几部分组成,即评估对象＋文种。

2）致送单位

致送单位即委托评估单位名称,顶格写在标题下、正文前。有时这部分也可以省略。

3）正文

这是资产评估报告的主体部分,一般包括以下内容:
①资产评估的依据、目的和对象。
②评估对象的基本情况。
③参加评估人员和评估时间。
④主要评估方法。
⑤评估过程及评估结果。

4）附件

通常包括一些说明、部分表格等。如果这部分内容都已在正文中表述,附件部分就可以略去。

5）落款

落款应在正文后详细写出评估机构或评估人员姓名及时间。

5.5.5 资产评估的方法

《国有资产评估办法》主要规定了以下几种评估方法:

1）收益现值法

收益现值法是指企业在连续经营下所产生的预期收益(即年利润额),按社会基准收益率(同行业平均资金利润率)计算的折现值。这种方法,是根据被评估资产的合理预期获利能力和适当的折现率,计算出资产价值,并以此评定重估价值。

2）重置成本法

重置成本法是要求评估资产时现实产生的成本来计价。这种方法是根据该项资产在全新情况下的重置成本,减去按重置成本计算的已使用年限的累计折旧额,考虑资产功能变化、成新率等因素,评定重估价值;或者根据资产的使用期限,考虑资产功能变化等因素重新确定成新率,评定重估价值。

3）现行市价法

现行市价是指交易时市场的通行价格,这种方法是参照相同或类似资产的现行市场价格,评定重估价值。

4)清算价格法

清算价格是指停业或破产后,企业解散清算时处理资产可得到的变现价格。这种方法是根据企业清算时其资产可变现的价值,评定重估价值。

5.5.6 资产评估报告撰写的要求

1)资产评估报告的制作步骤

①整理工作底稿和归集有关资料。资产评估现场工作结束后,有关评估人员必须着手对现场工作底稿进行整理,按资产的性质进行分类。

②评估明细表的数字汇总。在数字汇总过程中应反复核对各有关表格的数字的关联性和各表格栏目之间数字钩稽关系,防止出错。

③评估初步数据的分析和讨论。在完成评估明细表的数字汇总,得出初步的评估数据后,应召集参与评估工作过程的有关人员,对评估报告的初步数据的结论进行分析,比较各有关评估数据,复核记录估算结果的工作底稿,对存在作价不合理的部分评估数据进行调整。

④编写评估报告书。

⑤资产评估报告的签发与送交。评估机构撰写出资产评估正式报告后,经审核无误,按以下程序进行签名盖章:先由负责该项目的注册评估师签章(两名或两名以上),再送复核人审核签章,最后送评估机构负责人审定签章并加盖机构公章。

2)资产评估报告的撰写要求

①文字表达既要清楚、准确,又要提供充分的依据说明,还要全面地叙述整个评估的具体过程。

②资产评估报告的格式和内容必须严格遵循财政部颁发的《资产评估报告基本内容与格式的暂行规定》行事。

③资产评估报告的复核与反馈也是资产评估报告撰写的具体技能要求。通过对工作底稿、评估说明、评估明细表和报告正文的文字、格式及内容的复核和反馈,可以将有关错误、遗漏等问题在出具正式报告之前得到修正。

复核资产评估报告,必须建立起多级复核和交义复核的制度,明确复核人的职责,防止流于形式的复核。

④除了需要掌握上述三个方面的技术要点外,撰写资产评估报告还应注意以下几个事项:

a.实事求是,切忌出具虚假报告。

b.坚持一致性做法,切忌出现表里不一。

c.提交报告要及时、齐全和保密。

d.评估机构应当在评估报告中明确使用者、报告使用方式、提示评估报告使用者合理使用评估报告。

e.评估师应该关注评估对象的法律权属,但是不得提供保证。

5.5.7 情景写作训练

请根据以下信息编写一份资产评估报告:

待评估对象为一新开发土地,因无收益记录和市场参照物,只得采用成本法进行评估,有关数据如下:拆迁补偿、安置费 5 万元/亩,其他费用(含税费)3 万元/亩,开发费用 1.5 亿元/平方千米,当地银行一年期贷款利率为 9%,两年期贷款利率为 10%,土地开发周期为两年,第一年投资占总投资的 3/4,利润率为 10%,土地所有权收益为土地成本的 10%,试估算该地产的市场价值。

5.6 经济纠纷起诉状

问题思考:

王女士的订婚钻戒在停车场不慎丢失,捡拾者张某自称以为是假钻戒随手丢弃,无法归还。日前,北京二中院终审判决,张某拾得遗失物未妥善保管,且具有主观故意,应向王女士赔偿 4.6 万余元损失。

王女士说,遗失钻戒是男朋友赠送的,价值 4.6 万余元,作为两人的订婚信物,有重大意义。2009 年 7 月 9 日上午 11 时许,王女士在丰台区一停车场内不慎将钻戒丢失。随后,王女士向警方求助。民警调取事发地点的录像资料,发现是张某拾得钻戒。

在警方帮助下,王女士找到了张某,对方认可捡到钻戒,但拒绝返还。张某自称,当时认为戒指是假的,就随手扔掉了。

无奈之下,王女士向法院起诉张某,要求赔偿钻戒损失 4.6 万余元。

此案开庭时,张某也称,确实曾经捡到了一枚戒指,但当时认为这是假钻戒便随手丢弃,也没有在意。对于王小姐丢失订婚钻戒一事,他表示惋惜,但不同意赔偿。

二中院审理后认为,张某拾得遗失物未妥善保管,且具有主观故意造成损失,应向王女士赔偿。

5.6.1 基础知识

1)经济纠纷起诉状的概念和特点

经济纠纷起诉状,又称经济诉状,是经济纠纷案件的原告认为自己的权益受到侵犯而向法院陈述纠纷事实、阐明起诉理由、提出诉讼请求的书状。

起诉状(诉状),俗称"状子",诉状分为民事诉状和刑事诉状。经济诉讼起诉状属于民事诉状。

经济纠纷起诉状具有如下特点:

①请求诉讼性。任何国家机关、社会团体、企事业单位和公民个人或其法定代理人向人民法院递交经济纠纷起诉状便是提出了诉讼请求。

②适用范围的特定性。经济纠纷起诉状针对的是归人民法院管辖而未被审理过的案件。

③处理案件的参证性。诉状本身就是一种处理案件时的证据。

2)经济纠纷起诉状的适用范围

按《中华人民共和国民事诉讼法》第一百一十九条规定,经济起诉状适用于符合下列条件的案件:

①原告是与本案有直接利害关系的公民、法人和其他组织。

②有明确的被告。

③有具体的诉讼请求和事实、理由。

④属于人民法院受理民事诉讼的范围和受诉人民法院管辖。

3)经济纠纷起诉状的作用

当事人向人民法院递交经济起诉状,人民法院经审查并决定受理后,将直接引起民事诉讼程序。其作用在于:

①当事人提交起诉状是其行使起诉权的表现,是其维护自身合法权益,请求国家司法救济的途径,有利于其实体权利依法得到应有保护。

②起诉状是人民法院受理民事案件,予以立案、受理的凭证。

③起诉状是人民法院对民事纠纷进行调解和审理的基础,通过起诉状可以使法院了解原告的诉讼请求、事实和理由,为公正、合理地解决纠纷打下基础。

④起诉状也是被告应诉答辩的依据。

5.6.2 阅读与分析

【例文5.7】

起 诉 状

原告人:××市××区××公司

地址:××市××区××路×号

法人代表:×××,系公司经理

被告人:××市××区××商店

地址:××市××区××大街×号

法人代表:×××,系商店经理

案由:追索货款,赔偿损失

诉讼请求:

1.责令被告偿还原告货款3万元。

2.责令被告赔偿拖欠原告货款3个月的利息损失。

3.责令被告赔偿原告提起诉讼而产生的一切损失,包括诉讼费、请律师费等。

诉讼事实和理由：

原告和被告20××年10月18日商定，被告从原告处购进西凤酒200箱，价值人民币3万元。原告于当年10月19日将200箱西凤酒用车送至被告处，被告立即开出3万元的转账支票交付原告，原告在收到支票的第二天去银行转账时，被告开户银行告知原告，被告账户上存款只有1.2万余元，不足清偿货款。由于被告透支，支票被银行退回。当原告再次找被告索要货款时，被告无理拒付。后来原告多次找被告交涉，均被被告以经理不在为由拒之门外。

根据《中华人民共和国民法通则》第106条第一款和第134条第一款第七项的规定，被告应当承担民事责任，原告有权要求被告偿付货款，并赔偿由于被告拖欠贷款而给原告带来的一切经济损失。

证据和证据来源：

1. 被告收到货后签收的收条1份。

2. 银行退回的被告方开的支票1张。

3. 法院和律师事务所的收费收据×张。

此致

××区人民法院

起诉人：××市××区××公司（公章）

二○○五年十一月二十日

附：1. 本状副本1份。

   2. 书证×份。

评析：

这是一份经济纠纷诉讼起诉状。状头介绍了当事人的基本情况。案由明确，诉讼请求具体明确，交代事实简洁清楚，陈述理由合情合理，引用法规明确、具体，人称前后一致。是一篇值得学习的经济纠纷起诉状。

5.6.3 病文修改

原告名称：北京××锅炉厂

所在地址：北京市海淀区甲1号（邮政编码：100088）

法定代表人：刘×× 职务：厂长（电话：217766）

企业性质：全民所有制

经营范围和方式：压力锅炉制造安装，批发兼零售

开户银行：中国工商银行北京分行海淀办事处大钟寺分理处 账号：0477194

被告名称：北京市××县××锅炉水电安装队

所在地址：北京市顺义县高丽营镇110号（邮政编码：101116）

法定代表人：王×× 职务：队长（电话：4978899）

诉讼请求：

（1）给付货款81 015元。

（2）支付违约金17 073.62元。

事实及理由：

×××年 6 月 26 日，我厂与被告北京市××县××锅炉水电安装队签订了一份锅炉购销合同。合同规定，被告向我厂订购 SZW240-7-95-70 型号锅炉一台及附属配件，价款总计 96 015 元，款到发货。同年 8 月 16 日，被告将所订锅炉主体及附属配件全部提走，但未付款。经催要，被告于同年 8 月 26 日将一张××县五中的 15 000 元转账支票交给我厂，尚欠的 81 015 元，被告以锅炉是××县五中委托代购、××县五中尚未付款为由拒不偿还。被告作为购货方，在我方按时提供锅炉后应履行合同规定的付款义务，其拒绝付款的行为是违约行为。被告除应支付尚欠的货款 81 015 元外，还应向我厂支付逾期付款违约金 17 073.62 元。请人民法院依法作出判决。

证据和证据来源，证人姓名和住址：

（1）北京市××锅炉厂产品订货合同 1 份。

（2）××锅炉水电安装队还款计划 1 份。

（3）北京市××锅炉厂产品发货清单 2 份。

起诉人：北京市××锅炉厂（盖章）

×××年四月二十日

评析：

1. 缺标题。

2. 未将法律依据提出来。

3. 结尾处按信函格式应写"此致""××××人民法院"。

4. 无附项，包括本状副本份数、物证件数、书证件数等。

5.6.4 经济纠纷起诉状的结构和写法

1）经济纠纷起诉状的结构

①标题。标题要标明"经济纠纷起诉状"或"起诉状"。

②状头，即当事人的基本情况。包括原告人和被告人，要写明当事人的情况，或单位的全称、性质、所在地、法定代表人姓名、职务、开户银行及账号；有诉讼代理人时，应写明代理人的姓名和所在单位、代理权限和其他情况。

③案由或事由，即概括写明因何事起诉。

④诉讼请求，即概括写请求人民法院依法裁决的具体事项，或诉讼要达到的最终目的。

⑤事实和理由，是起诉状的核心部分，它关系到人民法院是否受理此案。这部分内容主要包括事实经过、证据、理由和法律依据。

⑥结尾。结尾内容要求按信函格式写："此致""××××人民法院"；起诉人签名或盖章；写明年、月、日。

⑦附项。起诉状最后一页的左下角写附项。包括本状副本份数、物证件数、书证件数等。

2）经济纠纷起诉状的基本格式

经济纠纷起诉状

原告：名称：_____ 地址：_____ 电话：_____

法定代表人：姓名：_____ 职务：_____

委托代理人：姓名：_____ 性别：_____ 年龄：_____

民族：_____ 职务：_____ 工作单位：_____

住址：_____ 电话：_____

被告：名称：_____ 地址：_____ 电话：_____

法定代表人：姓名：_____ 职务：_____

委托代理人：姓名：_____ 性别：_____ 年龄：_____

民族：_____ 职务：_____ 工作单位：_____

住址：_____ 电话：_____

诉讼请求：

_____

_____

_____

事实、理由和法律依据：

_____

_____

证据和证据来源、证人姓名和住址：

_____

此致

_____人民法院

具状人（姓名）
年　月　日

附：合同副本_____份。

　　本诉状副本_____份。

　　其他证明文件____份。

3）经济纠纷起诉状的写作要求

（1）首部

①注明文书名称，在首页正上方标明经济纠纷起诉状。

②当事人的基本情况：当事人是公民的，写明其姓名、性别、年龄、民族、籍贯、工作单位和住址。如果当事人不具有民事诉讼行为能力，应写明法定代理人的基本情况，并写明其与当事人的关系；当事人是法人或其他组织的，应写明其全称、地址、法定代表人姓名、职务、电话、企业性质、工商登记核准号、经营范围和方式、开户银行及账号等项内容。当事人应分原

告、被告、第三人依次写明,如果有数个原告、被告、第三人,则依据他们在案件中的地位和作用,分别依次排列。当事人委托了诉讼代理人,应在各自委托人后写明其姓名及所在律师事务所名称或其职业。

③写作起诉书首部时,应注意以下两点:其一,被告的基本情况原则上应与原告基本情况所列事项一样。但由于案件具体情况不同,原告并不一定都能清楚地知悉被告的情况,因而允许原告知道多少写多少,但必须写明被告的姓名或名称与住址或所在地址。因为"有明确的被告"是人民法院受理案件的法定条件之一,如有的被告下落不明,则要说明原因和有关情况。其二,关于住址和地址的确定。公民的住址一般指户籍所在地的地址,如其户籍所在地与经常居住地不一致,则可写经常居住地的地址。法人或其他组织的地址则指其住所地,即主要营业地或主要办事机构所在地的地址。

(2)正文

正文包括案由或事由、诉讼请求、依据的事实、理由及有关证据材料。

①案由或事由。概括写明因何事起诉。

②诉讼请求。诉讼请求是经济纠纷当事人通过人民法院向对方当事人所主张的具体权利,在起诉状中则表现为原告请求法院审理的具体事项。诉讼请求的提出应当明确、合法、具体,应根据事实和法律,慎重、周密地提出请求,切忌含糊、笼统,更不可无视事实和法律提出无理或非法的要求。

③事实和理由。这是经济纠纷起诉状的核心部分,是请求人民法院裁决当事人之间权益纠纷和争议的重要依据。首先,应针对诉讼请求,全面、客观、详细地阐明当事人双方争议的事实或被告侵权的事实。主要写清当事人之间的法律关系,双方纠纷的发生和发展情况,当事人之间争执的主要焦点和双方对民事权益争执的具体内容,与案件有直接关联的客观情况和实质性分歧意见。然后,依据事实,分析出双方纠纷的性质,被告所应承担的责任;根据有关法律规定阐明理由,分清是非责任,以论证其诉讼请求的合情、合理、合法。

阐明事实和理由时,应注意:第一,事实、理由的陈述要与诉讼要求一致,不能相互矛盾,也不可脱离诉讼请求无目的地讲事实;第二,事实的叙述应具体、清晰、层次分明、详略得当,交代清楚与争议有关的关键情节,以便使法院迅速了解双方争议焦点所在,明确调查、审理的重点;第四,阐明理由时,应以事实为依据,以法律为准绳。针对所述事实阐明理由,并以法律规定为依据,证明其诉讼请求的合理性和合法性,从事实和法律上有力地支持其诉讼请求,切不可胡编乱造,强词夺理;第五,案情简单的,事实和理由可以合写,边叙述事实边阐述理由。

④证据。写明向人民法院提供的能够证明案情的证据的名称、件数或证据线索,并写明证据来源。有证人的,则应写明证人的姓名和住址。

⑤撰写起诉书正文时,应注意以下几点:a. 提出请求事实要具体、全面,不得笼统或含糊不清。数字必须准确无误。b. 诉讼理由要建立在确实充分的证据和明确清楚的事实基础之上,说清楚案件事实与理由之间存在的因果关系。引用的法律条文要准确、完备。c. 注意人称的一致性。在陈述事实与理由时,叙述的人称要前后一致,如用第三人称时就要称原告与被告。d. 语言做到准确、严谨,表述富有逻辑性。

（3）尾部

①致送人民法院名称。主部写完另起一行写致送单位名称。先空两行写"此致"再另起一行顶格写致送单位。

②原告签名。应附上本起诉状副本,副本份数应按被告(包括第三人)的人数提交。随起诉状一起提交证据的,列明证据名称、数量。起诉人是公民个人,手写署上姓名;是法人或其他组织,须加盖公章。

③起诉日期。年、月、日齐全。

④附项。写明起诉状副本和有关证据资料。如果起诉状是委托律师代书,则在起诉日期下写明代书律师姓名及其所在律师事务所名称。

5.6.5　情景写作训练

阅读下列案例,请代东风市朝阳有限公司拟定一份经济纠纷起诉状。

东风市朝阳区南城大道的东风市朝阳有限公司是加工、产销肉类制品的企业。2010 年 6 月 10 日,东风市朝阳有限公司聘任黄三甲(男,1968 年 9 月 21 日出生,汉族,家住××省×××县×××镇×××村)为业务员,负责东风市西南地区的产品销售。当时,约定了黄三甲负责区域的货物的交付方式和结算方式为:货物由黄三甲直接从东风市朝阳有限公司的仓库提取,由黄三甲将货物交给客户,并由黄三甲负责和客户结算货款。黄三甲则根据实际的提货量直接与东风市朝阳有限公司结算货款。一般都是在黄三甲提货后 10 天内,黄三甲与东风市朝阳有限公司结算货款。开始,黄三甲均能按照约定支付货款。但是,2012 年 6 月 22 日,黄三甲从东风市朝阳有限公司处提取货物价值人民币 9 109 元。2012 年 7 月 25 日,黄三甲从东风市朝阳有限公司处提取货物价值人民币 10 912 元。两次货物共计价值人民币 20 021 元。黄三甲均没有依约向东风市朝阳有限公司支付货款。为此,东风市朝阳有限公司多次向黄三甲催收,黄三甲却无故推诿拒不支付至今。东风市朝阳有限公司打算向法院起诉黄三甲,要求其支付货款计人民币 20 021 元以及从 2012 年 9 月 1 日起至还清之日止按照年利率 7.47% 的标准支付逾期付款滞纳金(暂计至 2012 年 10 月 30 日)计人民币 249.26元。

模块6 新 闻

学习目标

知识目标:

● 了解消息、通讯的含义、类型、特点、结构与写法,消息的要素。

● 掌握发现新闻线索的方法和报刊编辑的基础知识。

● 具备消息、通讯的写作能力和报刊编辑的基本能力,能在具体活动中采写消息、通讯并编辑报刊。

能力目标:

● 能说明消息、通讯的类型、结构。

● 能掌握发现新闻线索的方法和报刊编辑的基础知识。

● 能在具体活动中采写消息、通讯并编辑报刊。

重点与难点

● 消息、通讯的写作。

● 发现新闻线索的方法。

● 报刊编辑的方法。

6.1 消 息

> **问题思考:**
>
> 作为一名在校的大学生,应该经常关注新闻媒体对所学专业的相关报道,能否结合你所熟悉的一则相关报道,谈谈其主要内容。

6.1.1　基础知识

1)消息的概念与种类

消息是用概括性的叙述方式,以简明扼要的文字,迅速及时地报道新近发生的事实的报道,是各种新闻体裁中用得最多的一种文体样式。

消息的种类较多,常见的主要有:

(1)动态消息

动态消息,是关于已经发生或正在发生的新动态、新情况、新问题的报道。大到国家重大政策的颁布,重大事件的发生,小到某个地方的情况,都在其报道范围之内。这类消息大都是一事一报,文字简洁,篇幅短小,信息量大。

(2)经验消息

经验消息,又称典型报道,它是对某领域中一定时期内比较突出的地区、部门、单位在工作中取得新鲜经验的重点报道。这类消息在行文中往往要交代情况,叙述做法,反映变化,总结经验,通过一系列生动具体的事实,反映规律性的东西,供人借鉴、学习。

(3)综合消息

综合消息,是从各个侧面反映较大范围内或较长时间内的综合情况的报道。这类消息,纵览全局,报道面广,声势较大,能给人较为完整的印象。其内容以面上的概括材料为主,又穿插点上的典型事例,点面结合,既有广度又有深度。

2)消息的特点和要素

消息是一种最讲实效的宣传形式,它一般具有内容新、事实准、报道快、篇幅短的特点。

①内容新。报道新鲜事、新人物、新动态、新风尚、新知识、新问题等,尽可能报道最新出现的人、事、物。

②事实准。报道有根有据,确如其事。人物、时间、地点、数字、引语、细节都准确无误;作者对事实的分析,符合客观事物的本来面目。

③报道快。消息是对稍纵即逝的客观现象的及时记录,最讲究反应快。如果迟写慢发,新闻就会贬值或失去意义。

④篇幅短。用简洁、概括的文字,把事实要点表达出来。短是消息的鲜明特色,也是社会生活的需要。稿件短,传播媒介才能大量报道,读者才能了解更多的信息。

写作消息要设想并回答读者的提问,这些问题就构成了新闻五要素,即:When(何时)、Where(何地)、Who(何人)、What(何事)、Why(何故)。有的新闻学上补充了一个要素:How(如何)。在五个 W 和一个 H 中,最主要的是 What（何事）和 Who(何人)。

6.1.2　阅读与分析

【例文 6.1】

重庆火锅博物馆开业　世界最大火锅建筑惊艳亮相

高 37 米、直径约 20 米！世界上最大的火锅在九龙坡金凤镇惊艳亮相。即使从数千米外远望,这口火锅依然威猛震撼。重庆火锅博物馆正式开门迎客。

37 米高的大烟囱

走进火锅地标建筑,一根直径约 2 米的烟筒从火锅建筑中拔地而起,直插锅顶,圆形的火锅建筑围其而建,共有 6 层楼。聂赣如介绍,这座火锅地标建筑的所在地原是一个废弃的砖瓦窑,37 米高的烟囱被保留在巨大的火锅建筑中。据说,如果在锅底烧柴火,锅顶的烟筒会冒烟,整个火锅建筑也会暖洋洋的。

在这个巨大的火锅建筑内,用 2 层楼设置了 9 桌火锅,它们共同构成了蔚为壮观的世界第一大火锅。"与常规火锅不同的是,人们是坐在锅中烫火锅。"聂赣如说。

600 多口小火锅

博物馆 2 楼集中展示了聂赣如 30 多年来收藏的 600 多口古今中外的火锅。有宋、明、清等朝代的造型奇异、功能奇特的火锅,也有来自法国、英国等国的火锅,还有来自世博会的一口大型火锅。

聂赣如指着一口唐三彩火锅说,它是火锅博物馆的镇馆之宝,是他在收藏市场上捡的一个大漏。聂赣如说,10 多年前,他听说成都某人有一口出土的陶瓷火锅,于是找到此人用 180 元买了下来。后来,经专业人士鉴定,这口火锅是唐三彩的,具有相当高的收藏价值,估价 180 万元。

火锅店的鼻祖

火锅博物馆里还有一口重达 4.15 千克的锡火锅,火锅盖的两只耳朵上清晰地刻有"马记老正兴"字样。聂赣如介绍,据考证得知,清代末期,南纪门川道拐的杀牛场宰杀牛羊时,会把牛羊的内脏扔掉。当时,住在附近的贫困纤夫们,将这些牛羊内脏捡来煮上一锅,名为"水八块"。再后来,纤夫们又在"水八块"中加入了辣椒、花椒等作料。

住在江边吊脚楼上的回民马氏兄弟,品尝到了纤夫煮出来的美味,并从中发现了商机,他们第一个把火锅搬进了店铺,取名"马记老正兴",这就是重庆火锅最早的品牌。

博物馆的 3 楼用来展示火锅历史文化,里面有很多雕塑、书画和摄影照片。此外,火锅博物馆的 5,6 楼,将打造成精品火锅馆,到了明年,食客和游客就可以坐在火锅博物馆里,一边品尝美味的火锅,一边了解重庆悠久的火锅文化。

评析:

这是一则建筑行业动态消息,采用倒金字塔结构。这篇消息的标题只有一行,概括和提示消息的内容,帮助读者尽快了解消息的内容,同时起到吸引读者、先声夺人的作用。导语部分指出本消息的重要内容:世界上最大的火锅惊艳亮相,重庆火锅博物馆正式开门迎客,照应标题。主体是紧接在导语后面构成消息主要内容的部分。它承接导语详细地叙述事实,用具体的材料对导语所作的叙述作充分的展开,并在文中穿插背景材料。主体部分已经叙述清楚,本文没有另加结尾。

【例文 6.2】

北京银泰中心项目工程的新突破

现在的北京银泰中心虽已不是建设之初的北京"第一高",但因其所处的黄金位置,决定了它始终作为 CBD 商务核心区的一大标志性建筑。其超前的建筑规划理念及对诸多技术难点的攻克,使它在动工之初就令业界侧目。

在投入使用几年之后，北京银泰中心项目凭借其在创新设计理念和施工技术方面的成就问鼎詹天佑奖，这个荣誉来得或许有些晚，但终究不失为对其施工和理念的一种肯定。

首创国内先进设计理念

银泰中心项目工程位于北京市东三环国贸桥东南角，是一组集酒店、商场、写字楼为一体的超高层建筑群。整个建筑群共有4层地下室，地上为三座以"品"字形分布的塔楼和裙房，高度249.9米，采用全钢框架筒中筒结构，北塔楼高度186米，采用钢筋混凝土筒中筒结构。

项目由北京城建集团作为总承包施工，其中东塔楼和南裙房以及地下室由北京城建七建设工程有限公司施工，该部分建筑面积共12万平方米。

北京城建七公司副总工吕豪时任该项目的总工。据他介绍，该工程主楼外观简洁大方，顶部造型取自我国古代宫灯形式，配合光影效果，有较浓的中国元素，是当时长安街延长线上的地标建筑。建筑物内部功能复杂，地下车库、配套机房、商场、高中低档餐厅、高档酒店公寓及写字楼均有，人流物流动线交织密集。

吕豪详细讲解了该项目的结构形式，"北塔楼采用全钢框架式筒中筒结构，配合带有黏滞阻尼器和无黏结屈曲约束阻尼器的支撑，保证了建筑物在风荷载和地震力作用下刚柔相济，变形受控。"

东西塔楼采用了钢筋混凝土筒中筒结构，其中外筒为钢筋混凝土密柱深梁框架筒，内筒为钢筋混凝土剪力墙结构的核心筒，连接内外筒的楼板采用钢梁压型钢板叠合楼板，该结构形式为国内首创、国际少有。

创新超厚底板浇筑工艺

受工程设计的技术含量、地理位置等因素的影响，施工中采用和开发了一系列确保工程质量与安全的新技术，保证工程顺利进行。

项目关键结构构件超常规是摆在施工人员面前的一大难题，其中，底板问题首当其冲。据吕豪介绍，本工程混凝土浇筑量过大，达到1.2万立方米，底板50米见方的区域厚度达3.5米，核心筒区域还存在6.9米的厚度。相比国内多数建筑底板1米以下的厚度，如此厚度的底板工程在国内尚属首例。

由于工期非常紧张，不能采取传统的分层、分片、跳仓等方法浇筑，项目部通过研究采用了一次性浇筑的方法。但这样的施工方法同样困难重重。

由于浇筑所用的混凝土强度等级较高、用量大，因此造成水化热；而水化热使混凝土内部升温，造成内外温差过大，极易产生温度裂缝。所以内外温差的控制及温度裂缝的控制是本工程的一大难点。同时，由于底板面积和厚度均较大，如何保证一次浇筑不产生混凝土冷缝，也是一大难题。

如何解决难题，项目部采取了一系列措施，一方面优化混凝土配合比；其次通过热工计算确定保温措施；此外，为了采取有效的施工预期防裂措施，还组织工程技术人员先计算混凝土中水泥水化热的绝热最高温升值，再计算混凝土的内部中心温度及表面温度，根据规定确定将二者之差控制在25℃范围内。而在养护过程中，为防止混凝土表面干缩变形，在混凝土表面需加盖一层塑料薄膜以保湿，同时用双层阻燃草帘被覆盖，防止混凝土表面温度下降速度过大。

最终,吕豪带领工作人员用了 60 多个小时完成浇筑。而该项技术在国内首次的成功使用,也为其在其他项目中的应用做了示范。

破解梁式转换层施工难题

据悉,本工程东西塔楼的地下室为大跨度商场功能区,结构形式为大跨度主次梁楼盖体系,三层以上为密柱深梁外框筒。为了保证上部结构的安全,工程设计之初便将 1~2 层设置为大空间转换层,其主要构件是环绕主楼一周的宽 2 米、高 6 米的转换大梁。

据吕豪介绍,由于转换梁的截面大,属于大体积混凝土的范畴,加上该部分构件的混凝土强度等级又较高,对于控制水化热,减少温度裂缝更为不利。同时,转换梁混凝土截面高达 6 米,荷载很大,模板及支架的设计难度很大。此外,转换梁为劲性混凝土结构体系,其钢骨结构体系以异形为主,转换梁配筋密集,内置组合钢梁,并且再生柱的钢筋均锚至梁底,使得钢筋更为密集,施工难度再次加大。

"为了解决转换梁复杂钢筋绑扎成型、混凝土一次性浇筑成型的设计要求,项目部通过科学设计支撑体系、设置操作平台、布置结构构件的加固,有效化解了混凝土浇筑过程中的超大施工荷载对支撑体系及已完成地下机构的不利影响。"他讲道。

通过全体员工的努力奋战,整个 B 区塔楼转换梁施工过程中,转换梁部位共绑扎钢筋925 吨,支立模板 3 500 平方米,浇注混凝土 2 400 立方米,在有效施工的 48 天时间里完成了正常施工 2 个多月的工作量,工程质量也达到北京市结构"长城杯"标准,同时也填补了北京城建七公司施工历史上转换梁施工经验的一页空白。

除此之外,完成这样的工程需要面对的难题还有很多,如超高层超常规钢筋混凝土筒中筒施工技术也是此工程的一大技术难点。

吕豪介绍,为确保施工过程优质高效,项目部结合建设部新技术推广要求,应用了 10 大项、32 小项新技术,保证并提高了施工质量的同时,还降低施工成本 910.6 万元。

此外,该工程建设中注重项目管理体系建设。通过对设计图纸研究,策划实施方案,以及针对施工组织设计、底板大体积混凝土施工方案、转换层施工方案、标准层施工方案、钢结构安装方案等进行多方案对比论证。

评析:

这是一则建筑行业综合消息,采用并列式结构。这篇消息的标题概括和提示消息的内容,吸引读者。导语部分采用评论式,肯定北京银泰中心项目工程超前的建筑规划理念及对诸多技术难点的攻克。主体是承接导语详细地叙述事实,用具体的材料对导语所作的叙述作充分的展开。用"首创国内先进设计理念、创新超厚底板浇筑工艺、破解梁式转换层施工难题、注重项目管理体系建设"详细叙述了北京银泰中心项目工程的新突破,让读者一目了然,同时也照应了标题。

6.1.3　病文修改

城管救人　孤老中暑

一名老太中暑晕倒路边,幸被城管队员相救,使老太转危为安。

7 月 24 日下午 14 点半,烈日当空,天宁区城管大队红梅中队的谢××、杨××、何××和陈××4 名队员,正冒着高温进行市容巡查,在润德花园大酒店旁,他们突然发现一位骑三轮车的老太晕倒在路边。城管队员立即扶住老太，只见老太脸色苍白，大汗淋漓。在杨××和何××等人的帮助下，谢××奋力背起老人，将老人背到有空调设备的润德花园大酒店后，他们一边按照他们平时学到的知识对老人进行急救，一边让老人坐在酒店的长椅上休息，老人慢慢地恢复了知觉。

评析：

1．标题表述不当。

2．用词不当。如"扶住""坐在"等。

3．表述不当、逻辑混乱。

4．结构不完整。主体写完后，应有结尾。

6.1.4　消息的结构与写法

消息的结构有"倒金字塔结构""正金字塔结构""并列式结构"等，具体采用哪种形式，应根据需要及消息的特点而定。这里主要介绍"倒金字塔结构"。

"倒金字塔结构"，就是把信息中最重要的内容放在消息的最前面，次要的内容放在稍后的段落，最次要的放在消息尾部，即倒金字塔结构＝最重要内容＋次要内容＋最次要内容。这种结构的优点，一来节省阅读时间，开头就抓住重要内容，可满足读者好奇心；二来便于编排修改。

消息的结构比较固定、简单，大多数消息的结构都是"倒金字塔"式的。消息通常由标题、导语、结尾构成，并在文中穿插背景材料。

1）标题

标题是消息的眉目，是消息内容的精粹所在。消息的标题应当概括和提示消息的内容，帮助读者尽快了解消息的内容和意义，同时还应起到吸引读者、先声夺人的作用。消息的标题常见的有单行标题、双行标题和多行标题。

①单行标题。单行标题即只有一个正题的标题。

②双行标题。双行标题有两种，一种是由正题同副题构成的双标题，另一种是由引题同正题构成的双行标题。

③三行标题。三行标题由正题、引题和副题组成。正题（又称母题）是标题的主体，是一则消息中主要事实的高度概括，要求切题、醒目、鲜明、简洁。引题（又称肩题、眉题）标在正题之上，用于交代背景、烘托气氛、揭示或阐发意义并引出正题。副题（又称辅题、子题）标在正题之下，一般是消息主要事实或结果的提要，有时也用来说明主题的来源、依据，以补充正题的不足。三种标题如何运用，要根据需要而定。一般来说，篇幅简短、内容单纯的消息常用单行标题；篇幅较长、内容丰富的消息常用双行标题或三行标题。

2）导语

导语是消息的起笔，要求以极简要的文字将最重要、最能吸引人的事实或全文的中心思想概括出来，从而统领全篇，吸引读者。

导语的写法较多，从导语所能表达的内容及其体式来说，常见的有以下几种形式：

①叙述式导语。以平易、朴素的叙述方式,概述主要的新闻事实。这种写法多用于动态消息。

②描写式导语。在报道新闻事实之前,先用简明生动的语言,对新闻事件中某个最重要或最有特色的侧面或场景作一番描写,渲染气氛,烘托主题。

③提问式导语,采用设问的方式,把消息中要解决的问题或要介绍的经验一开始就提到读者面前,引起读者的思索和关注,然后再通过对于新闻事实的叙述或评述,回答开头提出的问题。

④摘要式导语。开头采用摘取数据或有可比性事例的手法突出消息的内容要点。

⑤结论式导语。首先明确报道对象的性质,点明事件的结果,即先将结论写出来,再回过头来叙述事实。

此外,常见的导语还有评论式、对比式等,写作时应灵活运用,大胆创新。

3)主体

主体是紧接在导语后面构成消息主要内容的部分。它承接导语详细地叙述事实,说明问题,用充足、具体、典型的材料导语所作的叙述作充分的展开。

消息是记叙性文体,它的叙述方式最基本的是两种顺序。

①时间顺序。即按照事实发生、发展、结束的先后顺序来组织材料,安排结构。采用这种写法,可使叙述的线索清楚。

②逻辑顺序。即按照事物的内在联系或是人们认识问题的逻辑顺序来组织材料,安排结构。采用这种写法,可以不受时间顺序的限制,而根据报道对象的因果关系、主次关系、点面关系或并列关系等来确定一个合理的写作顺序。

③无论采用什么顺序组织材料,安排结构,消息的主体部分,都要做到材料充实,让事实说话;语言简洁,在平实中求生动;篇幅紧凑,言简意赅。

4)结尾

消息的结尾是内容发展的自然结果。它在全文中起着总收全文的作用。结尾常常与导语呼应,最后升华主题。结尾的写法常见的有这样几种:第一是概括性地小结消息内容,加深读者印象;第二是写出新闻事实发展趋势,引起读者关注;第三是加上启发、激励式的话语,让读者思索。篇幅简短的消息,主体部分已经叙述清楚,也可以不必另加结尾。

5)背景

背景是指新闻事实产生的历史条件、环境条件以及它与其他相关材料的各种联系。交代背景,有助于说明事实发生的原因,揭示事实的性质和意义,增加消息的知识性和趣味性;有利于通过对比和衬托,深化主题。在许多消息中,都有背景材料。消息中的背景材料按其性质可分为三种。

①对比性材料。对事物进行今昔对比、正反对比、左右对比,从对比中突出事物的重要意义,深化消息的主题。

②说明性材料。介绍新闻事实的政治背景、历史状况、地理环境、物质条件、人际关系等

材料,以说明事物出现的原因、条件、环境,帮助读者更好地理解消息的内容。

③注释性材料。对新闻事件中一些不易为某些读者理解的内容或名词概念,如人物身份、专门术语、技术问题、专业知识、新的提法等,加以适当的解释。

如何交代新闻背景,没有固定的模式。它可以穿插在主体中,也可以运用在导语中;可以一次交代完,也可以多次穿插交代;可以是一段话,也可以只是几句甚至一句话。

6.1.5 消息撰写的注意事项

撰写消息,内容方面要求事实要准确,导向要正确,角度要新颖,报道要迅速;形式方面要求有引人注目的标题,概括全文的导语,用事实说话的主体,恰到好处的背景,生动有力的结尾。

6.1.6 如何寻找新闻线索

1)什么是新闻线索

新闻线索也称采访线索、报道线索,是指新近发生或发现的事实表现出的某些信号或迹象。新闻线索不是新闻事实的全部,是有待证实、扩展和深化的讯息,它只是新闻事实个别片段在我们头脑中的反映,我们通过新闻敏感捕捉到了事物中有新闻价值的片段,就形成了新闻线索。新闻线索是我们发掘题材的一种凭据,也是新闻记者进行采访活动的出发点。它是一种新闻报道的可能状态,是一种对新闻记者的召唤。新闻线索一般比较简略,甚至只是一个片段,要素不全,但它昭示着新闻在哪里,为记者的采访提示了方向。有经验的记者会从这些零散片段中追寻,从而追根寻源,发掘出重要的完整的新闻事实来。

发现新闻线索要求记者要有高度的新闻敏感与新闻价值观念,要求记者要有穷追不舍,寻根溯源的专业素养和精神。

2)怎样发现新闻线索

怎么才能及时发现新闻线索呢? 事实上,许多新闻线索就藏在人们的生活中,藏在某个人的讲话中,藏在与朋友的闲聊之中。只要我们对生活充满热情,对身边发生的事情都有浓厚的兴趣,不放过耳闻目睹的每一件新鲜事,就会找到新闻线索。

(1)在闲谈中捕捉新闻线索

通过与读者、亲戚朋友的接触,在同他们的交谈中获取新闻线索,这是记者获取新闻线索的一个充满活力的源泉。与读者、亲戚朋友的接触会为记者发现新闻线索开拓崭新的新闻空间。据说,抗日战争期间,著名的战地记者陆诒去重庆找周恩来,谈及新闻线索缺乏一事;周恩来对他说:"当你在新闻线索实在贫乏之时,不妨到茶馆里去坐坐,听听群众在谈什么,想些什么。"陆诒深受启发,立刻去访问几个擦皮鞋的儿童、嘉陵江渡口的船夫和公共汽车售票员,写了不少访问记和特写,受到读者欢迎。

每一个记者应该养成无论在什么地方、什么时候都随时采访的习惯。有一句话说:我不在采访就在采访的路上。这就是记者的职业心态和职业作为。

（2）在联想中发现新闻线索

记者观察的视野要开阔,要善于从大的社会环境中观察捕捉事实,把单个新闻事件与整个社会生活联系起来进行考察,根据自身对社会整体状况的认知,展开联想,触类旁通,由此及彼,由表及里,根据事物内在特征找到与其他相关事物联系的契合点,挖掘到新闻背后隐藏的更有价值的信息。

这种看似"踏破铁鞋无觅处,得来全不费工夫"的偶尔得之的现象,实际上就得益于记者的发现力。

（3）在对比中发现新闻线索

发现新闻线索,一个常用的手段是把事实放在特定的环境中去观察,通过观察,许多相似的、相同的、相反的特点都会凸现出来,新闻是来自新与旧的对比中。新生事物层出不穷,记者判断事物的新旧就得认真细致地比较,并及时准确地发现新闻线索。

（4）在细节中发现新闻线索

事实上,蕴涵信息量最大、新闻价值最高的事实可能是最细小的、不起眼的"次要事实"。新闻细节明示或隐藏或关联着新闻事实。在开掘新闻事实过程中,记者抓住了细节,就可以更好地发现新闻,认识事实。

没有发现就没有新闻,优秀的新闻作品大多始于记者的发现,记者的生命力其实就是发现力,发现力是一种奇妙的力量。从这个意义上说,新闻记者的第一技能不是写作而是发现。

6.1.7　情景写作训练

请根据你在实习过程中收集到的材料,写一篇消息。

6.2　通　讯

问题思考:

社会上经常出现一些典型人物或典型事件,请结合你所学的专业举一例子,如你是通讯员,你将怎样来报道这一典型人物或典型事件?

6.2.1　基础知识

1）通讯的概念与种类

通讯是一种以叙述、描写为主,兼用议论与抒情的表达方式,及时、真实、具体而形象地报道生活中的典型人物、典型事件为主要内容的一种新闻文体。

通讯与消息一样,都是反映社会生活中新发生的重要的、有意义的事实。通讯是比消息更为具体、更为生动的报道,其容量比消息要大得多,其作用比消息更巨大、更深刻。

按报道的内容来分，通讯大致有以下几种：

（1）人物通讯

人物通讯是以典型人物为报道对象的通讯。着重反映某领域一个人或一群人的先进事迹、高尚思想境界，以其人物精神面貌来感动、教育读者。

（2）事件通讯

事件通讯是以报道典型事件为主的通讯。这类通讯经常是围绕着具有新闻意义的事件进行叙述，比较完整地记叙事件的发生、发展、结果，点明其典型意义。

（3）工作通讯

工作通讯是报道工作情况和经验的通讯。它可以介绍工作的成功经验，政策的贯彻落实情况，也可以反映主要存在的问题。工作通讯不同于工作总结和经验总结，它必须用事实说话，要写得具体生动、有血有肉、文理并茂。

（4）概貌通讯

概貌通讯是报道某个部门、单位的某种气象、风貌、今昔变化等的通讯。它通过形象地描述，勾勒出基本面貌，常采用点面结合、剪影取势的手法，对捕捉描述对象的某种总体印象，具有强烈的现场感，读来能有身临其境的感觉。

（5）新闻故事

新闻故事是一种篇幅短小、情节生动、寓意深刻的小通讯。它寓新闻于故事之中，通过故事的叙述来报道新闻，反映新思想、新气象、新风尚。

2）通讯的特点

（1）真实性

在报道内容的真实性上，通讯和消息完全相同。通讯要求生动形象，是指它在写作和表现方法上的要求，但不能为追求故事性而添枝加叶、移花接木，搞"合理想象"等。

（2）时效性

消息和通讯都要迅速及时，同一题材的消息和通讯，有时先发消息，续发通讯，有时同时见报。因为各有所长，互为补充。但过迟的通讯，同样会丧失新闻的时效性，成为"明日黄花"，引不起读者的兴趣。

（3）生动性

通讯不仅要用事实讲话，还要用形象讲话。要有活灵活现的人物活动，有生动的环境场景描写，有类似电影的特写画面，在叙述事件过程中，有波澜、有情节，讲究故事性、趣味性。

（4）评论性

通讯有的以描述事实为主，以事实本身感人；有的以夹叙夹议为主，在叙述中表明作者的观感、评价和倾向。

6.2.2　阅读与评析

【例文6.3】

胡宇静：扎根五局的追梦人

在我们身边，有这样一个人，她把梦想埋在心底，用汗水浇筑；在我们身边，有这样一个人,她把责任装在心里,用言行写下;在我们身边,有这样一个人,她把关爱置于心中,用真诚奉献。她就是中建五局深圳分公司合约法务部部门经理、群英中的一员——胡宇静!

梦想从这里开始。2007年胡宇静被调往珠江国际大厦项目担任预算员,这个项目情况较为特殊,工作中,预算员常常需要履行商务经理的职责,任务艰巨,责任重大。她暗暗下定决心,再苦再难也要做好!一有时间就带上图纸,去现场熟悉各道工序,两个月后,项目上使用的数百种不同形状钢筋的型号、数量、位置全部被她铭记于心。为了准确地计算出工程量,避免出现少算、漏算,她在编制预算时采用上下结合、横向协调的方法,同时还找来兄弟单位的造价分析,进行分类对比,最大程度地确保了预算编制的完整准确!8月的广州,酷暑难耐,特别是在雨后!常常,她自己也分不清面颊上流下的是泪水,还是汗水,但她从未退缩,她有一个梦想,就是要成为一名优秀的商务合约人员!

宝剑锋从磨砺出。2008年,惠州合生国际项目需要一名商务经理,这个项目,甲方要求极为苛刻,之前承建的另一家公司宁愿承担高额违约金也不愿继续做下去。部门领导询问她是否愿意去,她毫不犹豫地接下了这个任务。这个项目的预算还涉及了精装修、水电安装、防雷接地等部分,以前只做过土建预算的她清楚地知道,即将摆在她面前的是何等的挑战!

到项目的当天,她坐在办公室重新整理了项目部的合约法务资料,并对前施工单位与业主所产生纠纷的原因进行了分析。精装修里涉及的材料很多,不懂的,她就向现场管理人员请教,晚上同事已经进入梦乡了,她还一个人在办公室学习精装修施工手册。

就是这样边学、边做,将排水工程、防雷工程、弱电工程……一个个陌生的业务做到了精通,她就如一个不知疲惫的陀螺,一项做完了,紧接着做第二项、第三项……就这样一路走来,工作成绩最终得到了甲方和公司领导的充分肯定。

付出终有回报。2012年胡宇静成功竞聘为深圳分公司合约法务部经理。肩上的压力更重了,责任也就越大了。工作量大,她就一个人留下来加班加点,累了,就在沙发上休息,饿了,就冲一碗泡面。她深知要让员工爱岗敬业,自己首先要以身作则!分公司领导多次强制她休息,把她送到楼下,但一转身,她又回到了办公室。在她的带领下,深圳分公司机关合约法务部的所有员工都非常敬业!

生活中,胡宇静把员工都当成自己的家人,有时候工作不是那么忙,她就会邀请部门员工一起去她宿舍吃饭,犒劳大家。每次买菜、择菜、洗菜、切菜、配菜、烹饪、直到最后的收拾碗筷她都一力承担,只有"吃"是大家伙一起帮忙完成。员工过生日,她会送上贺卡;员工生病,她会在病榻前整日守护。她总是说:"我所做的一切,都是我应该做的。"

正是靠着对工作的认真负责、对同事的真挚关爱,胡宇静得到了领导和同事的一致好评。她所带领的团队被评为优秀部门,她个人也多次被评为A级员工,12年被评为公司和局优秀商务经理。

有人说,超英已经走了。不!在五局,超英早已化身为千百位像胡宇静一样的普通员工!她不曾离开!也从未走远!有五局的地方,就有超英!有五局的地方就有群英!是他们用自己的铁肩担负起祖国建设的重任!也是他们用自己的忠心托起璀璨的五局梦!

评析:

这是一篇人物通讯。标题采用单标题形式,鲜明、生动、简练,一目了然。开头照应标题,落笔即点明主题。主体部分按照横式结构采用并列的方式组织材料,安排层次,既突出了人物报道的重心,又拓宽了报道面。结尾部分采用抒情式,照应开头,深化主题。

【例文6.4】

广西南宁"环卫公寓"项目工程纪实

为环卫工人"筑巢"

长久以来,环卫工人的生活境遇是社会的热议话题,近年来,更是受到国家高度重视。"让他们生活得好一点"也成了各级政府日益重视的事情,如何让环卫工人住上舒适、放心的好房子,成了问题聚焦点。

面对这样的舆论和政策背景,承接"环卫公寓"施工任务的广西建工集团第一建筑工程有限责任公司深感责任重大,公司党委书记、董事长钟逢颂高度重视。经过班子认真讨论研究后,把该项目的施工任务分配到全国诚实守信道德模范牙高峰所在的一分公司负责,并要求分公司"要像建自己的房子一样建好'环卫公寓'"。

就当这个"死心眼"

这个自2003年以来先后创出全国鲁班奖、全国建筑装饰工程奖、全国用户满意工程、全国保障性安居工程建设优秀工程奖、国家AAA级安全文明工地等国优级工程项目的优秀企业,在接到该项工程后,喊出了一句暖心窝的口号:"都是劳动者给劳动者干活,我们一定要对得起那些环卫工人。"

就在这样朴素的情感下,广西建工一建一分公司承建了全国首个为环卫工人定向打造的高层住宅——南宁市"环卫公寓",并让这个历时3年建设的南宁市重点民心工程在10月29日顺利通过整体验收。

有人说,负责施工建设的广西建工一建一分公司项目部是个死心眼,不就是一个普通工程,何必花那么大心思。但项目部挑起这个担子后,没有因为它是公租房而掉以轻心,反而是把工程当作精品工程、亮点工程来打造。在公司"要像建自己的房子一样建好'环卫公寓'"的理念引领下,项目部全体员工排难克险,攻下一个个节点任务,圆满完成了合同范围内的施工任务,并在质量安全管理方面取得了可喜成绩,项目先后获自治区安全文明工地、南宁市建设工程质量安全标准化示范工地、南宁市安全文明工地等10多项荣誉称号。

"严"字当头保创优

为了实现创优目标,南宁市"环卫公寓"工程开工前,公司就要求项目部早策划、早部署、早安排,通过具体措施落实创优方案。在质量管理过程中,除了认真组织质量管理体系运作和结合关键工程开展QC活动攻关外,还要求坚持"五不准"的施工原则,完善"过程控制、动态管理、目标考核、严格奖罚"的管理制度,实现项目质量管理的立体网络。在具体施工过程中,项目部将质量目标层层分解,逐一落实,明确职责,确保了创优目标的实现。

安全生产是头等大事。为确保工程安全达标,一分公司成立安全生产领导小组,建立以项目经理为现场安全生产第一责任人的安全生产责任制,负责安全生产培训和教育、安全生产检查、班前安全活动、安全技术交底、安全防护设施等执行落实监督工作。坚持公司季度安全检查,分公司月检查,项目部周检查,项目部专职安全员每天巡查,检查中发现的问题马上整改,不留任何死角。

科技和创新是推动力。广西建工一建一分公司在抓质量安全管理的同时,还大力推广和应用新技术、新工艺、新材料，一是把新型材料塑性体(APP)改性沥青防水卷材、弹性体(SBS)改性沥青防水卷材运用到屋顶、地下室、卫生间等，特别是 APP 改性沥青防水卷材适用于高温、有强烈太阳辐射地区的建筑物防水，对南宁建筑防水来说是很好的选择；二是使用"盈速粒"使外墙隔热，实现建筑节能 50% 以上；三是使用太阳能热水供应系统，让 1 550 户环卫工人用上集体供应的热水。

据了解，近六年来，一分公司在多个项目开展各类 QC 攻关活动，取得显著成效，获评区级、国家级建设优秀 QC 小组成果数十项。

"要建房，先树人"

广西建工一建一分公司之所以能将"环卫公寓"这个活儿干得漂亮，与一分公司现任经理牙高峰率先垂范的精神、个人的感染力有很大关系。这种说法不无道理，这位全国诚实守信道德模范负责承建的多个项目不仅诚信履约，而且实现了百分百创优。他的"以诚为本、信守合同""以德立信、以德立业、以德立世""要建房，先树人"等理念深深影响着分公司的每一位员工。在他带领下，分公司涌现了一批优秀项目部和先进个人，为企业发展作出了突出贡献。

而牙高峰这块"活招牌"也为公司带来了很好的经济效益，武鸣赢创美诗药业项目德方业主就是看到牙高峰荣获"全国工人先锋号"的材料后指定要他做这个项目的。

此外，分公司采取新旧员工"定岗置换"。通过对新招录的近 300 名职工进行为期一周的培训后，将其分配到各分公司，并顶替去年入职的大学生员工，实现互换，再对这 41 名在施工一线的大学生员工回炉进行摸底考核和强化培训，考察新职工一年多来在现场对施工规范的掌握程度和处理突发事件的能力，也为分公司选拔储备人才创造条件。

据了解，南宁市"环卫公寓"项目由 2 栋 32 层高层住宅楼组成，地下 3 层，地上 32 层，建筑主体高度 99 米，总建筑面积 8.6 万平方米。项目在质量安全管理等方面得到了国务院督察组、住房和城乡建设部的充分肯定，不仅树立了良好的企业形象，也为广西建工一建承建更多保障性工程建起了一块好品牌，赢得了一片好市场，留下了一方好名声。

评析：

这是一篇工作通讯，主要反映广西南宁"环卫公寓"项目工程建设情况。标题简洁朴实。开头部分以议论的手法吸引读者，点明主题。主体部分运用横式结构安排材料，揭示在这个项目工程建设过程中公司上下团结一致、齐心协力为树立良好的企业形象，为建起一块好品牌，赢得一片好市场，留下一方好名声所作出的不懈努力和辛勤付出。结尾部分以总结式结尾，肯定了这一项目取得的成绩。

【例文 6.5】

金第万科·朗润园工程纪实："找茬"找出优质项目

从 88 分到 93.69 分，从榜上无名到锁定第一名。由北京住总第三开发建设有限公司承建的金第万科·朗润园项目在第四季度万科工程风险评估上荣获万科北京公司的第一名。

从最初参与评比的名落孙山，到如今拔得头筹并不是件容易事。几十家施工单位参与评比，各个施工单位分数角逐激烈，很多都在小数点后两位间争夺排名，可见竞争之残酷。

"松风水月，未足比其清华；仙露明珠，讵能方其朗润。"是什么让金第万科·朗润园项目在第四季度评估中摘夺桂冠？短短几个月就取得 88 分到 93.69 分的巨大进步，它有何独门秘籍？

坚持实测实量　时刻"找自己的茬"

如果条件允许，没人愿意给自己找茬，不过在金第万科·朗润园的项目工地上，项目部却花大价钱配置了检测工具，时刻准备"找自己的茬"。

建筑高品质，一直是住三金第万科·朗润园项目部在工程建设中绝不妥协的地方，强调"于细节处见真章"，时时监控建筑的每个细节。为了更好地完成万科的评估，项目部在工程建造的基础上，也形成了自己的独门秘籍。例如，在建筑检查方面，项目部始终坚持严苛的"实测实量"标准，并鼓励工作人员自查自检，从而保证建筑的高质量、高标准。

如今在项目部，实测实量不仅是一项常规检查，更已深入到每一位员工的内心，成为大家主动参与的例行工作。那么建筑的检查，做到哪种程度才能保证最好的品质？住三金第万科·朗润园项目经理李强的答案是，做好每一步。为保证工程品质，项目部从主体工程开始，每一步都做到"实测实量"，真正做到以数据说话，并鼓励每个流程的施工人员都严格检查，不达到标准绝不签字开始下一阶段的工作。

这一切源于项目部严格的检查制度及奖励机制。李强说，在项目部的"实测实量"中，如果达不到标准，或者整体分数不达标，不但不能顺利通过验工，得不到奖金，还有可能一切推倒重来。基于此，工人们从一开始并不理解到现在各班组你追我赶，积极开展自我检查。金第万科·朗润园项目的建筑质量也越来越符合自身的要求标准。

花大价钱　克服先天困难

除了有自己的独门秘籍，项目部还得克服许多先天困难。据李强介绍，由于万科集团是南方的公司，很多评价体系和标准与北京不一样。比如，南方公司用铝合金模板，轻巧方便，工程质量的保证主要依靠模板支撑体系，而北京用的是大钢模，需要用塔吊来搬运。

李强说，这两种模板的构造不一样，小块铝合金模板的特点是可以人工搬运和拼装，比较精确，而北京用塔吊拼装，就容易有质量通病。为了适应北京的特点，并且通过验收，项目部在使用传统大钢模的前提下，与厂家单独签了协议，把以前的8毫米合理误差严格为3毫米。"把关乎质量的支撑体系验收好，实际上付出了一些经济代价。但是为了保质保量，项目部在这些方面的投入一点都没有含糊。"李强说。

不仅如此，项目部还把提供优质的技术服务和严格的施工管理有机结合，来作为管好施工队伍的基本要求。首先在协作队伍选用上，项目部严格把关，对实力强、综合素质好的施工队伍优先采用，并根据各自特点，签订对口的劳务承包合同，扬其长避其短，既便于管理又确保施工进度和质量。其次，对进场的所有施工队伍做到奖罚分明，促使他们遵章守制，切实保障施工安全和质量，并对特殊岗位人员实行技能培训，提高他们的施工组织和管理水平。

有舍才有得　清退不合格班组

不过即使这样，在工作中也还会出现一些问题。李强告诉记者，为了保质保量，他深入一线，一个工区一个工区地走访，了解劳动力使用和机械设备到位、运转情况，与员工交心谈心，与工人交朋友，掌握第一手资料，与班子其他领导一起，研究制订了相应的措施，重新清理协作队伍，清退施工能力和管理能力差的班组，选择信誉较好的班组进行了补充。

项目指派技术好、责任心强的干部负责管理现场，及时掌握第一手资料，从技术、机械资源上服务施工全过程。同时对施工安全、质量、进度的每一个环节进行督导检查,发现问题,当即勒令纠正,超出自己职责和权限的上报项目部班子成员商议解决,将各种问题消灭在萌芽状态,确保施工正常进行。

此外项目部还加强了对材料商的管理。李强告诉记者,他们联系了多家材料商供料,变原来的独家经营为多家选择,确保了沙石料供应。此外,强化内部管理,对责任心不强,不能胜任岗位的员工进行帮助教育,教育后仍不能胜任岗位的人员进行了更换。加大对年轻技术干部技能培训的力度,对现场经常出现的问题,亲自梳理,面对面地谈,手把手地教,让年轻技术干部不断进步。

也正因有了如此主动参与的质量检测,及更多的严苛要求,金第万科·朗润园项目的建筑标准才得以获领跑者的殊荣。"其实一切还是源于工人,正是施工人员用晴天一身汗、雨天一身泥、无怨无悔的奉献精神才诞生出高品质的建筑。"李强说。

评析:

这是一篇概貌通讯。标题简洁、清楚、鲜明、新颖,点明主题。开头运用对比手法,引起读者思考。主体部分采用横式结构组织材料,报道该项目如何从最初参与评比的名落孙山,到如今拔得头筹的原因,反映出该项目组精益求精的精神风貌。因为主体部分写得很完整了,所以就没有安排结尾。

6.2.3 病文修改

千余业主告市规委 小区绿地一变再变

记者近日从相关方面得到,由于小区绿地一变再变,××经典社区千余名业主一纸诉状将市规划委员会告上法院,要求撤销违法变更规划许可。2月1日,北京市××法院正式收到了这起行政诉讼案。

××经典社区有1 500多户业主。该小区在2000年开盘时,所有购买这个小区住房的居民收到的销售广告中都注明19号楼东边的一块土地是小区中心绿地和"巴黎小学"。但六年过去了,这里不仅仍是荒芜一片,开发商更于2006年11月开始在此地动工,兴建高达60余米、28 000多平方米的商住楼。

对此项重要的规划变更,开发商声称曾对变更原规划设计进行过公示,但小区居民都表示从来没有看到过公示。

业主们后来了解到,在98规审字1016号图纸上,这里的确是小学、绿地和地下停车场。时隔两年,2000规审字0969号图纸上则变更为E4号塔楼和绿地。又过了两年,2002规建字1783号图纸上又变更为空地。四年后的2006年,规建字0385号再次变更为E4住宅楼。

此前曾代理北京某小区绿地缩水案的北京律师××博士代理了此案,她表示,由于开发商×××公司,六年来一直不遵照原绿地规划实施,致使该小区绿地面积一直严重不足。根据《北京市城市绿化管理条例》第13条的明确规定,新建居住区绿化率近30%,并按照居住区千人指标人均应按2平方米的标准建设公共绿地。××经典小区现有1 800余户居民,按每户3人口计算,现有居民5 000余人,应设绿地10 000余平方米,而目前小区只有一块小得可怜的中心花园。

业主们认为,在对该地的三次规划变更中,开发建设单位都没有履行严格的法定程序,既没有在显著的位置进行公示,也没有征求受影响利益人的意见,而根据《北京市城市规划公示管理暂行办法》的规定,开发建设单位在变更规划审批前必须进行公示,并征求受影响利益人三分之二以上的"同意"或"弃权"的签名意见,同时规划行政主管部门负责监督和指导。

评析:

1. 标题表述不当,应注意逻辑关系。

2. 用词不当。如"得到""收到""近30%"。

3. 材料安排顺序不当。如最后两个段落顺序。

6.2.4　通讯的结构与写法

通讯一般由标题、开头、主体、结尾四部分构成。

1)标题

通讯的标题要求准确、鲜明、生动、简练。准确,就是标题与内容契合,题文相符。鲜明,就是不含糊,一看标题就知道通讯的主题及作者的态度。生动,就是既要有具体的形象,又要读起来顺口。简练,就是文字要简洁凝练。

2)开头

通讯的开头要求新颖别致,有吸引力。可以开门见山,落笔即揭示主题或事物矛盾;也可以从一个激动人心的场面或侧面写起,写得扣人心弦。可以设置悬念,引起读者的阅读兴趣;也可以描写景物,渲染气氛,引出报道内容。可以用抒情或议论的手法吸引读者,点明主题;也可以用成语、故事、诗词、民歌、名言等开头。

3)主体

通讯的主体,通常是把生动的情节、现场的描述、人物的言行、外界的反应等交错组合,巧妙安排。人物通讯侧重写"人",事件通讯侧重写"事",工作通讯侧重写"经验与问题",概貌通讯侧重写"风貌",新闻故事侧重写"故事"。

通讯的结构形式,常见的有三种。

①纵式结构。按事物发展的时间顺序或按作者观察认识事物的逻辑顺序来组织材料,安排层次。贯穿全文的线索是时间或是作者的逻辑思维脉络。

②横式结构。采用空间转换的方式或采用并列的方式组织材料,安排层次。这种结构方式,既能突出重心,又能拓宽报道面。

③纵横式结构。以时间与空间的交替变换来组织材料,安排层次。这种结构方式,往往是以时间做经线,以空间做纬线来布局全篇,通过纵横有机结合,形成一幅幅生动完整的立体画面。

4)结尾

通讯的结尾也多种多样,常见的有总结式、点睛式、展望式、抒情式、照应式等,具体写作时要视通讯的内容而定,尽可能把结尾写得新一些、活一些。

6.2.5 通讯撰写的注意事项

写作通讯,一是要选好典型,开拓主题;二是要写活人物,展现精神;三是要"评"出深意,情理相生;四是要综合运用多种表达方式。

6.2.6 写作情景训练

结合通讯的相关知识,分析下面这则通讯的结构和写法。

深职院创意茶花展 绽放园博园

深圳特区报讯(通讯员 胡伟奇 记者 谭建伟) 韵味十足的文化表演与绽放的山茶花相映成趣,烘托出浓浓的春天气氛。近日由近300盆"十八学士"围合而成的"花海迷宫"在园博园迎宾广场茶花展上亮相。深圳高等职业技术学院师生的创意展示成为一大亮点,他们以"茶花仙女""昭君出塞"等主题讲述茶花相关的民间传说、历史典故等,并配以书画展、精品茶花展、古筝表演和茶艺表演,吸引大量市民观赏。

此次花展设计、施工均由深圳高等职业技术学院城市园林专业师生完成。深职院十分注重对学生专业素质的培养和参与实践能力的提升,以工程实践、校企合作的模式,加强学生的实操能力和专业素质。

模块 7　日常交际便函

知识目标：
- 了解请假条、留言条、介绍信、邀请函、借据的适用范围、概念、种类、特点。
- 掌握请假条、留言条、介绍信、邀请函、借据的写法和注意事项。

能力目标：
- 掌握请假条、留言条、介绍信、邀请函、借据的基本写法。
- 能准确有效地撰写请假条、留言条、介绍信、邀请函、借据。

- 能识别日常交际便函中的错误用语及借据的语言陷阱。

7.1　请假条

问题思考：

　　网络上流传了一张双十一的请假条。其请假的理由特别好玩。请假的类别是"护理假"。理由是每年双十一都没请假，今年是真的要请假了，不是因为我想抢那些便宜东西，是真的要看住我老婆呀！领导批的是"准，把我们家的那位打包处理。"请假条从小学写到大学，从大学写到公司，一直写到退休，这个文种与我们一生相伴，简单而平易近人，我们当然要善待它，不能乱写乱画，愧对老友。

7.1.1　基础知识与例文分析

　　适用范围：请假条，是请求领导或老师或其他人准假不参加某项工作、学习、活动的文书。适用于学生、单位员工。

　　分类和特点：请假条一般分为两类，一类是事假，另一类是病假。请假条要求使用礼貌用语，请假的理由必须真实，且必须写得清楚明白。

【例文7.1】(病假)

请假条

尊敬的张老师：

您好,我因得了流行感冒,不能来学校上课,特请假两天(12月1日和12月2日),望老师批准。

此致

敬礼!

请假人：李宗吾
2013年11月30日

(附病例一份)

评析：

尊称和敬语使用准确,请假的时间明确,病假一般要附上病例以证明确有其事。

【例文7.2】(事假)

请假条

尊敬的刘经理：

您好,我和未婚妻商定于2013年12月18日举办婚礼,需要请假4天,从12月16日到12月19日,12月20日恢复正常上班。目前我负责的工作已经基本完毕,其他工作已经交付给同事张明华。请予批准。

祝安好!

李明
2013年12月15日

评析：

与病假一样,需使用敬语,请假的时间要明确,另外在公司一般要交代自己负责的事情已经进行了有效处理或者已经委托其他人负责处理,以解除领导的顾虑。

7.1.2 病文修改

请假条

刘总：

要过年了,我们要回家过年,回家的火车票我已经买好了,是本月11号的,把我这个月的账结了吧,过年后我再回来。

王铁柱
2013年12月30日

评析：

这则假条语气比较强悍,没有使用敬语,没有写明请假的明确起止时间,用"已经买好了火车票"作挟持,强迫请假,容易引起反感。

7.1.3 请假条的写法和注意事项

"请假条"三字居中,另起一行顶格写称呼,一般写"某某老师"或者"某某经理主任"。

然后写明事由,事由一定要具体,不宜用模糊的表述,如不宜用"我有事,有急事"或者"我有病,有急病"等;坚决不能用胁迫式的语气写,如一些同学周末请假常用的说法"我已经买了车票了";更不能编造,海阔天空地编故事,有的同学以爷爷奶奶病重、去世了,有的同学以驾校考试等长期请假。另外格式要完整,要有署名和日期。

7.1.4　情景写作训练

小李的准女友来重庆看小李,小姑娘是第一次来重庆,小李特别希望去江北龙头寺火车站接她,请你帮小李写一张请假条,希望帮助小李顺利请到假。

7.2　留言条

问题思考:

古龙小说《楚留香传奇》里,秋灵素给楚留香留言求救,留言"一别多年,念君风采,必定更胜往昔,妾身却已憔悴多矣,今更陷于困境之中,盼君念及旧情,求施援手,君若不来,妾唯死而已。"

楚留香喜欢白玉美人,给主人留言:"闻君有白玉美人,妙手雕成,极尽妍态,不胜心向往之。今夜子正,当踏月来取,君素雅达,必不致令我徒劳往返也。"

这两则留言均优美雅致,作为读者的我们闻到了文字里的飘香,感受到楚留香的潇洒。

7.2.1　知识介绍和例文分析

留言条的适用范围:日常交往时,由于见不到对方,将要交代的事情或者告知的消息写下来,留给对方。这种简单的书信就是留言条。

分类和特点:根据留言内容,留言条分为两类,一类是告知性的,一类是委托性的。写清楚时间、留言的对象、要托付的事或者告知的事情并署名就可以了。

【例文7.3】

留言条

张瑞姐:

请下课后到学校门口的餐厅,我们寝室的都在那里等你吃午饭,一定要来哟!

张强
12月16日11点

评析:

这是一则留言告知信息的条子,只需要说明告知的事就可以了,要注意落款的时间要精确。

【例文7.4】

留言条

张瑞姐:

　　请帮我查一下重庆某某工程公司的资料,明天上午8时我们要和他们谈判,但我现在抽不出时间来,麻烦你今天下午帮我查一下,晚上10点前给我。我知道你是个查资料的高手,肯定不会令我失望,拜托了。

张强
12 月 16 日 11 点

评析:

　　这是一篇委托事情的留言条,重点是讲清楚托付的事情就可以了。

7.2.2　病文修改

留言条

　　你能找到我这里来,简直太高兴了,土豪,我们做朋友吧。

QQ:7878778
12 月 16 日 11 点

评析:

　　没有称呼,落款没有留言人的姓名。如果要告知对方QQ号,附在留言后即可。

7.2.3　留言条的写法和注意事项

　　在日常生活中,有事情要通知对方,或有事托付对方,对方不在,却又没时间等候对方回来,可以写张字条留给对方。这种文体就是留言条。留言条的格式分为四部分:称呼、正文、署名和日期。

　　注意事项:要在第一行的正中间写上"留言条"三个字。称呼要顶格写,条子留给谁就称呼谁。在称呼下一行空两格写正文,简单明了地把你要给对方说的事情写清楚。在正文下面写清楚谁留的条子,并在右下角写清年、月、日。留言一般不用敬语,因为留言条一般要求从简,以说清楚事情为度。另外,留言条要求字迹工整,以说清一件事情为宜。

7.2.4　情景写作训练

　　小张去公司交策划书,恰逢刘经理不在,小张想告知刘经理自己的策划书已经写好了,请代小张写一张留言条。

7.3　介绍信

问题思考:

　　小李想到重庆西永富士康公司去了解一下公司的管理制度。结果在门口就被拦住了。对方问他,你是哪个单位的,有介绍信吗? 小李没有介绍信,只好铩羽而归了。

7.3.1 基础知识

1)介绍信的适用范围

介绍信包括私人介绍信和单位介绍信,是向收信者介绍持信人的身份或要求其关照,或便于联系业务的一种书信。

单位介绍信是机关团体、企事业单位派人到其他单位联系工作、了解情况或参加各种社会活动时用的函件,它有两种类型:一种是印好格式的介绍信,用时按空填写即可;一种是用公用信笺书写的介绍信。私人介绍信一般具有推荐介绍的意思,所涉及的事项,基本上是被介绍人的求职、就业、升学、职称评定、评奖等事关个人切身利益的事。私人介绍信对所涉及的上述事项要表达自己的态度。

2)介绍信的特点

私人介绍信语气随和,不拘格式,单位介绍信则相对规范严谨。私人介绍信用于私事,单位介绍信用于公事。私人介绍信要表达介绍人对被介绍人的态度,而单位介绍信不一定表明态度。单位介绍信有固定的格式,私人介绍信与一般私人书信格式一样。单位介绍信需要加盖公章,而私人介绍信不用盖章,当然也可盖上自己的私章。

3)介绍信的分类

根据格式的不同,单位介绍信可分为以下几种:

①便函式的介绍信,用一般的公文信纸书写,包括标题、称谓、正文、结尾、单位名称和日期、附注几部分。

②带存根的介绍信,这种介绍信有固定的格式,一般由存根、间缝、本文三部分组成。根据内容来分,单位介绍信可分为证明性介绍信和说明性介绍信。私人介绍信基本是与私人求职、就业、升学、职称评定、评奖等事关个人切身利益的事,不再分类。

7.3.2 阅读与分析

【例文7.5】

单位介绍信

××银行:

　　兹证明有我公司×××同志×××年参加工作,性别:××××,年龄:××××,该职工工资收入:××××,此信用于银行贷款。

　　特此证明!

××××公司
2013 年 12 月 15 日

评析:

此介绍信是偏重于证明性的介绍信,与证明的效用基本一致,一般情况下写明给出证明的用途。

【例文7.6】

介 绍 信

××公司:

  兹介绍××同志(壹人)身份证号_____前来你处联系_____事宜。请接洽。

××公司人力资源处
2013 年 12 月 16 日

【例文7.7】

介 绍 信

×××单位(管理档案处的全称):

  兹有×××(人名)的档案属于贵单位管理,现因本公司招聘×××(人名)到本公司任职,签订正式劳动合同××(数字)年,从××(日期)起生效,在此期间,本公司(×××)(公司名)将负责管理该员工的档案,负责该员工与档案有关的各项事宜。(注:本公司为××××,具有保存档案资质)特此申请批准提档。

  此致
敬礼

××××× 公司
负责人:×××(盖上法人章)
×年×月×日

评析:

这两则介绍信都具有证明介绍的作用,需要写清楚事由,落款需要盖章确认。

7.3.3 病文修改

介 绍 信

兹介绍我公司×××同志等××人(系我公司),前往贵处联系,请接洽。

此致

敬礼

××公司
×年×月×日

评析:

文中有三处错误,一是单位介绍信与一般书信有区别,结尾一般不用"此致""敬礼"。二是应该加盖公章。三是开头没有称呼。

7.3.4 介绍信的结构和写法

1)便函式介绍信的写法

（1）标题

在第一行居中写"介绍信"三个字。

（2）称谓

另起一行，顶格写收信单位名称或个人姓名，姓名后加"同志""先生""女士"等称呼，再加冒号。

（3）正文

另起一行，开头空两格写正文，一般不分段。一般要写清楚：①派遣人员的姓名、人数、身份、职务、职称等。②说明所要联系的工作、接洽的事项等。③对收信单位或个人的希望、要求等，如"请接洽"等。

（4）结尾

结尾写上表示致敬或者祝愿的话，如"此致　敬礼"等。

（5）署名

署名写单位名称和日期

（6）附注

附注注明介绍信的有效期限，具体天数用大写。在正文的右下方写明派遣单位的名称和介绍信的开出日期，并加盖公章。日期写在单位名称下方。

2)带存根的介绍信的写法

（1）存根

存根部分由标题（介绍信）、介绍信编号、正文、开出时间等组成。存根由出具单位留存备查。

（2）间缝

间缝部分写介绍信的编号，应与存根部分的编号一致。还要加盖出具单位的公章。

（3）正文

正文部分基本与便函式介绍信相同，只是有的要在标题下再注明介绍信编号。

3)书写形式和结构

一般有书信式和填表式两种。书信式介绍信一般用印有单位名称的信笺书写，格式与一般书信基本相同。填表式介绍信是一种印有固定格式的专用信纸，需根据要办的具体事项按格逐一填写。填表式介绍信有存根，便于查存。

普通介绍信写作规范：

①在公文纸正中的地方写"介绍信"三个字，字要比正文大些。

②联系单位或个人的称呼。

③被介绍人的姓名、身份、人数（派出人数较多，可写成"×××等×人"）。

④接洽事项和向接洽单位或个人提出的希望。最后可写上"请接洽""请予协助"等语。

⑤本单位名称和写信日期,加盖公章。

带存根的印刷介绍信,有规定格式,使用只需填上有关内容:

①存根部分简填,以便日后查考。

②本文部分要详细填写。

③派人联系办理重要或保密事情,要注明被派人员的政治面貌、职务。

④重要的介绍信要经领导过目或在存根上签字,有的还要限制有效期。

⑤除本文部分需加盖公章外,存根与本文的虚线正中亦要加盖公章。

7.3.5　介绍信撰写的注意事项

①接洽事宜要写得具体、简明。

②要注明使用介绍信的有效期限,天数要大写。

③字迹要工整,不能随意涂改。

另外,要坚持实事求是的原则,优点要突出,缺点不避讳,最好是用成就和事实替代华而不实的修饰语,恰如其分地介绍自己。要态度诚恳,措词得当。用语应委婉而不隐晦,自信而不自大。篇幅不宜过长,言简意赅,在有限的篇幅中突出重点,同时文字要顺畅。

7.3.6　情景写作训练

为了专业建设,重庆城市管理职业学院工程系的王老师需要到重庆×××工程公司进行调研,请给王老师开一封介绍信。

7.4　邀请函

问题思考:

记得小时候读到《射雕英雄传》里丘处机写给"江南七怪"的邀请信,那种盎然意气,快意邀约,至今犹忆。文字如下"全真教下弟子丘处机沐手稽首,谨百上江南柳侠柯公、朱公、韩公、南公、全公、韩女侠尊前:江南一别,忽忽十有六载。七侠千金一诺,间关万里,云天高义,海内同钦。识与不识,皆相顾击掌而言,不意古人仁侠之风,复见之于今日也。张公仙逝漠北,尤足令人扼腕长叹,耿耿于怀,无日或忘。贫道仗诸侠之福,幸不辱命,杨君子嗣,亦已于九年之前访得。二载之后,江南花盛草长之日,当与诸公置酒高会醉仙楼头也。人生如露,大梦一十八年,天下豪杰岂不笑我辈痴绝耶?"

7.4.1　知识介绍和案例分析

邀请函是邀请亲朋好友或知名人士、专家等参加某项活动时所发的请约性书信,邀请函与邀请信基本格式、内容、范围都大致一致。比较而言,邀请函更正式,商务邀请函是函件的重要一块,邀请信在商务活动中的应用则不如邀请函。邀请函可以分为商务邀请函和非商务邀请函。邀请函的一般结构,由标题、称谓、正文、落款组成。

【例文7.8】

双选会邀请函

尊敬的领导:

我校定于×××年××月××日上午9:00—12:00在教学楼操场举行×××届毕业生、×××届实习就业生供需见面会,下午13:30—17:00提供教室进行企业宣讲、面试。

我校×××年应届毕业生人数和×××届实习就业生人数均为×××人,专业涉及会计、工商管理、环艺、装潢、摄影、旅游管理、工程技术、计算机信息管理、民政、城管、殡仪、健康体育、营销与策划、会展等多个专业,现诚邀各单位积极参会,每单位参会人数不限,不收取任何摊位费用。

有意向单位请于×××年××月××日前登录"重庆××职业学院网站"报名,报名根据需求情况详细填写《用人单位需求信息登记表》《用人单位专场面试教室使用申请表》和上传"企业营业执照"。经网上审核后,会于×××年××月××日在本校网站公布审核参会企业名单。参会企业需自备招聘宣传材料和招聘信息单张(单张规格为0.6米×1米),用于悬挂在招聘场地上方。(未在网上报名或审核未通过的单位届时将不能参会,敬请谅解!)

联系人:×××　电话:×××　QQ号:××××××

报名网址:××××××

邮箱地址:××××××

学校地址:××市××大学城××路×××号,乘车路线:××××××或者×××××

××职业学院

×××年××月××日

评析:

这是一双选会邀请函,这是校园活动中比较复杂的一种邀请函。需写明时间、地点要求等,另外需注明地址、乘车路线等。

【例文7.9】

邀请函

送呈××××:

谨定于×××年××月××日(星期×)为×××和×××举行结婚庆典,敬备婚宴。敬请光临!

席设:××××酒店

时间:中午十二点整

评析:

婚庆等庆典的邀请函需使用敬语,写明时间、地点即可。

【例文 7.10】

邀请函

尊敬的＿＿＿＿＿＿＿＿＿＿先生/女士：

　　兹定于××××年××月××日下午××点钟(星期×)，在××市××公司(××区××路××号)举行××公司大客户推介会，特邀请您凭此邀请函光临现场，万分期待您的光临。

××公司(盖章)
××××年××月××日

评析：

　　这是一商务邀请函，写明时间、地点，落公司名称并盖章。

7.4.2　病文修改

尊敬的×××：

　　您好！

　　学生社团联合会将于在校操场举行"×××××，×××××"主题晚会暨第×届学生社团活动月闭幕式。

××大学学生社团联合会
××××年××月

评析：

　　这则简短的函件有以下几个疏忽，一是缺"邀请函"三字；二是没有时间，应写明"××月××日(星期×)下午 19:00"在操场举行；三是结尾应该有表示邀请的句子，如可加上"学生社团联合会携全体社团诚邀您参加！"

7.4.3　邀请函的写法和注意事项

　　邀请函的称谓使用统称，并在统称前加敬语。如尊敬的×××先生、女士或尊敬的×××总经理(局长)。邀请函的正文是指商务礼仪活动主办方正式告知被邀请方举办礼仪活动的缘由、目的、事项及要求，写明礼仪活动的日程安排、时间、地点，并对被邀请方发出得体、诚挚的邀请。正文结尾一般要写常用的邀请习惯用语。如"敬请光临""欢迎光临"。

　　注意事项：被邀请者的姓名应写全，不应写别名或绰号。在两个姓名之间应该写上"暨"或"和"，不用逗号或顿号。应写明举办活动的具体日期几月几日，星期几，几点几分。写明举办活动的地点。

7.5 借 据

7.5.1 基础知识

　　借据，也称借条，是人们在日常工作和生活中经常使用的一种应用文。借据是个人或单位借用个人或公家的现金、财物时所写的凭证性的一种应用文。借据也称为借条。

　　借据，在法律意义上是表明债权债务关系的书面凭证，一般由债务人书写并签章，表明债务人已经欠下债权人借条注明金额的债务或者物品。

　　借据从发文的角度看可以分为两类：一类是个人在借他人或单位的钱物时向对方所写的借据或借条；另一类是单位向个人或其他单位借钱物时所写的一种凭证性借据。

　　借据使用最多的是在借贷现金时，出借人在交付借款时往往会要求借款人开具借条，交由出借人收执，以证实借款的事实；在借用物品时，有时出借人也会要求对方打张借条或者借据。

7.5.2 阅读与分析

　　借据的骗局种种，下面介绍三种常见的骗局：

1)故意写错借款人姓名

　　市民王刚(化名)父子向朋友张宗祥借款 20 万元，约定一年后归还欠款及利息。但王刚在借条上故意将"张宗祥"写成"张宗样"。张宗祥当时没有注意。到还款期后，张宗祥催要借款，对方却以借条名字不是张宗祥为由不愿归还。无奈之下，张宗祥只得借助法律手段维护自己的权益。

2)利用歧义

　　张某向王某借现金 3 000 元，并向王某出具借条一张："借到张某现金 3 000 元，2005 年 8 月 17 日。"后王某持该借条向人民法院起诉要求还款，张某当庭辩称此借条证实王某借其款 3 000 元，要求王某归还现金 3 000 元。后经证实，张某在书写欠条时，把本应写在现金 3 000 元后的借款人名字故意写在"借到"二字后面的空格处，致使欠条出现歧义，以达到不还借款的目的。

3)以"收"代"借"

李某向孙某借款 7 000 元,为孙某出具条据一张:"收条,今收到孙某 7 000 元。"结果双方发生纠纷时,李某称为孙某所打收条是孙某欠其 7 000 元,由于孙某给他写的借据丢失,因此他才为孙某写了收条。类似的还有"凭条,今收到某某元"等。

【例文 7.11】

借　据

今借到大正物业雨伞一把,定于明日归还。

工程管理系张某某(附学号)
2013 年 12 月 20 日

评析:

这是一份小宗物品的借据,要写明归还时间,物业提供服务性的雨伞,借的学生需要一定的凭证,所以附上学号。

【例文 7.12】

借　据

今借到重庆某某公司挖掘机一台,三一重工制造,型号为×××,八成新,价值约×××元,当天晚上归还。

×××公司资产管理处 张×××(盖章)
2013 年 12 月 20 日

评析:

这是一份借到大宗和贵重物品的借据,除要写明归还时间,还需要描述物品的大小、新旧程度、价值,以免引起纠纷,另外需要签字盖章或者按手印。

【例文 7.13】

借　据

今借到李某某(身份证号)人民币叁万元,不计利息。用于购房,一年内还清。

借款人:张某某(身份证号)
2013 年 12 月 20 日

评析:

这是一份借款的借据。借款借据通常要注明贷款人和借款人的身份证号,因为同名的太多了,有的名字写得潦草也不易辨认。有的还需要在借款人名字处盖章或者按手印。同时借款数目要用大写。要写明利息,年利息或者月利息,写明用途和还款时间。

7.5.3 病文修改

借　据

借到李某 10 000 元,一年内归还。

张某
2013 年 12 月 20 日

215

评析：

这份借据中出现了阿拉伯数字 10 000,这种写法不对,很容易被人加一个0,或者把1改为7或者5,借据必须使用大写数字。另外没有注明用途,如果用于违法的事情,这一万块钱则会被视为赃款。另外没有写明利息,如果不写则视为无利息。此外,最好注明身份证号码以求准确。

7.5.4　借条的写法与注意事项

一个完整的借条包括四个要件：债权人、债务人、欠款内容、归还时间,还包括签名及时间等内容。"借据"二字居中,正文写明欠款或者物品的多少,利息,归还时间等。结尾落上借款人或者借物人的姓名,签字盖章,注明时间。

注意事项：

①注意形式,字里行间不宜有空格空行,否则易被持据人增写其他内容。

②不要用褪色的笔书写,钢笔用黑墨水或蓝黑墨水。若用圆珠笔或其他易褪色的墨水写字据,遭遇保存不当受潮或水浸时,字迹会模糊不清。

③写清标的物。借款、还款,借物、还物,皆应写清金额、数量,使用大写数字,以防涂改伪造。

④内容表述要清晰。对各执一词的欠条,一般诉诸司法鉴定,或辅以其他证据。但解决此类纠纷的根本办法,还是要拥有法律意识和常识,学会写借条,在第一步堵住后患。

参考文献

［1］黄绮冰,生素巧.应用文写作教程［M］.北京:电子工业出版社,2008.

［2］赵立,程超胜.建筑工程应用文写作［M］.北京:北京大学出版社,2011.

［3］宫照敏.建筑应用文写作［M］.北京:机械工业出版社,2009.

［4］郝慧珠.广告文案写作［M］.北京:团结出版社,2003.

［5］张浩.办公室文秘写作大全［M］.北京:光明日报出版社,2000.

［6］韩富军,王丽华.现代应用文写作［M］.沈阳:东北大学出版社,2008.